全国高等职业教育财务会计类专业规划教材

校企合作开发教材

合作企业：广东省电子信息产业集团有限公司
　　　　　广东诚安信会计师事务所

会计基础与应用

张晓燕　主编

Accounting
Fundamentals and
Applications

东北财经大学出版社
Dongbei University of Finance & Economics Press

大连

U0648587

图书在版编目（CIP）数据

会计基础与应用 / 张晓燕主编. —大连：东北财经大学出版社，2016.8
（2018.1重印）
（全国高等职业教育财务会计类专业规划教材）
ISBN 978-7-5654-2341-3

Ⅰ.会…　Ⅱ.张…　Ⅲ.会计学–高等职业教育–教材　Ⅳ.F230

中国版本图书馆CIP数据核字（2016）第128874号

东北财经大学出版社出版
（大连市黑石礁尖山街217号　邮政编码　116025）
网　　址：http：//www.dufep.cn
读者信箱：dufep@dufe.edu.cn

大连永盛印业有限公司印刷　　　　　东北财经大学出版社发行
幅面尺寸：185mm×260mm　字数：331千字　印张：14　插页：1
2016年8月第1版　　　　　　　　　2018年1月第2次印刷
责任编辑：包利华　　　　　　　　　责任校对：曲　华
封面设计：冀贵收　　　　　　　　　版式设计：钟福建
定价：30.00元

前　言

　　"会计基础与应用"是职业院校会计专业的入门课程，也是一门实践性较强的专业主干课程。该课程根据会计岗位的共性能力需求，培养学生的会计核算能力、基本职业判断能力以及全盘账务处理能力。为了实现这一培养目标，我们进行了大量的调研，与行业企业相关专业人员充分讨论，分析归纳出会计各个职业岗位的能力需求，并以此为依据进行教材内容的设计。在编写过程中坚持以能力培养为本位的教学指导思想，兼收并蓄、博采众长，最终形成了融会计基础知识、基本方法与基本技能于一体，体现职业教育特色的《会计基础与应用》教材。本书具有以下特点：

　　1.体现了最新的职业教育理念。按照"工学结合"人才培养模式的要求，采用"基于工作过程导向"的设计方法，以工作过程为导向，以项目和工作任务为载体，进行工作过程系统化课程设计，真正体现了"融教、学、做于一体""以学生为主体"的教育理念。

　　2.教材体系具有创新性。本书改变了传统的以知识的内在完整为主线的组织方式，以虚拟企业为依托，以实际会计工作任务为驱动，以实务会计工作流程为主线，以实际工作岗位的能力需求为依据来选取、序化教学内容；设计了六个教学情境：初识会计，填制与审核原始凭证，填制与审核记账凭证，建账、登账与结账，编制财务会计报表，再认识会计。

　　其中，模块一初识会计和模块六再认识会计是理论模块。

　　模块一主要是帮助学生在从事会计工作之前对会计职业有一个基本的、初步的认识，掌握进入会计实务工作所必需的基本知识和技能，为培养学生的全盘账务处理能力打下良好基础。

　　模块二至模块五为实务模块。在学生具备了实际会计工作岗位所必需的基本知识和账务处理能力后，在真实的会计工作任务驱动下，为学生搭建会计工作整体框架，并在此框架中注入主要会计岗位所需的基本操作技能和方法。特别是模块三、四、五采用的是"一套账"的完整数据，克服了传统教学中各环节数据相对独立、不系统，欠缺数据完整性的弊端。值得一提的是，我们还把知识点巧妙地嵌入了会计实务工作过程中，比如，将账务处理程序嵌入登账中，将错账更正、财产清查嵌入对账中，将会计循环嵌入填制与审核记账凭证中，克服了传统教学内容知识点相互割裂、不便于理解的弊端。

　　模块六则是在学生对会计工作过程认识后，依据科学发展观的理论指导，为了培养学生的可持续发展能力和职业判断能力，让学生跳出会计的具体操作，站在一个更高的角度重新审视会计，进而对会计产生一个更完整、更深刻的认识。我们希望学生在实务操作的背后有一定的理论根基，这也是高职院校学生与中职院校学生的重要区别。

　　3.教材内容体现时代性。本书依据最新的企业会计准则编写，内容科学实用，形式新颖，结构安排符合职业院校学生认知规律。同时，在内容的选择上能够删繁就简，以"必需、够用"为标准进行取舍，比如在介绍公式、科目分类时，我们舍弃了不常用的"共同类"科目的内容。

4.技能训练与职业资格培训相结合。教材所设计的工作任务所需技能及其训练方法符合职业资格证书考试的要求，使学生无须再接受专门的考证辅导就可以考取相应的职业资格。

5.校企合作开发教材。本书是由广东省示范性高等职业院校——广东机电职业技术学院教师与企业人员共同开发，教材内容及其所设计的项目和任务更贴近会计实务。

本次重印按照最新会计、税收政策对相关内容进行了更新，为与政策相适应，将业务时间由2015年调整为2017年。

参与本书编写的人员皆具有多年的企业财务工作经验，其中，主编张晓燕副教授从事高职会计专业一线教学工作十余年，曾在广州珠江啤酒集团有限公司财务中心从事多年财务工作，会计实务经验丰富。参编唐群力先生系广东省电子信息产业集团有限公司财务总监，参编周英顶先生系广东诚安信会计师事务所注册会计师、高级会计师。

全书由张晓燕担任主编，负责拟定编写大纲和全书审校；唐群力、周英顶负责教材案例数据的提供与完善。模块一、模块二、模块六由张晓燕编写，模块三、模块四、模块五由张晓燕、唐群力、周英顶共同编写。

限于学识水平，书中定会存在错误和疏漏，恳请读者朋友给予批评指正。

编　者

2018年1月

目　录

模块一
初识会计

知识目标

★ 了解企业会计组织结构、会计岗位分工及职责。

★ 掌握会计职业道德内容。

★ 了解会计规范体系。

★ 认知企业资金循环、会计要素与会计等式。

★ 掌握会计科目、账户、借贷记账法等相关知识。

技能目标

★ 初步认知会计职业。

★ 能够对违反会计职业道德的行为作出正确分析、判断。

★ 能够对经济业务按照会计要素进行分类。

★ 能够分析经济业务对会计等式的影响。

★ 初步应用借贷记账法。

情境导入

　　初学者在踏进会计学的门槛时，往往有很多疑问，学习会计有什么用啊？会计主要是做什么的？做会计的职业前景如何？如何做一名好会计？……本模块主要为大家解答这些疑问，帮助同学们走好职业人生的第一步。

子模块一　企业与会计

会计是一种语言，它计量一个组织（如企业、非营利机构等）的经济活动，并将计量结果向希望了解这个组织的信息使用者报告。在今天这样一个商业时代，企业是会计所关注的主要组织形式，医院、学校、社会团体等非营利组织虽然也是会计所要面对的重要组织，但因为企业的经济活动远比非营利机构复杂，且会计的基础性原则、基本方法和程序具有通用性，因此，学习会计学通常从企业会计开始，会计原理的阐释以企业为模本。而学习企业会计，必须首先认识企业组织。

一、企业组织发展与会计发展

企业是从事生产和经营活动的、以营利为目的的一种经济组织。它是人类社会智慧发展的结晶，也是商品经济的产物。从表面上看，企业的组织形式五花八门，但透视其本质，可以将它们分为三种：个体业主制企业、合作制企业和公司制企业。

早在14、15世纪，采矿和纺织行业中就出现了企业的萌芽。手工作坊的产生使作坊主有可能脱离劳动而直接从事生产管理，组织简单的劳动协作，从而创造出比个体劳动更有效的劳动效率和更多的劳动效果。最早出现的个体业主制企业，也即独资企业，其资本归个人所有，业主既是老板，又是管理者，还是劳动者。由于生产的扩大，对资本的需求相应增加，于是这时出现了能够积聚较多资本的合伙制企业，但又由于维持合伙关系而限制了其他投资人的进入。独资企业和合作制企业这两种组织形式因出资人要承担无限责任，所以制约了企业规模的扩大。因此，市场上就亟需一种能够广泛利用社会闲散资金，并不受投资者个人因素影响的企业组织形式，这就是股份有限公司，简称公司。

目前，公司成为世界上许多国家最重要的一种企业组织形式。它是通过发行股票及其他证券来筹集经营资金，并根据公司法组织、注册登记而成立的一种企业组织形式。这种企业组织形式由于可以广泛吸收社会闲散资金，并根据需要扩展企业的经营规模，因此具有强大生命力。

会计产生于人类的生产经济活动，随着商品经济的发展，会计的重心开始转向企业的经济活动，现代会计学研究的重心也集中在企业会计上。所以，可以这样说，现代会计的核心就是现代企业（公司）会计，是以现代股份公司为对象而建立的、直接为现代股份公司服务的会计。从发展的思维看，现代会计的整个框架都是在适应股份公司不断发展的基础上演变完善而成的。因此，在学习这门课之前，我们先了解现代会计是如何在企业组织发展的进程中形成的。

会计的发展是与经济发展，尤其是企业组织的发展紧密相联。可以把会计和企业组织的发展划分为相互对应的三个阶段：第一阶段，与以自给自足、家庭经济为主的生产组织形式对应的简单刻记和单式簿记的会计，这一时期的会计可以称为古代会计。严格来讲，这一时期的会计并不是真正意义上的会计，它同统计、算术是混合在一起的，还没有完全独立出来自成一体。会计诞生在企业发展的第二个阶段。这一时期会计的基本特征为以复式簿记（主要为借贷记账法）为记录手段。现代会计则是企业发展进入第三阶段产生的，它是在现代公司发展成熟后逐步形成的。除了具备传统会计的一些基本特点外，现代会计的一些主要特征还包括形成了以对外提供财务报告为主的现代财务会计和以企业内部经济决策为主的现代管理会计两大分支。公认会计准则为会计核算的基本规则，对外财务报告必须经过严格的独立审计，企业内部设立了科学的内部审计和控制制度等。应该说，现代会计就是现代公司会计，是围绕现代公司而建立的、直接为现代公司服务的会计。

二、会计在企业中的作用

（一）会计作为一种信息系统

会计作为一种信息系统，主要是通过对企业经济活动按照会计处理规则加工成财务报告（会计产品），向外部使用者提供企业的财务状况（如企业的资产规模、结构、资产的来源与构成等）、经营成果（收入、成本费用结构）和现金流量（现金流入与现金流出）等信息。这些外部的使用者主要包括企业的投资者、债权人、原料供应商、客户、政府、证券分析师、经济学者、经济管理专业的学生等，他们利用这些信息主要进行投资、贷款、产品买卖、管理与征税等决策。当然，也有一部分人利用这些信息进行分析、学习和研究等活动。

企业日常的经济业务是纷繁复杂的，如设备购置、原材料采购、员工招聘与培训、产品设计与生产、战略规划与管理、组织与实施、谈判、修理、广告宣传、产品销售、售后服务、法律纠纷等。如果将这些图景一幅幅展现在我们面前，我们感受到的就只能是树木，却难见森林，因此无法评估一个企业真正的实力和经营能力。这时就需要处理系统通过特定的加工手段给我们提供一幅全景式的画面。作为一种信息系统的会计，就是对企业纷繁复杂的经济活动按照会计处理规则，向我们提供一种全景式的画面——财务报告。

下面用图示归纳会计信息处理的基本过程，如图1-1所示。图中"经济业务"是输入会计信息处理系统的"原材料"，进入"会计处理系统"后，按照一定的会计处理规则——确认、计量、记录和报告进行加工，最后，信息产品以标准的形式——"财务报告"，向外部信息使用者提供。

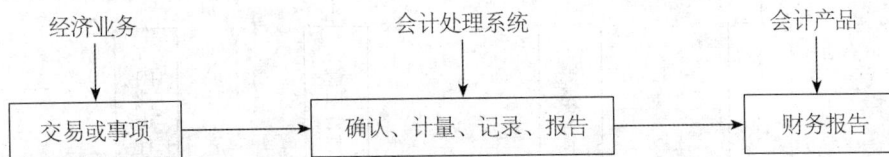

图1-1 财务会计信息处理过程

（二）会计作为一种控制系统

如果说会计作为一种信息系统主要是向外部提供企业的相关信息，那么，会计作为控制系统则主要是对内为管理决策服务。

会计从某种程度而言，就是为管理服务的。管理从一门艺术走向科学，也是结合了会计的结果，因为会计使管理决策数量化、精细化和科学化，使管理的过程更加制度化、程序化和标准化，使管理的结果更具有预见性、计划性和可控性。管理从其活动的基本职能和过程来看，可以分为：预测、决策与计划，组织、实施与控制，评价、考核与分析。在其活动的每一个阶段，管理会计都在其职能范围内提供支持，如图1-2所示。

综上所述，对现代会计进行小结：一方面，为了满足股份公司对外筹资的需要，现代会计必须按照公认会计准则的要求向外部使用者提供企业经营的基本信息，以便投资者对

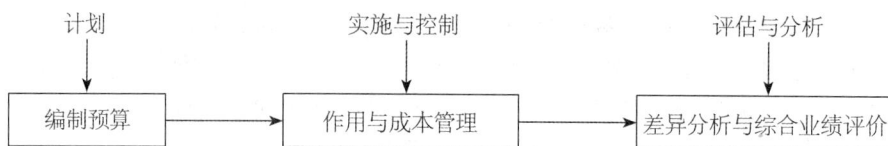

图1-2　管理会计信息处理过程

企业经营能力作出一个基本的评价，从而作出正确的投资决策。由于这一信息是由企业内部加工完成的，因此，需要由独立的第三方进行客观、公正的审查和评价。另一方面，从企业内部而言，要做到对生产成本的控制、生产经营的全面预算、长期投资的科学决策等，管理需要同会计结合起来，才能真正做到科学化的管理。同时，加强对生产过程中的内部审计和内部控制，可以起到防护性和建设性的作用。防护性的作用是监督和控制、揭露和制约各种不道德和不规范的行为；建设性的作用是对企业经济活动的检查和评价，对经济活动的效益和效率不足提出建议，充分提高企业经济活动的效益和效率。会计是一个信息控制系统，它的基本职能主要表现在两个方面，一是它的反映和评价职能，主要由财务会计和审计来完成；二是它的监督和控制职能，主要由管理会计和内部审计来完成。因此，我们要认识会计必须从一个更全面的角度来进行，会计既不是单一的财务会计，也不是单一的管理会计，而是由财务会计、管理会计、审计、内部审计与内部控制等共同组成的一个集合体，如图1-3所示。当然，会计是一个发展的概念，随着公司对会计提出新的要求，会计将产生新的功能以适应公司发展的需要，这时会计可能又会产生新的分支。

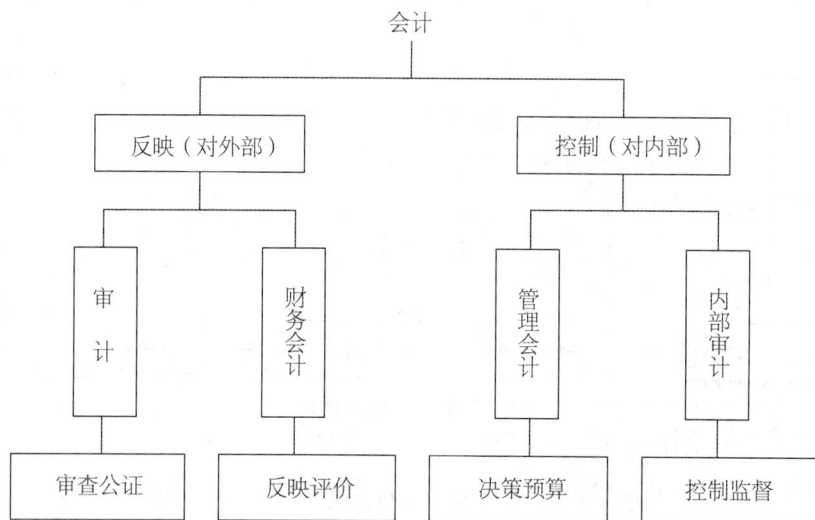

图1-3　会计——一个信息控制系统

子模块二　爱岗敬业——会计职业发展与职业道德

"职业是一个人准备以它作为谋生手段以前需要多年学习和训练的一种事业。这个术语……也包含献身于某一目标而不是为了谋生的意思。"①这段话实际上有两层含义：①职

---

① 劳伦斯. 现代内部审计实务 [M]. 北京：中国商业出版社，1990：15.

业是我们谋生的手段；②职业是我们为此献身的一项事业。人一生追求的幸福来源于两个方面：一是家庭；二是事业。当我们选择会计作为终生相伴的职业时，它更强调诚实和信用，强调坚守一些基本的原则——职业道德。

一、会计职业发展

在人类社会里，人是社会的基本组成细胞。从社会学的角度看，每个人都生活在一定的组织内，如幼儿园、小学、中学、大学、工厂、商场、饭店、宾馆、银行、保险公司、证券公司、财务公司、基金公司、期货公司、会计师事务所、律师事务所、咨询公司、医院、政府机关、图书馆、慈善机构等。上述组织有不同的分类标准和分类结果，如果按照营利性这一标准来分，大体可以分为两类：以追求利润为目标的组织，如工厂、商场、饭店、宾馆、银行、保险公司、会计师事务所等，这些组织也被称为营利组织或企业；另一类是不以营利为主要目的但要收取一定费用的组织，如各类学校、医院等，或者完全不收取费用的组织，如政府机关、图书馆、慈善机构等，这一类统称为行政或事业单位，或非营利组织。会计主要是为这些组织服务的。我们把服务于营利企业的会计称为企业会计，后者称为政府与非营利组织会计，另外，我们把会计师事务所所从事的相关会计工作称为公共会计。

（一）企业会计

企业会计是向企业内部和外部提供决策支持的信息控制系统。现代会计主要是针对营利企业的经济活动来展开研究的。因此，在会计专业设置的专业课程上，大部分也是与企业会计有关的。

为了明确企业会计的基本工作内容，将大型公司的财务系统组织结构图进行勾勒，如图1-4所示。

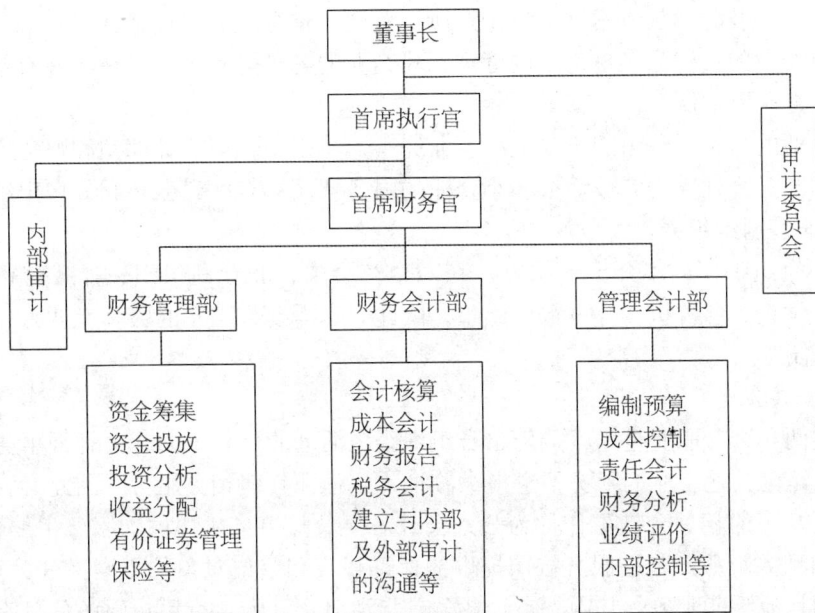

图1-4　大型公司财务系统组织结构

从图1-4中我们看到，大型公司财务系统的最高负责人为首席财务官（CFO），接受首席执行官（CEO）的直接领导。财务系统的工作又分为三块：财务会计部、管理会计部和财务管理部。

第一，财务会计部。财务会计是企业财务系统的一项基础工作。这一部门在会计经理的组织下，将企业经济活动按照财务会计的基本处理程序和规则加工为财务报告，其中包括对生产成本的核算。另外，税务会计也是企业财务会计的一项重要工作，税务会计要按照税法的要求，计算和缴纳企业应缴的各项税费。同时，税务会计人员在不违反税法的情况下，可以进行税务筹划，以降低企业的税收负担。一般而言，企业财务会计部门设置出纳、各会计核算岗位（如固定资产会计、材料会计、往来会计、销售会计等）、税务会计、总账会计等。岗位的多少和每个岗位配备人员的多少由企业的规模和需要而定。

第二，管理会计部。管理会计是从财务会计中分离出来的，是直接为企业内部管理决策服务的。一个企业越重视管理，管理的水平越高，就越会加强和突出管理会计的工作。前面已经介绍作为一个控制系统的会计的基本活动过程，实际上这些活动过程就构成了管理会计工作的基本内容。具体来说，管理会计部门从事的工作主要有：编制企业预算（包括短期经营计划和中长期资本投资预算），为企业经济活动提供系统的计划；对企业生产成本实施控制，降低企业消耗，节约成本；落实、分解、执行企业预算，落实责任，提高计划的执行力；期末对各部门及个人的成果进行综合考核和评价，兑现奖励措施，激励全员士气；与内部审计部门和审计委员会建立一套良好的内部控制体系。和财务会计岗位设置有一定规律性不同，管理会计岗位的设置主要看企业的需要，根据自身的特点来设置，具有很大的灵活性。

第三，财务管理部。财务管理是整个会计工作的延伸。资金是企业经济活动的血液，一旦企业血液流通不畅，就会危及企业的经营。财务管理是围绕着企业的资金运转展开的，以保证企业资金流动的畅通、高效。具体来讲，财务管理的工作包括：资金的筹集，通过各种渠道，及时、低成本地筹集企业所需资金；资金投放与投资分析；确定收益的分配方式；对企业的投资品实施有效的管理；对企业的各种风险进行评估，并有针对性地进行投保和实施风险控制等。

中小企业的财务系统组织不如大型企业完善，特别是管理会计部门和财务管理部门的功能可能由财务会计部门完成。很多小企业的财务部门只有一名会计和一名出纳。

（二）非营利组织会计

任何一个组织都离不开会计核算。在一个社会中，非营利组织，如政府机关、图书馆、医院、学校、慈善机构等占很大比重，因此，也需要相当多的会计专业人才到这些部门从事会计工作。

（三）公共会计

与上述两种会计职业是为了加工自身组织经济活动的信息不同，会计师事务所（或称会计公司）是为其他企业的财务信息提供鉴证、评估和其他相关服务。因此，我们把会计师事务所所从事的相关会计工作称为公共会计。会计师事务所提供的服务主要包括两类：鉴证服务和相关服务。鉴证服务按照提供的保证程度和鉴证对象的不同又分为审计业务、审阅业务和其他鉴证业务。其中，审计业务是指注册会计师执行历史财务信息审计，主要包括：①审查企业会计报表，出具审计报告。②验证企业资本，出具验资报告。③办理企业合并、分立、清算事宜中的审计业务，出具有关的报告。④法律、行政法规规定的其他审计业务。

相关服务包括：对财务信息执行商定程序、代编财务信息、税务服务、管理咨询以及会计服务等。

在会计师事务所从事审计工作，要求审计人员具备很高的执行能力和独立性，因此必须取得执业资格，通过注册会计师考试后方能执业，注册会计师是审计人员从事审计工作的执业资格。区分一名审计师的级别，各事务所的方法不同，但大体上可以分为助理审计师、审计师、高级审计师、项目经理、高级经理，最后是合伙人（合伙人有时也分等级）。提供其他服务的人员，与此类似。

从事财务会计和审计工作，都要遵循统一的外部规范，财务会计遵循的是公认的会计准则（或会计制度），从事审计工作遵循的是公认的审计准则。另外，企业和相应组织从事会计工作的会计人员也要取得相应的上岗资格，即会计证。随着会计工作能力的提高，通过相应考试后，可以取得一系列技术职称，如助理会计师、会计师、高级会计师、正高级会计师。需要说明的是，有些大型企业设置总会计师，这是一个职位，而不是技术职称。

二、会计规范体系与职业道德

（一）会计规范体系及其特点

俗话说，"没有规矩，不成方圆"。规矩即规范，规范是约定俗成或明文规定的标准，它告诉人们应该怎样做，不应该怎样做。当人们从事某项工作、完成某项任务时，均应按照规定的标准或约定俗成的要求去操作，并依据这些标准和要求来评价其工作的业绩，会计也不例外，对会计工作的运行及其结果进行分析和评价的标准就是会计规范，它是会计法律、法令、条例、规则、章程、制度等规范性文件的总称。会计规范作为一种标准，规定了会计工作应当做什么，不应当做什么；应当怎么做，不应当怎么做。会计规范为判断会计信息的真实性与公正性提供了依据。会计人员要依据会计规范做好会计工作；管理部门和企业领导要按会计规范评价会计工作；会计信息使用者可按会计规范获得自己所需的信息。会计规范既是长期会计实践中会计工作标准的总结，又是对当前会计工作进行约束、检验的标准。

会计规范可以规范会计行为，保证会计信息的质量，维护社会经济秩序，具有以下几个特点：

（1）公认性。会计规范的要求是为社会所认可的，人们在实际的会计工作中按会计规范的要求进行会计操作而加工生成的会计信息会被认为是真实可靠的，反之，社会就不会承认其工作，公众也有充分的理由去怀疑其会计信息的真实性和可靠性。

（2）科学性。科学性是指会计规范能够体现会计工作的内在规律和要求。会计规范与会计所处的客观环境条件要实现有机结合，以体现高度的科学性。

（3）权威性。会计规范体系作为评价会计行为合理、合法的有效标准，必须具有充分的影响力和权威性，才能够让会计人员信服。通过这种标准，大家明白哪些行为是符合规范的，哪些行为是不符合规范的。权威性来自于会计规范的制定机关，如国家立法机关——全国人民代表大会及其常务委员会和行政机构（如我国的财政部），或民间团体组织（如美国的财务会计准则委员会）。

（4）稳定性与发展性相结合。会计规范体系一经形成并实施，在一定时期、一定范围内应保持相对稳定，不能朝令夕改，随意废弃。但是随着社会政治经济环境和会计理论与实践的发展变化，一些会计规范可能不再适宜，或变得过时，而应予以修正甚至废弃，而一些新的会计规范逐渐被建立、被接受。因此，会计规范体系必须修改、补充和完善，以适应变化了的政治经济环境。

（二）我国会计规范体系的构成

我国的会计规范体系构成如图1-5所示。

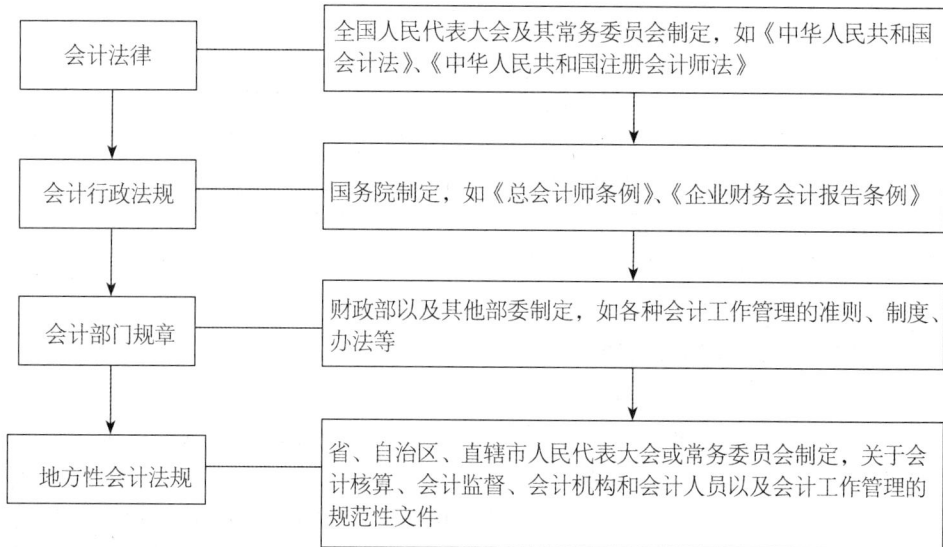

图1-5　我国会计规范体系构成

从图1-5中可以看出，按照规范的强制力排列，我国会计规范体系由四个层次构成。

1.会计法律

法律是由国家最高权力机关——全国人民代表大会及其常务委员会制定的。在会计领域中，属于法律层次的规范主要指《中华人民共和国会计法》（1985年颁布，后经多次修订。最新修订的该法自2017年11月5日起施行，以下简称《会计法》）、《中华人民共和国注册会计师法》（1994年实施，2014年修订）。它们是会计规范体系中最具权威性、最具法律效力的规范，是制定其他各层次会计规范的依据，是会计工作的基本大法。

2.会计行政法规

行政法规是由国家最高行政机关——国务院制定的。会计行政法规是根据会计法律制定，是对会计法律的具体化或某个方面的补充，一般称为条例。在我国的会计规范体系中，属于会计行政法规的有《总会计师条例》（1990年实施）、《企业财务会计报告条例》（2001年实施）、《总会计师条例》（1990年实施）等。

3.会计部门规章

部门规章是指由国家主管会计工作的行政部门——财政部以及其他部委制定的会计方面的规范。制定会计部门规章必须依据会计法律和会计行政法规的规定。

我国现行《会计法》中将国务院财政部门制定的会计部门规章称为"国家统一的会计制度"。会计制度有广义和狭义之分。广义的会计制度是指国家统一的会计制度，包括国务院财政部门依据《会计法》制定的关于会计核算、会计监督、会计机构和会计人员以及会计工作管理的准则、制度、办法等。狭义的会计制度仅为会计核算制度，包括会计科目表及使用说明、会计报表格式及编制说明等。本教材所指的是广义的国家统一的会计制度。

（1）国家统一的会计核算制度。国家统一的会计核算制度包括会计准则和会计制度两个层次。

①会计准则。为适应改革开放和发展社会主义市场经济的需要，我国财政部于1992年11月发布了新中国成立之后的第一个会计准则——《企业会计准则》（后被称为《基本准则》）。《基本准则》对会计核算的基本前提和一般原则，会计要素的确认、计量和报告，财务报告的内容和会计报表的种类做出规定。1997年5月我国又发布了第一个具体会计准则——《关联方关系及其交易的披露》。为实现我国会计与国际会计准则的实质性趋同，2006年2月15日财政部颁布了一套新的企业会计准则，并从2007年1月1日开始在上市公司实施，于2014年包括1项基本准则及41项具体准则，与《应用指南》及《解释公告》一起形成了新的会计准则体系，如图1-6所示。

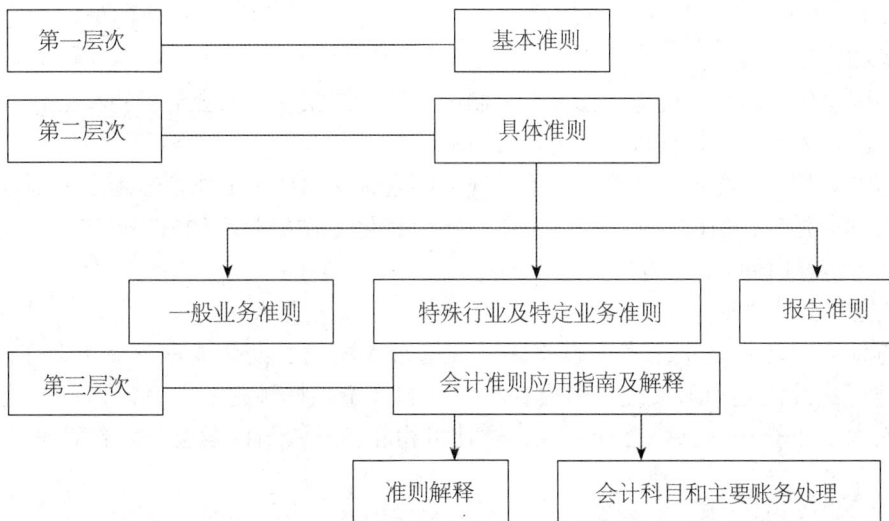

图1-6 我国现行会计准则的体系结构

为规范小企业的会计核算，提高会计信息质量，财政部于2011年10月发布《小企业会计准则》，并于2013年1月1日起实施。本准则适用于在中华人民共和国境内依法设立的、符合《中小企业划型标准规定》所规定的小型企业标准的企业。财政部于2004年4月发布的《小企业会计制度》予以废止。

②会计制度。会计制度是进行会计核算工作应遵循的规则、方法和程序的总称。它是基层会计人员必须遵循的会计基础工作规范和处理会计事务的指南。我国的会计制度包括企业会计制度和非企业会计制度。每一会计制度包括会计科目表及使用说明、会计报表格式及编制说明以及分录举例等内容。

在我国现行的企业会计制度中，最重要的是财政部2000年12月29日发布并于2001年1月1日起先在股份公司范围内实施的《企业会计制度》。实施该制度后，之前的《股份有限公司会计制度——会计科目和会计报表》同时废止。

为规范金融企业的会计核算工作，提高会计信息质量，2001年11月27日，财政部发布了《金融企业会计制度》，从2002年1月1日开始实施，适用于在我国境内的各类金融企业，包括银行（含信用社）、保险公司、证券公司、信托投资公司、期货公司、基金管理公司、财务公司等。《金融企业会计制度》规定了金融企业进行会计核算的一般原则和相关业务的处理方法。

非企业会计制度是指除企业以外的其他单位适用的会计制度，主要包括《事业单位会计制度》（1998年实施）、《行政单位会计制度》（2014年实施）、《财政总预算会计制度》（2016年实施）、《民间非营利组织会计制度》（2005年实施）等。

（2）国家统一的会计监督制度。会计监督制度在我国会计规范体系中占有重要的地位。在《会计法》中专门有一章"会计监督"，明确规定："各单位应当建立、健全本单位内部会计监督制度。"其他各条分别就会计监督的基本要求、内容、方式和责任等进行了规定。1996年财政部颁布了《会计基础工作规范》。在规范中要求各单位会计机构、会计人员对本单位的经济活动进行会计监督。

除了规定内部会计监督外，财政部于2001年2月20日还发布了《财政部门实施会计监督办法》，主要就会计监督检查的内容、形式和程序，违规违法行为的处理、行政处罚等的种类和适用范围等作了具体规定。

（3）国家统一的会计机构和会计人员制度。现行国家统一的会计机构和会计人员制度主要有《会计人员继续教育暂行规定》（2013年实施）。

（4）国家统一的会计工作管理制度。现行国家统一的会计工作管理制度主要包括《会计档案管理办法》（2016年修订）、《企业会计信息化工作规范》（2013年实施）、《会计电算化工作规范》（1996年实施）。

4.地方性会计法规

地方性会计法规是指由省、自治区、直辖市人民代表大会或常务委员会在同宪法、会计法律、行政法规和国家统一的会计准则、制度不相抵触的前提下，根据本地区情况制定发布的关于会计核算、会计监督、会计机构和会计人员以及会计工作管理的规范性文件。

（三）会计职业道德

综合上面的论述，会计作为一种职业，可以细分为企业财务会计、企业管理会计、企业财务管理、企业内部审计和审计等。无论哪一种会计职业，其具有的一个共同特点是，会计人员（包括审计人员，下同）熟知企业的经营情况、管理和控制企业的资金和财产运行、为管理层提供决策支持等。如果对会计人员的行为没有一定的约束，出现泄露企业商业秘密、私自或合谋侵吞企业财产、不能胜任本职工作等问题，都会给企业带来重大损失。因此，会计人员在工作中除了遵循相应的法律、法规、制度外，还要遵循一定的职业道德规范。

所谓会计职业道德，就是会计人员从事会计、审计工作时所必须遵循的行为准则。会计工作分为不同的种类，不同的会计职业道德规范有所区别。

在我国，企业财务会计工作人员的道德规范是由《会计法》和《会计基础工作规范》规定的。《会计法》规定："会计人员应当遵守职业道德，提高业务素质。对会计人员的教育和培训工作应当加强。"而《会计基础工作规范》对会计人员的职业道德进行了比较详细的规定。具体包括：

总体要求——会计人员在会计工作中应当遵守职业道德，树立良好的职业品质、严谨的工作作风，严守工作纪律，努力提高工作效率和工作质量。

爱岗敬业——会计人员应当热爱本职工作，努力钻研业务，使自己的知识和技能适应所从事工作的要求。

熟悉法规——会计人员应当熟悉财经法律、法规、规章和国家统一的会计制度，并结合会计工作进行广泛宣传。

依法办事——会计人员应当按照法律、法规和国家统一的会计制度规定的程序和要求进行会计工作，保证所提供的会计信息合法、真实、准确、及时、完整。

客观公正——会计人员办理会计事务应当实事求是、客观公正。

搞好服务——会计人员应当熟悉本单位的生产经营和业务管理情况，运用掌握的会计信息和会计方法，为改善单位内部管理、提高经济效益服务。

保守秘密——会计人员应当保守本单位的商业秘密。除法律规定和单位领导人同意外，不能私自向外界提供或泄露单位的会计信息。

注册会计师作为对外提供鉴证服务的行业，对其职业道德要求的程度更高。在《注册会计师法》和《中国注册会计师职业道德守则》中有专门的规定。《注册会计师法》第十八条规定："注册会计师与委托人有利害关系的，应当回避；委托人有权要求其回避。"第十九条规定："注册会计师对在执行业务中知悉的商业秘密，负有保密义务。"《注册会计师职业道德基本准则》对注册会计师从业的职业道德进行了全面系统的规范，包括"注册会计师应当恪守独立、客观、公正的原则"等规范。一般而言，职业道德规范是由行业协会制定的。《中国注册会计师职业道德守则》就是由中国注册会计师协会制定。职业道德规范和法律不同，它不属于强制性的规定，一般都是由行业协会对会员实施约束，主要强调自律。归纳起来，无论哪个会计职业，职业道德的基本规范都有以下几点：胜任、廉洁、保密、独立、客观、公正等。

从我们跨入会计职业门槛的第一天起，就要铭记：法律和职业道德是我们做好会计工作的前提，是我们一生的立身之本。在日后的工作中遇到两难的选择时：一要牢记法律；二要牢记职业道德。

子模块三　会计对象、会计要素与会计等式

一、会计对象

（一）会计的一般对象

会计对象是指会计核算和监督的内容，即说明会计核算和监督什么。

会计是为适应人类社会生产力发展与经济管理的需要而产生和发展的，其核算和监督的内容离不开生产过程。连续不断的生产过程就称为再生产过程。为了满足社会各方面不断增长的物质需求，任何社会的再生产过程永远是扩大再生产过程。财务会计的对象是企业再生产过程中的资金运动，即资金由一种形态向另一种形态的转化。作为资金运动，无论是社会总资金运动，还是个别资金运动，都是社会再生产过程中的价值运动，只不过前者是宏观价值运动，后者是微观价值运动。作为以货币为主要计量手段的会计，凡是再生产过程中能够以货币表现的经济活动，都是其核算和监督的内容。因此，会计的一般对象是社会再生产过程中的资金运动。

（二）会计的具体对象

就宏观方面来看，社会总资金运动反映了全社会的生产、交换、分配和消费的全过程，是社会会计的对象。而社会的再生产过程是通过社会中实行独立核算的各个经济组织的再生产活动来实现的，所以就微观方面分析，个别资金运动反映了各个企业、事业及行政单位的资金投入、资金运动和资金退出等过程。这些组织所从事的经济活动的具体内容不同，其资金运动也各具特点，即使同样是企业，工业、农业、商业、交通运输业、建筑业及金融业等均有各自独特的资金运动过程和运动方式，其中尤以工业企业最具有代表性。下面以工业企业为例，说明会计的具体对象和内容。

工业企业是指主要从事工业产品生产和销售的营利性的经济组织。工业企业的经营资金运动包括资金的投入、资金的循环与周转、资金的退出三部分，如图1-7所示。

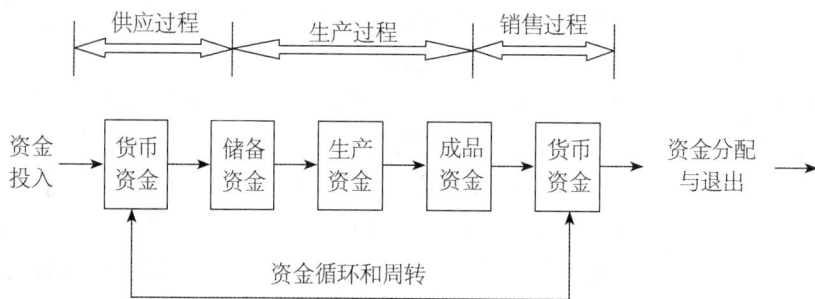

图1-7　工业企业资金运动示意图

（1）资金的投入。工业企业要进行生产经营活动，首先必须筹集一定数量的经营资金，这些资金主要来自于所有者投入的资金和债权人投入的资金。投入企业的资金一部分构成现金、银行存款、原材料等流动资产；另一部分则构成房屋及建筑物、机器设备等非流动资产。

（2）资金的循环与周转。工业企业的生产经营活动包括供应、生产、销售三个过程。在供应过程中，企业要用货币资金购入各种原材料、机器设备，为生产的开展做准备。这一过程使企业的货币资金转化为储备资金，它是生产的准备过程。在生产过程中，生产工人操作机器设备加工劳动对象，生产出新的符合一定质量标准的产品，发生原材料消耗的材料费、固定资产磨损的折旧费、生产工人劳动耗费的人工费等，使储备资金不断地转化为生产资金和产成品资金。在销售过程中，企业出售产品取得营业收入，同时也会支付广告费、运输费等费用，这一过程使产成品资金转化为货币资金，它是产品价值的实现过程。营业收入扣减营业成本和费用后的余额则是企业实现的利润，这一利润要按税法规定向国家缴纳所得税。

制造企业的再生产过程一方面表现为资金的不断耗费和回收；另一方面又表现为资金存在形态的不断转化，沿着货币资金→储备资金→生产资金→成品资金→货币资金的轨迹循环，这种循环周而复始地进行称为资金的周转。资金的循环和周转是工业企业再生产过程中资金运动的主要内容。

（3）资金的退出。一个生产过程结束后，制造企业总会有一部分资金由于某种原因而退出企业的再生产过程，不再参加企业资金的周转，如偿还债务、上缴税金、向所有者分配利润等。

上述制造企业资金运动的三个过程是相互依赖、相互制约的统一体，没有资金的筹集，就没有资金的循环与周转；没有资金的循环与周转，就不会有债务的偿还、税金的上缴和利润的分配等；没有资金的退出，就不会有新一轮的资金筹集，也就不会有企业的进一步发展。

二、会计要素

（一）会计要素的概念

会计作为相对独立的经济管理工作，是由一定的要素构成的，具体表现为对会计对象的进一步科学、合理的分解。

会计对象是企业再生产过程中的资金运动。资金运动又具有显著运动状态和相对静止状态，由资金投入、资金循环与周转、资金退出三部分构成。资金投入包括企业所有者投入和债权人投入两类，从而形成企业的总资产。债权人要求企业能够按时、足额偿还其债务，即借贷给企业的资产能够及时收回，将债权人对投入企业资产的求偿权（包括本金和利息等）称为债权人权益，对企业来说就表现为负债；企业所有者要求投入企业的资产能够获得增值，得到相应的投资回报，但他们对企业拥有的所有权无法单独确认，只能通过净资产（资产减负债的差额）确认，这一净资产在会计上称为所有者权益。债权人权益和所有者权益统称为权益。从一定日期来看，企业的资产总额与权益总额必然相等，由此分离出资金运动静止状态下资产、负债及所有者权益三个最基本的部分。另外，企业的各项资产经过一定时期的运营，将发生一定的耗费，生产出特定种类和数量的产品，产品销售后获得货币收入，收支相抵确认出当期损益，由此分离出资金显著运动状态下收入、费用及利润三个最基本的部分。这样分离出的六个部分，就是资金运动两个方面最概括的分类单位，这种对会计对象所划分的基本构成要件，称为会计对象要素，简称会计要素。其中，资产、负债及所有者权益构成资产负债表的基本框架，因而资产、负债及所有者权益被称为资产负债表要素；收入、费用及利润构成利润表的基本框架，因而收入、费用及利润被称为利润表要素。这六项会计要素统称为会计报表要素。总之，会计要素是会计对象组成部分的具体化，是会计信息体系的基本分类，是会计报表内容的基本框架。

（二）资产负债表要素

资产负债表是反映企业在一定日期的财务状况的会计报表。财务状况是指企业一定日期的资产及权益的结构状况，是资金运动相对静止状态时的表现，所以资产负债表要素又称为反映财务状况的会计要素。

（1）资产。资产是指过去的交易、事项形成的，由企业拥有或控制的，预期会给企业带来经济利益的经济资源。这里的交易主要是指企业与外部单位或个人发生的经济业务，如购买原材料、销售商品；事项主要是指企业内部发生的经济业务，如生产领用原材料、提取固定资产折旧等。列入企业的资产，应同时具备以下几个特征：

①资产是由企业过去的交易或事项形成的，是现时的资产。企业未来的交易或事项以及未发生的交易或事项可能形成的资源不属于资产，如企业签订但尚未履行的交易合同。

②资产是企业拥有或控制（可支配）的资源。"拥有"是指企业拥有该项资源的所有权，企业可以自由地使用和处置该项资源，未经企业同意，任何单位或个人不得使用或处置该项资源；"控制"是指企业虽然不拥有该项资源的所有权，但实际上可以在较长时间内控制该项资源的使用。法律上的所有权概念是资产计量的一项主要依据，但却不是唯一

依据。例如，融资租入的固定资产，在法律上企业不拥有其所有权，但该项资产的租赁期限较长（有时，接近该项资产的使用寿命），租赁期满一般由承租企业优先购买，所以可以视同企业的自有资产入账。

③资产预期会给企业带来经济利益，即具有直接或间接地增加现金或现金等价物流入企业的潜力。这里的"现金"是指货币资金，包括企业内存放的库存现金和银行存款等；"现金等价物"是指企业所持有的期限短（一般是3个月以内）、流动性强、价值变动风险较小、容易转换为确定金额的投资，主要是指短期债券。资产的实质是经济资源，它能够给企业提供未来的经济利益。资产之所以是一种经济资源，是由于它是企业通过当前的或过去的生产和交换而取得的用于企业生产经营活动的物质手段，通过对这些物质手段的有效使用，能够在未来生产经营活动中为企业带来经济利益。例如，资产可以当做一种购买力来使用（如货币资金），可以是一种索取款项的权利（如应收账款和债券投资），可以出售而转变为货币资产或某种收款权（如存货），也可以为企业提供生产能力和生产经营条件（如房屋、建筑物和机器设备）等。

作为一项资产，可以是有形的，也可以是无形的，关键在于它能否在未来为企业提供经济利益。一项资产如果不能在未来为企业提供经济利益，就不能继续作为资产，而应将其价值转为费用或损失处理，如无法销售出去的存货、无法收回的应收账款、无法继续使用的房屋和设备等；如果一项资产虽然能够在未来为企业创造经济利益，但其创造经济利益的潜力逐渐衰竭，那么，它虽然仍需列为资产，但其账面价值应随着其服务潜力的衰竭而逐渐转化为费用，如房屋、建筑物、机器设备等资产随着使用时间的延长，其服务潜力会因其不断陈旧、过时而逐渐下降，因此，这些资产的账面价值就应随着其损耗价值的增加而不断地被调减。

资产的取得，可能是有代价的，也可能是无代价的。由于资产的基本特征是能够为企业带来经济利益的经济资源，因此不能以企业是否为之付出代价作为判断是否是资产的标准。例如，企业接受捐赠而取得的资产，虽然未付出任何代价，但是属于该企业的资产。

按照流动性不同，资产可分为流动资产和非流动资产。流动资产是指可以在一年或者超过一年的一个营业周期内变现或者被耗用的资产，包括库存现金、银行存款、交易性金融资产、应收账款、应收票据、预付账款、其他应收款、存货等。非流动资产包括长期投资、固定资产、无形资产和其他资产。长期投资是指不准备在一年内变现的投资。固定资产是指为生产商品、提供劳务、出租或经营管理而持有的，使用寿命超过一个会计年度且在使用过程中其自身外表形态保持不变的有形资产。无形资产是指企业为生产商品、提供劳务、出租给他人或为管理目的而持有的、没有实物形态的非货币性非流动资产，包括专利权、非专利技术、商标权、著作权、土地使用权、商誉等。其他资产是指除长期投资、固定资产、无形资产以外的资产。

（2）负债。负债是指过去的交易、事项形成的，预期会导致经济利益流出企业的现时义务。负债的主要特征包括：

①负债是基于过去的交易或事项而产生的现时义务。例如，企业购买商品或接受劳务发生的应付账款；企业按照税法规定应该上缴的税金。只有企业现时义务才能构成企业的负债，未来的计划不会产生负债。例如，企业管理部门决定今后购买资产，其本身并不产生现时义务。通常，只有在资产已经交付时才产生现时义务。

②现时义务的履行通常使企业在未来某一日期放弃含有经济利益的资产，如支付现金、转让其他资产、提供劳务、以新债还旧债、将债权转为股权等。

按照偿还期长短的不同，负债可分为流动负债和非流动负债。流动负债是指将在一年内（含一年）或者超过一年的一个营业周期内偿还的债务，包括短期借款、应付票据、应付账款、预收账款、应付职工薪酬、应付股利、应交税费、其他应付款等。非流动负债是指偿还期在一年或者超过一年的一个营业周期以上的债务，包括长期借款、应付债券、长期应付款等。

（3）所有者权益。所有者权益是指企业所有者对企业净资产的要求权，在数量上等于企业全部资产减去负债后的金额。所有者权益的来源包括所有者投入的资本、直接计入所有者权益的利得和损失、留存收益等，通常由实收资本（或股本）、资本公积（含资本溢价或股本溢价）、盈余公积和未分配利润构成。

所有者投入的资本是指所有者投入企业的资本部分，它既包括构成企业注册资本或者股本的金额，也包括投入资本超过注册资本或股本部分的金额，即资本溢价或股本溢价，这部分投入资本作为资本公积反映。

直接计入所有者权益的利得和损失，是指不应计入当期损益、会导致所有者权益发生增减变动的、与所有者投入资本或者向所有者分配利润无关的利得或者损失。其中，利得是指由企业非日常活动所形成的、会导致所有者权益增加的、与所有者投入资本无关的经济利益的流入。损失是指由企业非日常活动所发生的、会导致所有者权益减少的、与向所有者分配利润无关的经济利益的流出。利得和损失包括直接计入所有者权益的利得和损失、直接计入当期损益的利得和损失。

留存收益是企业历年实现的净利润留存于企业的部分，包括盈余公积和未分配利润。盈余公积是指按照国家有关规定从利润中提取的积累资金，包括法定盈余公积和任意盈余公积。企业的盈利必须首先按照规定提取盈余公积，然后才能在出资者之间进行分配。企业提取的盈余公积主要用于转增资本、弥补亏损和分派股利。

未分配利润是企业实现的净利润在提取盈余公积、向投资者分配利润后留存于企业的、历年结存的利润，是企业所有者权益的组成部分。相对于企业所有者权益的其他组成部分而言，企业对未分配利润的使用具有较大的自主权。从数量上看，未分配利润是期初未分配利润，加上本期实现的净利润，减去本期提取的各种盈余公积和向所有者分配利润后的余额。未分配利润包括两层含义：一是留待以后年度处理的利润；二是未指定用途的利润。从会计报表的勾稽关系来看，未分配利润是连接利润表和资产负债表的桥梁。盈余公积和未分配利润统称为留存收益，前者是已确定用途的留存收益，后者是未确定用途的留存收益。

债权人权益（负债）与所有者权益是企业资产形成的资金来源，这两者是有区别的：

①负债是企业的一项有偿还期的债务，到期时企业必须还本付息；而所有者权益是投资者对企业的投资，在企业的经营期内不存在还本付息的问题。

②企业的债权人与企业只存在债权债务关系，债权人无权参与企业的管理；而企业的所有者既对企业的资产享有所有权，又亲自管理企业或委托他人管理企业。

③负债是债权人对企业全部资产的索偿权，所有者权益则是企业投资者对企业净资产的索偿权。就是说，企业的全部资产首先要保证用于偿还债务，保证债权人权益，剩余的

才归所有者，即债权人对企业资产的求偿权优先于所有者的求偿权。

④企业所支付的债务利息形成费用，并可以从营业收入中扣减，其数额的多少不受企业经营状况优劣的影响；而企业的所有者对企业有收益要求，并且其收益的多少不能事先确定，分得利润的多少或支付股利的大小要视企业经营成果的多少而定。分配的利润或股利不能作为费用从当期收入中扣减，而必须作为利润分配的内容之一。

（三）利润表要素

经营成果是企业在一定时期内从事生产经营活动所取得的最终成果，是资金运动显著变动状态的主要体现。利润表是反映企业在一定时期的经营成果的财务报表。所以，利润表要素又称为反映经营成果的会计要素。

（1）收入。收入是指企业在销售商品、提供劳务及让渡资产使用权等日常活动中形成的、会导致所有者权益增加的、与所有者投入资本无关的经济利益的总流入。这里的日常活动是指企业为完成其经营目标而从事的所有活动，以及与之相关的其他活动；经济利益是指现金或最终能够转化为现金的非现金资产。收入的主要特征包括：

①收入可能表现为资产的增加，如增加银行存款、应收账款；也可能表现为负债的减少，如用商品抵偿债务；还可能是二者并存，如销售的商品价款中，一部分收到货币，另一部分用于抵债。

②收入的取得会增加企业的所有者权益。因为收入可引起资产的增加或负债的减少，根据"资产－负债＝所有者权益"的公式，收入的取得会增加所有者权益。

③收入不包括为第三方或客户代收的款项，因为代收的款项虽然增加了企业的资产，但同时也增加了等额的企业负债，不会增加企业的所有者权益，不属于企业经济利益的流入，如旅行社代客户收取的飞机票、门票等款项。

④收入是与所有者投入资本无关的经济利益的总流入。经济利益的流入有时是所有者投入资本的增加所导致的，所有者投入资本的增加不应当确认为收入，应当将其直接确认为所有者权益。

（2）费用。费用是指企业为销售商品、提供劳务等日常活动而发生的、会导致所有者权益减少的、与向所有者分配利润无关的经济利益的总流出。费用的主要特征包括：

①费用是从企业销售商品、提供劳务等日常活动中形成的。

②费用最终将减少企业的所有者权益。费用作为日常活动发生的资产耗费，与一定期间相联系；成本是企业为生产产品、提供劳务而发生的各种耗费，与一定种类和数量的产品相联系。只有生产的产品对外出售后，该产品的生产成本才作为销售成本计入费用，以便与收入对比，计算出利润。

③费用是与向所有者分配利润无关的经济利益的总流出。

（3）利润。利润是指企业一定会计期间的经营成果，是该期间所实现的收入减去费用后的净额。利润的主要特征是：利润表示企业最终的经营成果，由收入与费用的差额确定，与收入和费用要素密切相关。

利润包括营业利润、利润总额和净利润三个层次。营业利润是指营业收入减去营业成本、税金及附加、销售费用、管理费用、财务费用、资产减值损失，再加上公允价值变动和投资收益后的金额。利润总额是指营业利润加上营业外收入，减去营业外支出后的金额。净利润是指利润总额减去所得税费用后的金额。

三、会计等式及其影响

（一）会计等式

会计要素反映了资金运动的静态和动态两个方面，具有紧密的内部相关性，表现为以下三个会计等式。

资产＝负债+所有者权益   （等式1）

这是最基本的会计等式，通常称为静态会计等式。这一等式反映了企业某一特定时点资产、负债和所有者权益三者之间的平衡关系。如上所述，资产是企业所拥有或控制的经济资源，表明各种经济资源的分布状况，来源于所有者投资和债权人投资（统称为权益）。所有者投资属于所有者权益，债权人投资属于债权人权益（表现为企业的负债）。也就是说，权益形成资产，资产归属于权益，二者必然相等。而从等式右方来看，负债与所有者权益的性质截然不同，负债是债权人要求企业定期偿付本息的权益，所有者权益则是所有者除企业清算外的永久性投资，体现为资产与负债的余额。上式中若把负债要素移项，又可变形为

资产－负债＝所有者权益＝净资产

资产与权益的恒等关系，是资金运动的静态表现，也是复式记账法的理论基础和编制资产负债表的依据。

收入－费用＝利润   （等式2）

企业一定时期内所获得的收入扣除所发生的各项费用后，即表现为利润。这一等式可称为动态会计等式，因为它是资金运动的动态表现，是编制利润表的依据。

资产＝负债+所有者权益+利润   （等式3）

这是将静态会计等式和动态会计等式相结合的第三个会计等式，可以称为混合会计等式，实际上是利润分配前的会计等式。利润分配后，一部分利润将向所有者分配，退出企业；另一部分将作为留存收益计入盈余公积和未分配利润，从而计入所有者权益，使这一等式消失，回复到静态会计等式。这一会计等式体现了六项会计要素之间的内在联系，体现了利润分配前任一时刻的财务状况及经营成果，对于分析企业总体资金运动状况及结果具有重要意义。

（二）交易、事项对会计等式的影响

无论交易、事项发生何种变化，对会计等式的平衡都不会造成任何影响，但是对会计等式两边总额有可能构成影响，概括起来有两类：

（1）等式两边的金额同增同减，总额变化。这类业务会引起会计等式两边的各会计要素金额总额发生变动，它包括：

①一项资产增加，一项负债增加。例如，收到一笔订购本企业产品的定金，使得资产方"银行存款"增加，同时使得负债方"预收账款"增加。

②一项资产增加，一项所有者权益增加。例如，收到一笔投资款，使得资产方"银行存款"增加，同时使得所有者权益方"实收资本"增加。

③一项资产减少，一项负债减少。例如，用银行存款支付前期所欠货款，使得资产方"银行存款"减少，同时使得负债方"应付账款"减少。

④一项资产减少，一项所有者权益减少。例如，核减注册资本，投资款退出，使得资产方"银行存款"减少，同时使得所有者权益方"实收资本"减少。

（2）等式一边的金额有增有减，总额不变。这类业务只会影响会计等式一边的各会计要素具体项目之间金额发生增减变动，它包括：

①一项资产增加，另一项资产减少。例如，从银行提取现金，使得资产方"库存现金"增加，同时使得资产方"银行存款"减少。

②一项负债增加，另一项负债减少。例如，用短期借款归还前期所欠货款，使得负债方"短期借款"增加，同时使得负债方"应付账款"减少。

③一项负债增加，一项所有者权益减少。例如，对投资者分配现金股利，使得负债方"应付股利"增加，同时使得所有者权益方"未分配利润"减少。

④一项负债减少，一项所有者权益增加。例如，债权人将其在本企业中的债权转为资本，使得负债方"应付账款"减少，同时使得所有者权益方"实收资本"增加。

⑤一项所有者权益减少，另一项所有者权益增加。例如，企业历年积累转增资本，使得所有者权益方"盈余公积"减少，同时使得所有者权益方"实收资本"增加。

子模块四　会计科目、账户与复式记账

一、会计科目

（一）设置会计科目的意义

会计科目，是对会计对象的具体内容（即会计要素）进行分类核算所规定的项目。企业在生产经营过程中，经常发生各种各样的会计事项，必然引起会计要素的增减变动。但是，由于同一会计要素内部的项目不同，其性质和内容也往往不同。例如，同属资产的"固定资产"和"原材料"，其经济内容、在生产中的作用和价值转移方式都不相同；同属负债的"应付账款""短期借款""长期借款"，其形成原因、债权人、偿还期限等也都有所不同。在实际工作中，设置会计科目，可以全面、系统、分类地核算和监督各项会计要素的增减变化；同时也是正确填制会计凭证、运用复式记账、登记账簿和编制会计报表的基础。

（二）会计科目的设置原则

（1）必须结合会计要素的特点，全面反映会计要素的内容。设置会计科目，必须对会计要素的具体内容进行科学分类，以便分门别类地反映和监督各项经济业务。各单位应结合本单位会计要素的特点来确定应设置的会计科目。例如，工业企业应设置"生产成本""制造费用"等会计科目，用以核算和监督工业产品的生产过程；商品流通企业则不需设置这样的科目。

（2）必须符合会计目标的要求，满足各方面的需要。财务会计的目标是提供有用的会计信息，满足与企业有经济利益关系的各方面了解企业财务状况和经营成果的需要，满足企业内部加强经营管理的需要。例如，企业的盈亏情况是会计信息使用者非常关心的。为此，必须设置"主营业务收入""主营业务成本""管理费用""财务费用""本年利润"等科目，用以反映盈亏的形成。为了反映企业实有资本，就需要设置"实收资本"科目。

（3）必须将统一性与灵活性相结合。目前会计科目由财政部统一制定颁布，但企业可根据自身规模的大小、业务的繁简程度等自行增设、减少或合并某些会计科目。例如，企业可以不单设"预收账款""预付账款"科目。

（4）必须保持相对稳定。为了便于不同时期会计资料的分析对比，会计科目的设置应保持相对稳定。此外，每个会计科目都有特定的核算内容，名称要含义明确，通俗易懂，便于开设和运用账户，不能将不同特征的资料记入同一科目。

（三）会计科目的分类

会计科目是对会计要素按经济内容所做的进一步分类。每一个会计科目都明确反映特定的经济内容，但各个会计科目并非彼此孤立，而是相互联系、互相补充地组成一个完整的会计科目体系。为了正确地掌握和运用会计科目，可对会计科目进行适当的分类。

（1）按经济内容分类。会计科目按经济内容的分类是最主要、最基本的分类。工业企业的会计科目按其所反映的经济内容，可以划分为资产类科目、负债类科目、所有者权益类科目、成本类科目和损益类科目（又可分为收入类科目和费用类科目）。

财政部2006年发布的《企业会计准则——应用指南》规定了会计科目的名称、编号和每一个会计科目的主要账务处理。企业常用的会计科目表见表1-1。

表1-1

会计常用科目表

科目代码	会计科目名称	科目代码	会计科目名称
	一、资产类	1405	库存商品
1001	库存现金	1471	存货跌价准备
1002	银行存款	1511	长期股权投资
1012	其他货币资金	1512	长期股权投资减值准备
1101	交易性金融资产	1601	固定资产
1121	应收票据	1602	累计折旧
1122	应收账款	1603	固定资产减值准备
1123	预付账款	1604	在建工程
1131	应收股利	1605	工程物资
1132	应收利息	1606	固定资产清理
1221	其他应收款	1701	无形资产
1231	坏账准备	1702	累计摊销
1401	材料采购	1703	无形资产减值准备
1402	在途物资	1711	商誉
1403	原材料	1801	长期待摊费用
1404	材料成本差异	1901	待处理财产损溢
	二、负债类		四、成本类
2001	短期借款	5001	生产成本
2101	交易性金融负债	5101	制造费用

科目代码	会计科目名称	科目代码	会计科目名称
2201	应付票据	5201	劳务成本
2202	应付账款	5301	研发支出
2203	预收账款		五、损益类
2211	应付职工薪酬	6001	主营业务收入
2221	应交税费	6051	其他业务收入
2231	应付利息	6111	投资收益
2232	应付股利	6301	营业外收入
2241	其他应付款	6401	主营业务成本
2501	长期借款	6402	其他业务成本
2502	应付债券	6403	税金及附加
2701	长期应付款	6601	销售费用
	三、所有者权益类	6602	管理费用
4001	实收资本	6603	财务费用
4002	资本公积	6701	资产减值损失
4101	盈余公积	6711	营业外支出
4103	本年利润	6801	所得税费用
4104	利润分配	6901	以前年度损益调整
4201	库存股		

（2）按提供核算指标的详细程度分类。会计科目按提供核算指标的详细程度，可以分为总分类科目和明细分类科目。

总分类科目（也称总账科目或一级科目），是对会计要素的具体内容进行总括分类的科目，提供总括核算指标。总分类科目由国家财政部统一制定颁布。明细分类科目（也称明细科目、细目），是对总分类科目进一步分类的科目，提供明细核算指标。明细科目的设置，除制度已有规定外，各单位可根据实际情况和经营管理的需要自行设置。在实际工作中大多数都要设置明细分类科目，例如，在"原材料"总分类科目下，按材料的品种、规格开设明细分类科目。

如果某一总分类科目下面设置的明细分类科目较多，可增设二级科目（也称子目）。二级科目是介于总分类科目与明细分类科目之间的科目，它提供的核算指标要比总分类科目详细，但又比明细分类科目概括。例如，在"原材料"总分类科目下，可按材料的类别，设置二级科目，见表1-2。子目与细目也可统称为明细科目。

表1-2

总账科目与明细科目的关系

总分类科目（一级科目）	二级科目（子目）	明细科目（细目）
原材料	主要材料	槽钢
		角钢
	辅助材料	润滑油
		填缝剂

二、账户

（一）账户及其基本结构

账户是指按照会计科目开设的，具有一定格式和结构，用来连续、系统、分类记录和反映会计要素变动情况的一种专门工具。设置账户是会计核算的一种专门方法。

由于经济业务所引起的各项会计要素的变动，从数量上看只有增加和减少两种情况。因此，用来分类记录经济业务的账户，在结构上也相应地分为两个基本部分，用以分类记录各项会计要素具体内容的增加和减少的数额。所谓账户的结构，是指在账户中如何记录经济业务所引起的各项会计要素的增减变动情况及结果，即增加记何方，减少记何方，余额在何方（增减各记何方，将在本模块"三、复式记账"中讲述）。账户不但要有明确的核算内容，而且要有一定的结构。

在实际工作中，账户的具体结构可以根据不同的需要设计出多种多样的格式，其基本内容包括：①账户名称；②日期和摘要；③凭证号；④增加额、减少额及余额。其中，反映各个会计要素的增加额、减少额和余额这三个部分形成了账户的基本结构。账户的完整结构见表1-3。

表1-3

类账

账　号		总页码	
页　次			

账户名称

年		凭证编号	摘　要	借　方										√	贷　方										√	借或贷	余　额										核对
月	日			十	亿	千	百	十	万	千	百	十	元	角	分		十	亿	千	百	十	万	千	百	十	元	角	分			十	亿	千	百	十	万	千	百	十	元	角	分	

在实际工作中为了详细记录经济业务，并保证会计信息真实、完整，账户必须使用完整的正式格式。但在教学中可以使用简化格式，即将账户的基本结构简化为左、右两方，一方登记增加，一方登记减少，其格式如图1-8所示。我们形象地称之为 T 形账或丁字账，利用它可以方便地将会计要素发生的增减变动情况记录下来，也便于汇总平衡。

左方（借方）　　　　　　　　　　　账户名称　　　　　　　　　　　右方（贷方）

图 1-8　T 形账

账户中记录四种核算指标，即期初余额、本期增加发生额、本期减少发生额和期末余额。其关系式如下

期末余额＝期初余额＋本期增加发生额－本期减少发生额

其中，余额的关系式为：

上期期末余额＝本期期初余额

（二）会计科目与账户的关系

会计科目与账户之间既有共同点，又有区别。其共同点是：会计科目和账户都是按照相同的经济内容来设置的，账户是根据会计科目开设的。会计科目的名称就是账户的名称。会计科目规定的核算内容就是账户应记录和反映的经济内容。在实际工作中，会计人员往往把会计科目和账户不加区别地互相通用。

会计科目和账户的区别是：会计科目是按经济内容对会计要素的分类；账户则是在会计科目所做的分类基础上，对经济业务进行全面、连续、系统记录的工具。因此，会计科目只是个名称，只能表明某项经济内容，不存在结构问题；而账户必须具备一定的结构，以便记录或反映某项经济内容的增减变动及其结果。

会计对象、会计要素和会计科目三者密切相关，互为依存，其层次关系如图1-9所示。

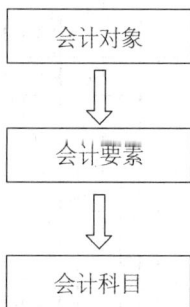

```
┌──────────┐
│  会计对象  │
└──────────┘
     ↓
┌──────────┐
│  会计要素  │
└──────────┘
     ↓
┌──────────┐
│  会计科目  │
└──────────┘
```

图 1-9　会计对象、会计要素和会计科目的关系

三、复式记账

（一）记账方法

（1）记账方法的意义。经济业务的发生会引起特定会计主体的会计要素各项目的增减变动。为了反映会计要素各项目的增减变动情况及其结果，不仅要根据会计信息的要求科学地设置账户，还必须运用记账方法将发生的各项经济业务进行记录。也就是说，账户是专门用来记录经济业务的工具，而在账户中应如何记录经济业务，取决于记账方法。记账

方法是指记录经济业务的手段，是依据一定的原理和记账规则，采用一定的计量单位，在账簿中登记经济业务活动的一种方法。一种记账方法的构成要素主要包括：账户设置的方法、记账符号、记录方法、记账规则、对账方法和平衡方式。

（2）记账方法的种类。记账方法按记录经济业务方式的不同，可分为单式记账法和复式记账法。

①单式记账法。单式记账法是一种比较简单、不完整的记账方法。在这种记账方法下，通常只设置库存现金、银行存款和债权债务账户，一般只对经济业务在账上进行单方面的登记，不反映其来龙去脉，只有当经济业务既涉及现金或银行存款，又涉及债权债务时，才同时在两个相应的账户上进行登记。例如，以银行存款 1 000 元购买原材料，只在"银行存款"账户上单方面记录付出 1 000 元，不记录材料账增加。显然，单式记账法是一种比较简单、不完整的记账方法，它在选择单方面记账时，重点考虑的是现金、银行存款及债权债务，不反映其他财产物资的来源去向。因此，单式记账法所获得的信息资料是不完整的，不能全面系统地反映经济业务的来龙去脉，因而也不便于检查账户记录的正确性和完整性。随着商品经济的发展，需要运用会计反映和监督的经济活动越来越复杂，单式记账法已不能适应经济管理的要求。

②复式记账法。复式记账法是对每一项经济业务都要在两个或两个以上的相互联系的账户中以相等的金额记录的一种方法。复式记账法的理论依据是会计恒等式。复式记账法是从单式记账法发展而来的。如前所述，经济业务的发生会引起两个或两个以上的会计要素发生增减变动，为了完整地反映这些增减变动，需要采用复式记账法，把变动双方的情况记录下来。例如，以银行存款 1 000 元购买材料，既要在银行存款账户上记录减少 1 000 元，又要在"原材料"账户上记录增加 1 000 元，完整地反映了货币的去向、材料的来源，账户的对应关系非常清晰，从而能够了解经济业务的具体内容。同时，由于经济业务发生后，复式记账法是以相等的金额在有关账户中进行记录，因而便于用试算平衡的原理检查账户记录的正确性。

复式记账法包括借贷记账法、增减记账法和收付记账法三种。我国曾经使用过增减记账法和收付记账法，它们在不同的历史时期曾发挥过积极的作用。但是，增减记账法和收付记账法不如借贷记账法简单、严格，特别是随着世界经济一体化进程的加快，会计作为国际通用商业语言的地位日益重要，与世界同步，统一采用借贷记账法成为必然趋势。因此，我国《企业会计准则》明确规定，自 1993 年 7 月 1 日起，我国境内所有企业一律采用借贷记账法。至此，增减记账法和收付记账法退出我国的会计核算舞台，借贷记账法成为我国会计核算统一使用的方法。

（二）借贷记账法

借贷记账法是指以"借""贷"为记账符号的一种复式记账方法。借贷记账法产生于 12、13 世纪资本主义开始萌芽的意大利。1494 年，意大利人卢卡·帕乔利在其《算术、几何、比及比例概要》中第一次系统阐述了借贷记账法。借贷记账法自 20 世纪初传入我国，是目前世界各国通用的一种记账方法。借贷记账法的内容包括记账符号、账户结构、记账规则和试算平衡四项。

（1）记账符号。借贷记账法是以"借""贷"为记账符号。"借""贷"两字最初是从借贷资本家的角度来解释的，即用来表示债权（应收款）和债务（应付款）的增减变动。

借贷资本家把放出的款项称为"借"，表示"人欠"；把吸收的款项称为"贷"，表示"欠人"。随着社会经济的发展，经济业务内容的日趋复杂，记账对象逐渐扩大到商品、现金和经营损益等。借贷记账法也逐渐为工商业者所使用，"借贷"两字逐渐失去原来的含义，转化为一种纯粹的记账符号，用来表示账户中的登记方向，从而成为会计上的专门用语。

（2）账户结构。在借贷记账法下，账户的基本结构是：左边为借方，右边为贷方。究竟哪一方记录增加数额，哪一方记录减少数额，期初、期末余额在借方还是在贷方，要根据各账户记录和反映的经济内容，即账户的性质来确定。由于资产与权益是企业资金的两个不同侧面，为了科学地进行记账，便于账簿记录的试算平衡，资产类和权益类账户的增加（或减少）应记录在账户的不同方向。

在借贷记账法下，根据核算的经济内容，账户分为资产类账户、负债类账户、所有者权益类账户、成本类账户、损益类账户（又可分为收入类账户和费用类账户。

①资产类账户的结构。会计上通常在资产负债表的左方反映资产项目，所以，会计上习惯在资产类账户的左方（即借方）登记期初余额和本期增加数额，在资产类的右方（即贷方）登记减少数额。一般而言，某项资产的期初余额与本期增加数额之和总会大于贷方减少数额，正常情况下，资产类账户的期末余额在借方。在一定时期内，记入账户借方金额的合计数称为"本期借方发生额"，记入贷方金额的合计数称为"本期贷方发生额"。因此，资产类账户期末余额可按下列公式计算：

资产类账户期末余额=借方期初余额+借方本期发生额−贷方本期发生额

资产类账户的结构如下：

借方	资产类账户	贷方
期初余额		
本期增加额	本期减少额	
期末余额		

②权益类账户的结构。权益类账户包括负债类账户和所有者权益类账户。由于会计上通常在资产负债表的右方反映权益项目，所以，会计上习惯在负债类账户和所有者权益类账户的右方（即贷方）登记期初余额和本期增加数额，在该类账户的左方（即借方）登记减少数额。一般而言，某项权益的期初余额与本期增加数额之和总会大于借方减少数额，所以，正常情况下，负债类账户和所有者权益类账户的期末余额在贷方。权益类账户期末余额可按下列公式计算：

负债和所有者权益类账户期末余额=贷方期初余额+贷方本期发生额−借方本期发生额

负债和所有者权益类账户的结构如下：

借方	负债和所有者权益类账户	贷方
	期初余额	
本期减少额	本期增加额	
	期末余额	

③成本类账户的结构。成本类账户是反映企业产品生产成本或劳务成本形成情况的账户，包括"生产成本""制造费用"等账户。成本类账户的借方登记成本的增加额，贷方登记成本的减少额；期末如果有余额，一般在借方。成本类账户的结构如下：

借方	成本类账户	贷方
期初余额		
本期增加额	本期减少额	
（若有）期末余额		

④收入类、费用类和利润类账户的结构。收入使企业利润增加，同时导致所有者权益增加，其账户结构也与所有者权益类账户相同。

收入类账户的贷方登记收入的增加；借方登记收入的减少。期末将净收入（收入类账户的贷方发生额减去借方发生额的差额）转入"本年利润"账户后，收入类账户一般没有期末余额。

费用类账户的结构与收入类账户相反。费用类账户的借方登记费用的增加数；贷方登记费用的减少数。期末将费用类账户的借方发生额减去贷方发生额的差额转入"本年利润"账户。费用类账户一般也没有期末余额。

收入类、费用类、利润类账户的结构如下：

借方	收入类账户	贷方
本期减少额（或转销额）	本期增加额	

借方	费用类账户	贷方
本期增加额	本期减少额（或转销额）	

（3）记账规则。根据复式记账法的原理，任何一项经济业务都必须以相等的金额，相反的借贷方向，在两个或两个以上相互联系的账户中进行登记，即按照经济业务的内容，一方面记入一个或几个账户的借方，另一方面记入一个或几个有关账户的贷方，并且记入借方与记入贷方的金额必须相等。这就是借贷记账法的记账规则：有借必有贷，借贷必相等。

运用借贷记账法的记账规则登记账户时，有关账户之间存在着应借应贷的相互关系，这种关系称为账户的对应关系。存在对应关系的账户称为对应账户。在企业所设账户既定的情况下，账户之间的对应关系取决于所发生的经济业务的性质；反之，通过账户的对应关系，又可以了解经济业务的内容。

在实际工作中，由于企业单位设置的账户很多，经济业务的发生十分频繁，直接记入账户容易发生多记、少记或漏记。因此，为了保证账户记录的正确性，记账之前首先要根据经济业务的内容和性质，按照借贷记账法的记账规则的要求，在会计凭证中编制特定形式的记录，即会计分录，然后再根据会计分录登记入账。

会计分录简称分录，是对每笔经济业务列示其应借应贷的方向、应借应贷的账户及其金额的一种记录。每一笔会计分录应包含记账符号、应记账户和应记金额三项基本要素。会计分录按其反映经济业务的复杂程度可分为简单分录和复合分录。简单分录是指一个账户的借方和一个账户的贷方发生对应关系的会计分录，即一借一贷的会计分录；复合分录是指一个账户的借方和几个账户的贷方发生对应关系或一个账户的贷方和几个账户的借方发生对应关系的会计分录，即一借多贷或一贷多借的会计分录。为了保持账户对应关系清楚，一般不宜把不同类型的经济业务合并在一起编制多借多贷的会计分录。

在具体运用记账规则记录经济业务时，应按以下步骤思考：

①分析该项业务具体涉及哪几个账户，该账户的性质是属于资产类，还是属于负债类或所有者权益类，或者是收入类、费用类。

②根据该账户的性质及涉及经济业务的具体内容，确定该项经济业务应记入哪个账户的借方，哪个账户的贷方。

③验证应借应贷科目是否正确，借贷双方的金额是否相等。

下面结合明福公司2017年5月份发生的经济业务的实例，讨论不同经济业务下借贷记账法记账规则的具体运用。

明福公司2017年5月1日总账各账户的期初余额见表1-4。

表1-4 　　　　　　　　　**明福公司2017年5月1日总账期初余额**　　　　　　单位：元

资产类账户		负债与所有者权益类账户	
库存现金	500	短期借款	4 500
银行存款	200 000	应付账款	100 000
应收账款	5 000	应付票据	25 000
其他应收款	1 000	实收资本	580 000
原材料	3 000		
固定资产	500 000		
合计	709 500	合计	709 500

【例1-1】 收到投资者投资100 000元，存入银行。

这项经济业务使企业的银行存款增加了100 000元，同时使实收资本增加了100 000元。"银行存款"账户是资产类账户，增加了应记借方；"实收资本"账户是所有者权益类账户，增加了应记贷方。

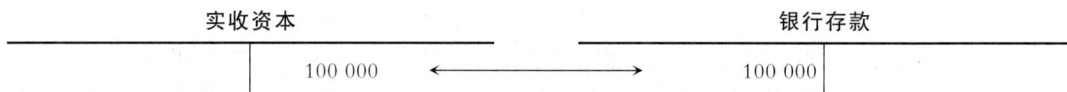

实收资本		银行存款	
	100 000	100 000	

会计分录如下：

借：银行存款　　　　　　　　　　　　　　　100 000
　贷：实收资本　　　　　　　　　　　　　　　　　　100 000

【例1-2】 从银行提取现金5 000元备用。

这项经济业务使企业的现金增加了5 000元，同时使银行存款减少了5 000元。"库存现金"账户是资产类账户，增加了应记借方；"银行存款"账户是资产类账户，减少了应记贷方。

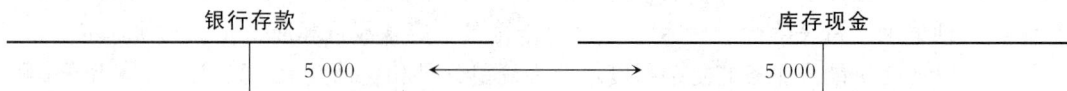

银行存款		库存现金	
	5 000	5 000	

会计分录如下：

借：库存现金　　　　　　　　　　　　　　　　　　　　　　　　　　　　　　　5 000

　　贷：银行存款　　　　　　　　　　　　　　　　　　　　　　　　　　　　　　　5 000

【例1-3】　到期的商业汇票25 000元无力支付，转为应付账款。

这项经济业务使企业的应付账款增加了25 000元，同时使应付票据减少了25 000元。"应付账款"账户是负债类账户，增加了应记贷方；"应付票据"账户是负债类账户，减少了应记借方。

应付账款		应付票据	
	25 000　◄——————►	25 000	

会计分录如下：

借：应付票据　　　　　　　　　　　　　　　　　　　　　　　　　　　　　　25 000

　　贷：应付账款　　　　　　　　　　　　　　　　　　　　　　　　　　　　　25 000

【例1-4】　以银行存款25 000元偿还前欠供货单位的货款。

这项经济业务使企业的应付账款减少了25 000元，同时使银行存款减少了25 000元。"应付账款"账户是负债类账户，减少了应记借方；"银行存款"账户是资产类账户，减少了应记贷方。

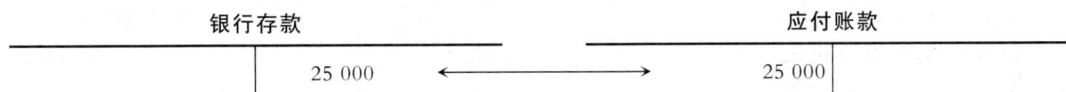

银行存款		应付账款	
	25 000　◄——————►	25 000	

会计分录如下：

借：应付账款　　　　　　　　　　　　　　　　　　　　　　　　　　　　　　25 000

　　贷：银行存款　　　　　　　　　　　　　　　　　　　　　　　　　　　　　25 000

【例1-5】　公司职员李明出差回来报销差旅费800元，并退还多余库存现金200元。

这项经济业务使企业的其他应收款减少了1 000元，同时使库存现金增加了200元，管理费用增加了800元。"其他应收款"账户是资产类账户，减少了应记贷方；"库存现金"账户是资产类账户，增加了应记借方；"管理费用"账户是费用类账户，增加了应记借方。

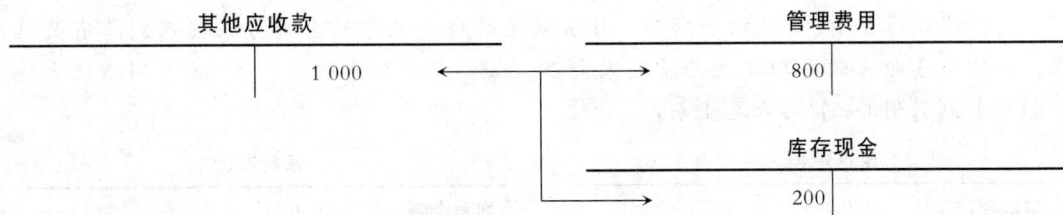

其他应收款		管理费用	
	1 000　◄——————►	800	

库存现金	
200	

会计分录如下：

借：管理费用　　　　　　　　　　　　　　　　　　　　　　　　　　　　　　　800

　　库存现金　　　　　　　　　　　　　　　　　　　　　　　　　　　　　　　200

　　贷：其他应收款　　　　　　　　　　　　　　　　　　　　　　　　　　　　1 000

这笔会计分录是一笔复合分录，它可以分拆为两笔简单分录：

```
借：管理费用                                                          800
    贷：其他应收款                                                        800
借：库存现金                                                          200
    贷：其他应收款                                                        200
```

【例1-6】 销售一批100 000元的产品，同时支付代垫运费2 000元，货款未收（不考虑相关税费）。

这项经济业务使企业的应收账款增加了102 000元，同时使主营业务收入增加了100 000元，银行存款减少了2 000元。"应收账款"账户是资产类账户，增加了应记借方；"主营业务收入"账户是收入类账户，增加了应记贷方；"银行存款"账户是资产类账户，减少了应记贷方。

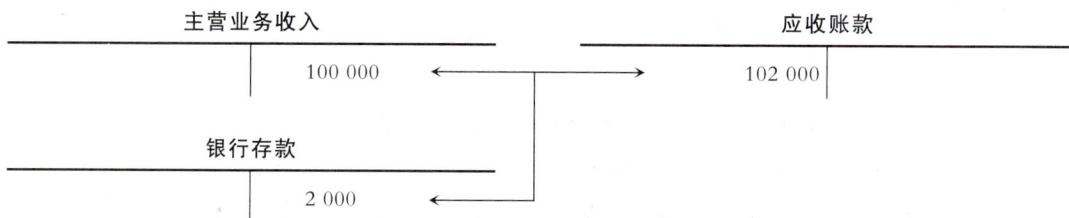

主营业务收入		应收账款	
	100 000	102 000	

银行存款	
	2 000

会计分录如下：

```
借：应收账款                                                      102 000
    贷：主营业务收入                                                  100 000
        银行存款                                                      2 000
```

可见，借贷记账法下，任何类型的经济业务，需涉及两个或两个以上账户的记录，其记入借方账户的金额和记入贷方账户的金额合计必须相等，都必须符合"有借必有贷，借贷必相等"的记账规则。

（4）试算平衡。按照复式记账法的步骤和特点，对于每一项经济业务在编制了会计分录后，即应记入有关账户，这个步骤通常称为"登账"。登账以后，一般要在月终结出各账户的本期借、贷方发生额，并结合期初余额计算出各账户的期末余额，这个步骤称为"结账"，以便根据账户记录编制会计报表。

下面仍以明福公司的实例来说明登账和结账的方法。

现将该公司5月1日期初余额及5月份发生的经济业务的会计分录登入到各有关总账，并结出各账户的本期发生额及期末余额，如以下T形账所示（①～⑥分别指代上述【例1-1】到【例1-6】的六笔业务）：

库存现金

期初余额	500		
②	5 000		
⑤	200		
本期发生额	5 200		
期末余额	5 700		

银行存款

期初余额	200 000		
①	100 000	②	5 000
		④	25 000
		⑥	2 000
本期发生额	100 000	本期发生额	32 000
期末余额	268 000		

应收账款

期初余额	5 000		
⑥	102 000		
本期发生额	102 000		
期末余额	107 000		

其他应收款

期初余额	1 000		
		⑤	1 000
		本期发生额	1 000
期末余额	0		

原材料

期初余额	3 000		
期末余额	3 000		

固定资产

期初余额	500 000		
期末余额	500 000		

短期借款

		期初余额	4 500
		期末余额	4 500

应付账款

		期初余额	100 000
④	25 000	③	25 000
本期发生额	25 000	本期发生额	25 000
		期末余额	100 000

应付票据

		期初余额	25 000
③	25 000		
本期发生额	25 000		
		期末余额	0

实收资本

		期初余额	580 000
		①	100 000
		本期发生额	100 000
		期末余额	680 000

管理费用

⑤	800		
本期发生额	800		
期末余额	800		

主营业务收入

		⑥	100 000
		本期发生额	100 000
		期末余额	100 000

一定时期内的各项业务按照"有借必有贷，借贷必相等"的记账规则编制会计分录，并全部登入总账，如果不发生错误，那么，每一笔会计分录中的借贷金额及全部账户中借贷发生额两方金额合计应保持平衡。但是，在登账和结账过程中，可能会发生这样或那样的人为错误，因此，为了保证经济业务在账户中登记的正确性，需要在一定时期终了时，对账户记录进行试算平衡，检查记账的结果，以便找出错误的原因并及时予以更正。

所谓试算平衡，就是根据借贷记账法的记账规则的平衡原理，检查和验证账户记录正确性的一种方法。试算平衡工作是通过编制试算平衡表完成的，具体有账户发生额试算平衡法和账户余额试算平衡法两种。

①账户发生额试算平衡法。账户发生额试算平衡法是以本期全部账户的借方发生额合计与贷方发生额合计是否相等来检查、验证账户记录正确性的试算平衡法。其公式如下：

全部账户本期借方发生额合计＝全部账户本期贷方发生额合计

按照借贷记账法"有借必有贷，借贷必相等"的记账规则，每一笔经济业务的会计分录的借、贷两方的发生额必然相等；一定时期内，所有账户的借方发生额合计与贷方发生额合计，分别是每一项经济业务的会计分录的借方发生额和贷方发生额的累计。因此，将一定时期内全部经济业务的会计分录登账后，所有账户的本期借方发生额和本期贷方发生额的合计数额也必然相等。

根据前例资料编制总分类账户本期发生额试算平衡表，见表1-5。

表1-5

总分类账户本期发生额试算平衡表

2017年5月

账户名称（会计科目）	本期发生额	
	借 方	贷 方
库存现金	5 200	
银行存款	100 000	32 000
应收账款	102 000	
其他应收款		1 000
管理费用	800	
应付账款	25 000	25 000
应付票据	25 000	
实收资本		100 000
主营业务收入		100 000
合 计	258 000	258 000

②账户余额试算平衡法。账户余额试算平衡法是以全部账户期末的借方余额合计和贷方余额合计是否相等来检查、验证账户记录正确性的试算平衡法。其公式如下：

全部账户本期借方余额合计＝全部账户木期贷方余额合计

由于所有账户的借方发生额合计和贷方发生额合计必然相等，而所有账户的期末借方余额和期末贷方余额又是以一定时期的累计发生额为基础计算的结果，且根据借贷记账法的账户结构可知，所有账户的借方余额之和是资产的合计数，所有账户的贷方余额之和是权益的合计数，资产必然等于权益。因此，所有账户的借方余额合计必然等于所有账户的贷方余额合计。

继续根据前例资料，编制总分类账户本期余额试算平衡表，见表1-6。

表1-6

总分类账户本期余额试算平衡表

2017年5月31日   单位：元

账户名称（会计科目）	期末余额	
	借 方	贷 方
库存现金	5 700	
银行存款	268 000	
应收账款	107 000	

账户名称（会计科目）	期末余额	
	借　方	贷　方
原材料	3 000	
固定资产	500 000	
管理费用	800	
短期借款		4 500
应付账款		100 000
实收资本		680 000
主营业务收入		100 000
合　计	884 500	884 500

　　根据上述试算平衡原理，可以对账户记录进行试算平衡。通常可把上述两个表合二为一，即编制"总分类账户本期发生额及期末余额试算平衡表"，既可进行总分类账户本期发生额试算平衡，又可进行总分类账户余额的试算平衡，见表1-7。

表1-7　　　　　**总分类账户本期发生额及期末余额试算平衡表**

2017年5月31日　　　　　　　　　　　　　　　　　单位：元

账户名称（会计科目）	期初余额		本期发生额		期末余额	
	借方	贷方	借方	贷方	借方	贷方
库存现金	500		5 200		5 700	
银行存款	200 000		100 000	32 000	268 000	
应收账款	5 000		102 000		107 000	
其他应收款	1 000			1 000	0	
原材料	3 000				3 000	
固定资产	500 000				500 000	
管理费用			800		800	
短期借款		4 500				4 500
应付账款		100 000	25 000	25 000		100 000
应付票据		25 000	25 000			0
实收资本		580 000		100 000		680 000
主营业务收入				100 000		100 000
合　计	709 500	709 500	258 000	258 000	884 500	884 500

必须指出，试算平衡表只是通过借贷金额是否平衡来检查账户记录是否正确。如果试算平衡表中的借贷不平衡，可以肯定账户记录有错误，应及时予以查明纠正。如果借贷平衡，也不能认为账户记录完全正确。因为下列错误的存在，并不影响试算平衡：

①一笔经济业务全部遗漏登账，或者全部重复登账。

②一笔经济业务的借贷方向颠倒。

③借记或贷记账户名称错误，或者登账时登错账户。

④借贷双方发生同等金额的错误。

⑤借贷一方发生相互抵消的错误，如一笔经济业务应贷记银行存款3 000元及应付账款2 000元，误记为贷记银行存款2 000元及应付账款3 000元。

所以，对一切会计记录还需进行日常或定期的复核，以保证账户记录的正确性。

帮你记忆

> 借增贷减是资产，权益和它正相反。
> 成本费用与支出，细细比较莫弄乱。
> 损益账户要分清，费用收入不一般。
> 确认收入记贷方，减少借方来结转。

本模块小结

★ 会计的发展是与经济发展，尤其是与企业组织的发展密切相联的。现代会计就是现代公司会计，是围绕现代公司而建立的、直接为现代公司服务的会计。

★ 会计是一种商业语言，它计量一个组织（如企业、政府与非营利组织等）的经济活动，并将计量结果向希望了解这个组织的信息使用者报告。会计作为一种信息系统，主要是向外部提供企业的相关信息；会计作为控制系统，则主要是对内为管理决策服务。

★ 人们可以在企业从事会计工作，也可以在政府与非营利组织从事会计工作，另外还可以在会计师事务所为其他企业的财务信息提供鉴定、评估等服务，我们把在会计师事务所所从事的相关会计工作称为公共会计。

★ 会计规范为判断会计信息的真实性与公正性提供了依据。会计规范具有公认性、科学性、权威性、稳定性与发展性相结合等特点。我国的会计规范体系由会计法律、行政法规、部门规章三个层次构成。

★ 会计作为一个加工信息的职业，它更强调诚实和信用，强调坚守一些基本的原则——职业道德。

★ 会计对象是指会计核算和监督的内容，即社会再生产过程中的资金运动，也就是能够用货币表现的经济活动。以工业企业为例，企业的资金运动一般表现为资金的投入、资金的循环与周转、资金的退出三个阶段。

★ 会计要素是会计对象组成部分的具体化，是会计信息体系的基本分类，是会计报表内容的基本框架。资产、负债及所有者权益被称为资产负债表要素，收入、费用及利润被称为利润表要素。

★ 会计等式反映了会计要素的内部关系。其中，资产＝负债＋所有者权益，被称为最基本的会计恒等式。任何交易、事项都不会破坏会计恒等式的平衡关系。

★　会计科目，是对会计对象的具体内容（即会计要素）进行分类核算所规定的项目。账户是指按照会计科目开设的，具有一定格式和结构，用来连续、系统、分类记录和反映会计要素变动情况的一种专门工具。

★　复式记账法是对每一项经济业务都要在两个或两个以上的相互联系的账户中以相等的金额记录的一种方法。复式记账法的理论依据是会计恒等式。借贷记账法是指以"借""贷"为记账符号的一种复式记账方法。借贷记账法是我国法定的记账方法，也是世界各国通用的记账方法。

★　为了保证账户记录的正确性，记账之前应首先要根据经济业务的内容和性质，按照"有借必有贷，借贷必相等"的记账规则的要求，在会计凭证中编制特定形式的记录，即会计分录，然后再根据会计分录登记入账。

★　会计分录是对每笔经济业务列示其应借应贷的方向、应借应贷的账户及其金额的一种记录。每一笔会计分录都应包含记账符号、应记账户和应记金额三项基本要素。会计分录按其反映经济业务的复杂程度可分为简单分录和复合分录。

★　为了保证经济业务在账户中登记的正确性，需要在一定时期终了时，对账户记录进行试算平衡，检查记账的结果，以便找出错误的原因并及时予以更正。试算平衡就是根据借贷记账法的记账规则的平衡原理，检查和验证账户记录正确性的一种方法。试算平衡工作是通过编制试算平衡表完成的，具体有账户发生额试算平衡法和账户余额试算平衡法两种。

重要名词中英文对照

资产	Asset
账户	Account
会计科目	Account title
会计	Accounting
会计等式	Accounting equation
会计法	Accounting law
会计原则	Accounting principles
会计制度	Accounting system
会计准则	Accounting standards
贷方、贷记	Credit
借方、借记	Debit
复式记账	Double entry
分录	Entry
交易或事项	Transaction or event
费用	Expense
财务会计	Financial accounting
利润	Income
负债	Liability
管理会计	Management accounting

所有者权益　　　　Owners'equity
收入　　　　　　　Revenue
试算平衡　　　　　Trail balance

知识点理论训练

一、单项选择题

1.会计的对象是（　　　）。

A.数字　　　　　　B.经济活动　　　　C.交易或事项　　　D.资金运动

2.我国会计行为的最高法律规范是（　　　）。

A.会计法　　　　　B.基本会计准则　　C.具体会计准则　　D.会计制度

3.可以在一年或超过一年的一个营业周期内变现或耗用的资产，称为（　　　）。

A.费用　　　　　　B.流动资产　　　　C.存货　　　　　　D.短期资产

4.以下项目中属于流动资产的是（　　　）。

A.仓库中的原材料　B.机器设备　　　　C.商标权　　　　　D.借出的三年期款项

5.以下项目中属于流动负债的是（　　　）。

A.借入的六个月期借款　　　　　　　　B.借入的三年期借款

C.发行的公司债券　　　　　　　　　　D.收到的外单位投资款

6.企业向投资者分配利润的重要依据是（　　　）。

A.实收资本　　　　B.资本公积　　　　C.盈余公积　　　　D.未分配利润

7.企业在日常活动中形成的、会导致所有者权益增加的、与所有者投入资本无关的经济利益的总流入称为（　　　）。

A.收入　　　　　　B.收益　　　　　　C.利得　　　　　　D.利润

8.工业企业将闲置的固定资产出租取得的租金属于（　　　）。

A.销售商品收入　　　　　　　　　　　B.提供劳务收入

C.让渡资产使用权收入　　　　　　　　D.主营业务收入

9.企业在日常活动中发生的，会导致所有者权益减少的、与向所有者分配利润无关的经济利益的总流出称为（　　　）。

A.损失　　　　　　B.亏损　　　　　　C.费用　　　　　　D.成本

10.下列事项中，一个会计主体不可能发生的是（　　　）。

A.资产与所有者权益以相等金额同时增加或同时减少

B.资产与负债以相等金额一增一减

C.两个资产项目以相等的金额一增一减

D.负债与所有者权益以相等的金额一增一减

11.当一笔经济业务只涉及负债或所有者权益项目时，会计等式两边的金额（　　　）。

A.同增　　　　　　　　　　　　　　　B.同减

C.不增不减　　　　　　　　　　　　　D.一边增加，一边减少

12.企业收到前欠账款存入银行的业务属于（　　　）。

A.一项资产增加，另一项资产减少

B.一项资产增加，另一项负债增加

C.一项资产增加，另一项所有者权益增加

D.一项资产增加，另一项负债减少

13.以下经济业务中会使企业资产总额增加的是（　　　）。

A.以银行存款购买设备 B.从银行借入三年期借款

C.以银行存款偿还到期借款 D.以盈余公积转增资本

14.以下经济业务中会使企业负债总额变化的是（　　　）。

A.赊购机器设备 B.用盈余公积转增资本

C.将现金送存银行 D.投资者投入资本全存入银行

15.企业期初资产总额为80万元，本期发生如下经济业务：从银行提取现金1万元；以银行存款偿还前欠账款10万元；收回客户前欠账款15万元存入银行；以银行存款30万元对外投资；投资者投入40万元存入银行。企业资产总额为（　　　）万元。

A.90 B.95 C.110 D.125

16.设置会计科目要保持（　　　）。

A.永久性 B.相对稳定性 C.固定性 D.差异性

17.（　　　）不是设置会计科目的原则。

A.统一性与灵活性相结合 B.必须结合会计要素的特点

C.会计科目要保持相对稳定 D.经审计人员审计批准

18.（　　　）不属于损益类的会计科目。

A.管理费用 B.生产成本 C.主营业务成本 D.其他业务成本

19.总分类会计科目和明细分类会计科目之间有密切的关系，即（　　　）关系。

A.相等 B.名称一致 C.统驭和从属 D.互相依存

20.账户结构一般为（　　　）。

A.左右两方 B.上下两部分

C.发生额、余额两部分 D.前后两部分

21.收入类账户的结构与所有者权益类账户的结构（　　　）。

A.完全一致 B.相反 C.基本上相同 D.无关

22.假如某企业本期期初余额为5 600元，本期期末余额为5 700元，本期减少发生额为800元，则该企业本期增加发生额为（　　　）元。

A.900 B.10 500 C.700 D.12 100

23.某企业有甲、乙两种产品，"库存商品"总账账户期初余额4万元，贷方本期发生额3万元，甲产品明细账期末余额4万元，乙产品明细账期末余额2万元。"产成品"总分类账户本期借方发生额为（　　　）万元。

A.1 B.5 C.7 D.3

24.假如某账户本期增加发生额为1 200元，本期减少发生额为1 500元，本期期末余额为1 300元，则该账户本期期初余额为（　　　）元。

A.4 000 B.1 600 C.1 200 D.1 000

二、多项选择题

1.现代会计的两大分支是（　　　）。

A.财务会计 B.成本会计 C.决策会计 D.管理会计

2.我国的会计准则包括（　　　）。

A.一般业务准则　　　B.基本准则　　　　C.具体准则　　　　D.准则应用指南

3.以下会计要素中，反映企业财务状况的是（　　　）。

A.资产　　　　　　　B.负债　　　　　　C.所有者权益　　　D.收入

4.以下会计要素中，反映企业经营成果的是（　　　）。

A.资产　　　　　　　B.利润　　　　　　C.费用　　　　　　D.收入

5.下列各要素中，因收入的取得可能发生影响的是（　　　）。

A.资产　　　　　　　B.负债　　　　　　C.所有者权益　　　D.利润

6.下列各要素中，因费用的发生可能发生影响的是（　　　）。

A.资产　　　　　　　B.负债　　　　　　C.所有者权益　　　D.利润

7.以下项目中属于流动资产的是（　　　）。

A.银行存款　　　　　B.应收账款　　　　C.固定资产　　　　D.存货

8.以下项目中属于流动负债的是（　　　）。

A.应付账款　　　　　B.应付债券　　　　C.短期借款　　　　D.应付职工薪酬

9.所有者权益包括（　　　）。

A.实收资本　　　　　B.资本公积　　　　C.盈余公积　　　　D.未分配利润

10.一项所有者权益增加的同时，引起的另一方面变化可能是（　　　）。

A.一项资产增加　　　　　　　　　　B.另一项所有者权益减少

C.一项负债增加　　　　　　　　　　D.一项负债减少

11.以下经济业务中，属于资产内部一增一减的有（　　　）。

A.从银行提取现金　　　　　　　　　B.投资者向企业投入设备

C.从银行借入三个月期限借款　　　　D.收回应收账款

12.下列项目中能够引起资产和负债同时变化的有（　　　）。

A.以银行存款购买设备　　　　　　　B.从银行借入三年期借款

C.以银行存款偿还到期借款　　　　　D.赊购原材料

13.下列经济业务，属于资产和权益同时减少的有（　　　）。

A.购入固定资产　　　　　　　　　　B.上缴税款

C.用存款归还银行借款　　　　　　　D.用存款归还应付账款

三、判断题

1.我国会计制度是国家财政部门通过一定的行政程序制定的，具有一定的强制性。

（　　）

2.资产包括固定资产和流动资产。（　　）

3.负债是债权人权益，与所有者权益一起构成企业的权益。（　　）

4.企业破产清算时，在企业全部资产清偿负债后若有剩余，才向所有者分配剩余资产，因此，所有者权益属于剩余权益。（　　）

5.资产和权益在数量上总是相等的。（　　）

6.任何经济业务的发生都不会破坏会计基本等式的平衡关系。（　　）

7.所有经济业务的发生，都会引起会计等式两边发生变化。（　　）

8.经济业务的发生可使一个资产项目增加的同时，使一个负债项目减少。（　　）

9.经济业务的发生可使一个所有者权益项目增加的同时，使一个负债项目减少。

（　　）

10.会计科目设置应当遵循相关性要求，是指所设置的会计科目应符合单位自身的特点，满足单位实际需要。（　　）

11.会计科目和账户具有相同的记录格式和结构。（　　）

12.会计科目和同名称的账户所反映的经济内容是相同的。（　　）

知识点操作训练

新利公司于2017年年初创立时接受五羊公司投资500 000元，同时向四方公司赊购机器一台，价值100 000元。经营一年后，该公司亏损10 000元。

请设想五种可能的情况，说明资产、负债和所有者权益的增减变化。

课堂外延拓展

观察一家企业的营业执照，记录下观察到的内容。

课外阅读平台

一、寻找会计

会计的产生源于人类社会生产实践和经济管理的客观需要。在人类历史发展的初期阶段，人们就通过生产实践逐步认识到了记录生产过程、计算生产成果数量和对比"所耗"与"所得"关系的必要性。在我国，早在原始社会，就已经有了简单的计算工作。起初由于生产力水平极其低下，主要靠采集果实、狩猎等来充饥，劳动产品几乎无剩余，仅靠大脑记事和简单计算即可满足管理需要。由于生产力的发展，出现了人类社会的第一、二次社会大分工，劳动产品增多且出现了交换活动，于是便出现了伏羲时期的"结绳记事"的方法。后来出现了黄帝、尧舜时期的"书契计量"，即用文字、数码刻记等简单登记和计量的方法，这些记录和计量活动便是会计产生的萌芽。当然，我们还应注意到，会计一产生就把管理生产、管理经济作为重要的工作内容，正是基于此，人们才得出了会计在本质上是一种管理活动的认识。会计的发展应该涵盖两个层面：一是会计实践活动的发展；二是会计科学的发展。会计界较为普遍的观点是：整个会计发展的历史可分为古代会计、近代会计和现代会计三个阶段。

1.古代会计阶段

古代会计阶段经历了漫长的岁月，其时间跨度标志是旧石器时代的中晚期至封建社会末期。此间会计所运用的主要技术方法包括原始计量记录法、单式簿记法和初创形态复式记账法等。这个期间的会计所进行的计量、记录、分析等工作一开始就同其他计算工作混合在一起，并经过漫长的发展过程后，逐步形成一套具有自己特征的方法体系，成为一种独立的管理工作。

我国早在奴隶社会的西周就设有管理全国钱粮的专职会计官员进行"月计岁会"；到了封建社会的宋朝初期，就出现了"四柱清册"，使会计技术达到了新的水平。所谓"四柱"，即"旧管"（上期结存）、"新收"（本期收入或增加）、"开除"（本期支出或减少）、"实在"（本期结存），其相互关系是：旧管＋新收＝开除＋实在。"四柱"彼此制约，有机统一，科学地体现了经济活动的内在联系。封建社会后期，商品生产得以进一步发展，到明朝时，我国会计已开始以货币作为统一的计量单位。清朝时，一些民间商业组织还使用过一种较严密也较复杂的"龙门账"，它标志着我国会计由单式记账向复式记账的迈进，但"龙门账"以后并未得以进一步发展。

2.近代会计阶段

近代会计的时间跨度标志一般认为应从1494年意大利数学家、会计学家卢卡·帕乔利（Luca Pacioli）所著《算术、几何、比及比例概要》一书公开出版开始，直至20世纪40年代末。此间在会计的方法技术与内容上有两个重大发展：其一是复式记账方法的不断完善和推广；其二是成本会计的产生和迅速发展，继而成为会计学中管理会计分支的重要基础。卢卡·帕乔利在其《算术、几何、比及比例概要》中较为详尽地论述了当时流行于意大利的威尼斯簿记法，以此确立了复式记账法的地位并使其得以在欧洲其他国家（如英、法、德、荷兰等）传播并提高。因此，该书的出版堪称近代会计发展史上的一个里程碑。

我国使用复式记账法是从1905年开始的。当时，中国第一个注册会计师谢霖从日本引进并运用复式记账原理，设计了大清银行的一整套会计制度。伴随着工业革命的胜利，家庭手工业被工厂制度所取代。企业主基于对利润的关心，对生产过程中费用支出和成本倍加重视，这是成本会计产生和发展的重要条件。1911年，被尊为"科学管理之父"的泰勒发表了著名的专著《科学管理原理》，并在企业推行泰勒制管理。随之，与其相联系的一系列管理方法、技术被引入会计领域，标准成本和预算控制等方法也在此间产生，由此构成了成本会计的主要内容。

3.现代会计阶段

现代会计的时间跨度是自20世纪20年代开始到目前为止的。此间会计方法技术和内容的发展有两个重要标志：一是会计核算手段方面质的飞跃，即现代电子技术与会计融合导致的"会计电算化"；二是会计伴随着生产和管理科学的发展而分化为财务会计和管理会计两个分支。1946年在美国诞生了第一台电子计算机，1953年便在会计中得到初步应用，其后迅速发展，至20世纪70年代，发达国家就已经出现了电子计算机软件方面数据库的应用，并建立了电子计算机的全面管理系统。从系统的财务会计中分离出来的"管理会计"这一术语在1952年的世界会计学会上正式获得通过。我国会计虽然有着悠久的历史，但由于诸多原因发展较为缓慢。管理会计的大面积推广始于20世纪70年代末，会计电算化则起步更晚一些。尽管如此，取得的成绩也是十分显著的。1992年以来，特别是近几年的会计改革，在与国际会计接轨方面迈出了较大的步伐，大大缩小了与发达国家之间在会计方面的差距。

从上述会计产生和发展的历史过程中，我们可以得出如下结论：第一，会计是随着社会生产的发展和管理经济的需要应运而生的；第二，会计的发展以社会生产的发展为背景，以当时的科学技术水平为前提条件；第三，会计的发展对社会生产的发展有着十分显著的反馈作用，社会生产越发展，会计就越重要。由此可见，会计的产生和发展离不开特定的社会环境，必须与之相适应；社会环境的变化也必然导致会计的进一步发展，经济越发展，会计越重要。

二、机会只青睐于有准备的人

有这样一则寓言故事：一只野猪在大树旁勤奋地磨獠牙。熊看到了，好奇地问它：

"既没有猎人的追赶，也没有任何危险，你为什么要这般用心地磨牙啊？"野猪答道："你想想看，一旦危险来临，就没有时间磨牙了。现在磨牙，等到有用的时候就有胜利的把握。"

未雨绸缪才能有备无患。有人抱怨没有机会，又感叹自己没有积蓄足够的知识能力，以致不能胜任到手的工作，只能后悔莫及。所以，从入学的第一天起，我们就要开始储备相关的专业知识，培养专业技能。

模块二
填制与审核原始凭证

知识目标
- ★ 了解原始凭证的含义和种类。
- ★ 掌握原始凭证的填制要求和内容。

技能目标
- ★ 能够通过相关的原始凭证初步分析经济业务或事项的内容。
- ★ 能够规范地填制常用原始凭证。
- ★ 能够审核常用原始凭证。

情境导入

我们都曾到商场买过东西，买小件东西通常不开发票，可是买大件商品就需索要发票，这个发票就是我们买东西的依据，是日后商品更换、维修或退货的凭证。

请收集商场的购货发票、公交车票、通信发票、外出用餐的餐饮发票等，并仔细观察这些票据，讨论它们的区别和作用。

同学们见过发票吗？发票是什么样的呢？

案例导入

广州源发有限责任公司（以下简称：广州源发）是一家化工企业（增值税一般纳税人），注册资本为1 000 000元，开户行及账号：中国银行康健路支行433023456781，纳税人识别号：440106922366755。2017年1月份发生下列经济业务：

（1）1月2日，向广州三泉公司（小规模纳税人）销售B产品10件，每件365元，计

3 650元，开普通发票，货款已收。

（2）1月5日，销售给华新商厦（一般纳税人）A产品20件，每件售价500元，销售额10 000元，增值税1 700元，开具增值税专用发票，货款尚未收到。

（3）1月6日，开出用于转账的支票支付华新商厦货款3 000元。

（4）1月8日，出纳员签发用于提取现金的支票一张，向银行提取现金5 000元备用。

（5）1月17日，收到华新商厦还来的货款11 700元（支票），填制银行进账单送存银行。

（6）1月19日，采购员江海去济南采购材料，填制借款单一份，预借差旅费2 000元，经审核无误，出纳员以现金支付。

（7）1月20日，销售部张明报销差旅费1 800元，交回现金200元，结清欠款，出纳员开出收据。

（8）1月25日，仓库收到利达工厂乙材料500千克，每千克单价60元，共计30 000元，填写收料单一份。

（9）1月26日，车间为制造A产品填写领料单，从仓库领用甲材料100千克，单价50元，计5 000元。

（10）1月30日，基本生产车间为生产A产品填制限额领料单向仓库领用丙材料，A产品本月计划投产250件，每件产品消耗丙材料定额为6千克，领用限额1 500千克，单位成本100元。本月2日领用500千克，8日领用500千克，12日领用450千克。

你能根据上述资料规范填写相关原始凭证吗？

学习任务一　填制原始凭证

一、原始凭证相关知识

（一）原始凭证的含义

原始凭证又称单据，是在经济业务发生或完成时取得或填制的、用以记录或证明经济业务的发生或完成情况的文字凭据。

原始凭证是会计核算的原始资料和重要依据。一切经济业务发生时都必须取得或填制原始凭证。如各单位办理现金收付、款项结算、财产收发、成本计算、费用开支、产品入库、产品销售和其他各种经济业务，都必须以原始凭证来证明经济业务已经执行或完成，并作为会计核算的原始依据。

（二）原始凭证的种类

（1）按来源不同分类，原始凭证可分为外来原始凭证和自制原始凭证。

①外来原始凭证：是由经办人员在经济业务发生或者完成时，从外单位取得的凭证。如企业购买材料取得的增值税专用发票、向外单位支付款项时取得的收据、职工出差取得的车船票等。

②自制原始凭证：是指经济业务发生或完成时由本单位内部有关人员填制的，在本单位内部使用的原始凭证，如收料单、领料单、产品入库单或出库单、借款单、工资计算单等。

（2）按填制的手续和内容不同分类，原始凭证可分为一次原始凭证、累计原始凭证和汇总原始凭证。

①一次原始凭证：即一次凭证，它是指一次填写完成，在一张凭证上只记录一笔经济业务的原始凭证。外来原始凭证和大多数自制原始凭证都是一次凭证，如发货单、银行结算凭证、借款单等。

②累计原始凭证：即累计凭证，它是指在一张凭证上连续登记一定期间内发生的相同经济业务的凭证。此类比较有代表性的就是限额领料单，当然它也是自制原始凭证。

③汇总原始凭证：又称原始凭证汇总表，是指将一定时期内若干张同类经济业务的原始凭证，经过汇总编制完成的凭证，如发出材料汇总表、工资结算汇总表、差旅费报销单等。

（3）按格式、使用范围不同，原始凭证可分为通用凭证和专用凭证。

①通用凭证：在全国或某行业、某部门已统一格式使用的原始凭证，如全国统一的异地结算银行凭证，税务部门统一印制格式的发票等。

②专用凭证：为满足本单位内部管理的需要，企业等单位内部自行设计、制定、使用的凭证，如借款单、差旅费报销单等。

（三）原始凭证填制的基本内容

尽管原始凭证纷繁复杂，格式内容也不一样，但根据经济业务的要求，各种原始凭证应具备一些共同的基本内容。原始凭证基本内容又称原始凭证基本要素，主要包括：

①凭证名称。如销货发票、借款单等就是凭证名称。

②填制原始凭证时间。即经济业务发生时的时间。

③接受单位的名称。如购货单位名称，应写全称，并写准确，以便于联系和核对账务。

④经济业务的内容、数量、单价、金额等。其主要是指产品名称、规格、单位、数量、金额等，包括用阿拉伯数字小写和用汉字大写的金额。通过经济业务的内容，核对审查凭证的真实性、合法性。

⑤经办单位、人员的签名盖章。单位之间发生的经济业务，必须有填制凭证单位的公章及经办人员签章，以明确法律责任，出现问题便于核对查找。对于需要进行检验、验收的实物凭证，还要有验收部门或人员的手续。

⑥原始凭证补充项目。为了满足其他工作的需要，原始凭证除上述必须具备的基本内容外，还增加其他一些补充项目，如为了防止伪造，增加了防伪条码或识别标志；为便于业务联系，增加填制单位的地址、银行账号、电话等；为方便核对查找，注明相关合同号码、结算方式等，使原始凭证更趋于规范，大大增加了相关功能。

（四）原始凭证的填制要求

一个单位的会计工作是从取得或填制原始凭证开始的，原始凭证填制得正确与否，直接影响会计核算的质量。因此填制原始凭证必须符合规定的要求。

（1）记录要真实。原始凭证所填列的经济内容和数字，必须真实可靠，符合实际情况。

（2）内容要完整。原始凭证所要求填列的项目必须逐项填列齐全，不得遗漏和省略。需要注意的是：年、月、日要按照填制原始凭证的实际日期填写；名称要齐全，不能简化；品名或用途要填写明确，不能含糊不清；有关人员的签章必须齐全。

（3）手续要完备。单位自制的原始凭证，必须由经办单位领导人或其他指定的人员签名盖章；对外开出的原始凭证，必须加盖本单位的公章；从外部取得的原始凭证，必须盖有填制单位的公章；从个人取得的原始凭证，必须有填制人员的签名盖章。总之，取得的原始凭证必须符合手续完备的要求，以明确经济责任，确保其凭证的合法性、真实性。

（4）书写要清楚、规范。原始凭证要按规定填写，文字要简明，字迹要清楚，易于辨认，不得使用未经国务院公布的简化汉字。大小写金额必须相符且填写规范，小写金额用阿拉伯数字逐个书写，不得写连笔字，在金额前应填写人民币符号"￥"，人民币符号"￥"与阿拉伯数字之间不得留有空白。金额数字一律填写到角分；无角分的，角位和分位可写"00"或符号"—"；有角无分的，分位应写"0"，不得用符号"—"代替。

大写金额用汉字壹、贰、叁、肆、伍、陆、柒、捌、玖、拾、佰、仟、万、亿、元、角、分、零、整（正）等，一律用正楷字或行书字书写。大写金额前未印有"人民币"字样的，应加填"人民币"三字，"人民币"三字与大写金额之间不得留有空白。大写金额到元或角为止的，后面要写"整"或"正"字；有分的，不写"整"或"正"字。如小写金额为￥1 008.00，大写金额应写成"壹仟零捌元整"。

（5）编号要连续。各种凭证要连续编号，以便查考。如果凭证已预先印定编号，如发票、支票等重要凭证，在填写出现差错后作废时，应加盖"作废"戳记，妥善保管，不得撕毁。

（6）不得涂改、刮擦、挖补。发现原始凭证有错误的，应当由出具单位重开或更正，更正处应加盖出具单位印章。原始凭证金额有错误的，应当由出具单位重开，不得在原始凭证上更正。

（7）填制要及时。每项经济业务发生或完成，应及时填写有关原始凭证，及时反映经济业务发生、执行情况，并按规定的程序及时送交会计机构、会计人员进行审核。

（五）原始凭证填写的其他具体要求

（1）购买实物的原始凭证，必须有验收证明。实物购入以后，要按照规定办理验收手续，这有利于明确经济责任，保证账实相符，防止盲目采购，避免物资短缺和流失。实物验收工作应由有关人员负责办理。会计人员通过有关的原始凭证进行监督检查。需要入库的实物，必须填写入库验收单，由仓库保管人员按照采购计划或供货合同验证后，在入库验收单上如实填写实收数额，并签名或盖章。不需要入库的实物，由经办人员在凭证上签名或盖章以后，必须交由实物保管人员或使用人员进行验收，并由实物保管人员或使用人员在凭证上签名或盖章。经过购买人以外的第三者查证核实以后，会计人员才能据此报销付款并作进一步的会计处理。

（2）发生销货退回及退还货款时，必须填制退货发票，附有退货验收证明和对方单位的收款收据，不得以退货发票代替收据。如果情况特殊，可先用银行的有关凭证，如汇款回单等，作为临时收据，待收到收款单位的收款证明以后，再将其附在原付款凭证之后，作为正式原始凭证。在实际工作中，有的单位发生销货退回时，对收到的退货没有验收证明，造成退货流失；办理退款时，仅以所开出的红字发票的副本作为本单位退款的原始凭证，既不经过对方单位盖章收讫，也不附对方单位的收款收据。这种做法漏洞很大，容易发生舞弊行为，应该予以纠正。

（3）职工公出借款的借据，必须附在记账凭证之后。职工公出借款时，应由本人按照规定填制借款单或借据，由所在单位领导人或其指定的人员审核，并签名或盖章，然后办理借款。借款借据是此项借款业务的原始凭证，是办理有关会计手续、进行相应会计核算的依据。在收回借款时，应当另开收据或者退还借款借据的副本，不得退还原借款借据。因为借款和收回借款虽有联系，但又有区别，在会计上需要分别进行处理，如果将原借款借据退还给了借款人，就会损害会计资料的完整性，使其中一项业务的会计处理失去依据。

（4）经上级有关部门批准的经济业务，应当将批准文件作为原始凭证附件。如果批准文件需要单独归档的，应当在凭证上注明批准机关名称、日期和文件字号。

二、常见原始凭证的填制方法

（一）普通发票的填制方法

增值税小规模纳税人在销售货物和提供加工、修理、修配等劳务时使用普通发票。普通发票基本联次为三联，第一联为存根联，由销货方留存备查；第二联为发票联，购货方作付款的记账依据；第三联为收款方记账联，由销货方作为记账的依据。

以本模块"案例导入"第1笔业务为例，要求填制普通发票，填制结果见表2-1。

表2-1

广东省商品销售统一发票

发票代码　144000821140

发票号码　21000034

顾客名称及地址：广州三豪公司　　　　　　　　　　　　　　2017年1月2日填发

品名规格	单位	数量	单价	金额	备注
B产品	件	10	365.00	3 650.00	
合计金额（大写）　叁仟陆佰伍拾元整				（小写）¥3 650.00	

开票人：王军　　　　　收款人：李明　　　　　业户名称（盖章）

（二）增值税专用发票的填制方法

增值税是就货物或劳务的增值部分征税的一种税种。目前，我国将纳税人按其经营规模大小及会计核算是否健全分为一般纳税人和小规模纳税人。只有一般纳税人才有资格领购和使用增值税专用发票。增值税一般纳税人因销售货物或提供应税劳务，按规定应向付款人开具增值税专用发票。增值税专用发票为机打发票，由企业会计人员填写，全部联次一次性打印完成。该发票基本联次为三联，即第一联为记账联（销售方记账凭证）；第二联为抵扣联（购买方扣税凭证）；第三联为发票联（购买方记账凭证）。

以本模块"案例导入"第2笔业务为例，要求填制增值税专用发票，见表2-2。

表2-2

广东增值税专用发票　　　　No02432021

4400104120　　此联作报销、抵税凭证使用　　开票日期：2017年01月05日

购买方	名　　称：华新商厦 纳税人识别号：440105717869327 地址、电话：万寿东路61号 020-38397641 开户行及账号：工行万寿支行 025667704331	密码区	483>12>128/6/*26/3 6+*1690802<2849>+- 52+-39646**+>- 934+3*>8+9+8 +>1>>-9915395502<>>*6	加密版本 014400084140 02432021

货物或应税劳务、服务名称	规格型号	单位	数量	单价	金额	税率	税额
A产品	RC-H1OMF （WT）	件	20	500	10 000.00	17%	1 700.00
合计					￥10 000.00		￥1 700.00

价税合计（大写）	⊗壹万壹仟柒佰元整	（小写）￥11 700.00

销售方	名　　称：广州源发有限责任公司 纳税人识别号：440106922366755 地址、电话：广州市康健路88号 020-2241018 开户行及账号：中国银行康健路支行 433023456781	部门：00015 供应商：071194150 订单号：4300156547

收款人：李明　　　　复核：周刚　　　　开票人：王军　　　　销售方：（章）

第一联：记账联　销售方记账凭证

（三）支票的填写方法

支票是出票人签发的，委托办理支票存款业务的银行在见票时无条件支付确定的金额给收款人或者持票人。支票可以用于支取现金，也可以用于转账。在支票左上角划两条平行线的为划线支票，划线支票只能用于转账。填写支票应使用碳素或蓝黑墨水，将支票上的各要素填写齐全，并在支票上加盖预留银行印鉴。

（1）用于转账的支票的填制。转账支票分为两个部分，即存根部分和正联部分。转账支票由出纳员用正楷字填写，字迹工整。填写时，先填写存根部分，再填写正联部分。

正联部分的出票日期必须使用中文大写。为防止变造票据的出票日期，在填写月、日时，月为壹、贰和壹拾的，日为壹至玖和壹拾、贰拾和叁拾的，应在其前加"零"；日为拾壹至拾玖的，应在其前加"壹"。如1月15日，应写成零壹月壹拾伍日；再如10月20日，应写成零壹拾月零贰拾日。收款人处应填写无误。出票人账号有账号章的可以加盖账号章。结算金额分为大写和小写，大写金额数字用中文正楷或行书填写，且紧接"人民币"字样填写，不得留有空白。阿拉伯小写金额数字前面，均应填写人民币符号"￥"。阿拉伯小写金额数字要认真填写，不得连写、分辨不清。填写用途应实事求是，如"货款"。支票填写完成，审核无误后，在出票人签章处加盖预留银行的印鉴，即单位财务专用章和法人名章，然后从骑缝线处剪开，在正联的左上角划两条平行线，并交给收款人办理转账，存根联留存作为记账依据。

以本模块"案例导入"第3笔业务为例，要求填写转账支票，见表2-3。

（2）用于提现的支票的填制。支票正联的左上角没有画双斜线的可以提取现金。其填制方法与用于转账的支票基本相同，所不同的是："用途"处一般要填写"备用金""工

资”“差旅费”等。

表2-3

以本模块"案例导入"第4笔业务为例，要求填写一张用于提取现金的支票。请根据上述资料，按要求填写在表2-4内。

表2-4

（四）银行进账单的填制方法

当企业持有用于转账的支票、银行汇票和银行本票等到银行办理转账时，须填制进账单。进账单一般一式三联：第一联为回单，是开户银行交给持票人的回单；第二联为贷方凭证，由收款人开户银行作为贷方凭证；第三联为收账通知，是收款人开户银行在款项收妥后给收款人的收账通知。进账单填写完毕并审核无误后，连同转账支票一起交给开户银行办理转账。银行审核无误后，在第一联上加盖银行印章，然后传递给企业作为记账的依据。

以本模块"案例导入"第5笔业务为例，要求填制进账单，见表2-5。

（五）借款单的填制方法

企业职工因公出差或其他原因向企业借款，必须填制借款单。借款单可作为职工的借据、企业与职工之间结算的依据及会计人员记账的依据。借款单中的借款日期、借款单位、借款理由、借款金额由借款人填好后，在借款人处签字，再由本单位负责人审批，同

表2-5　　　◎ 中国银行　银行进账单（回单）　　1

2017年1月17日　　　　　　　　　　　　XV83535713

出票人	全　称	华新商厦	收款人	全　称	广州源发有限责任公司
	账　号	025667704331		账　号	433023456781
	开户银行	工行万寿支行		开户银行	中行康健路支行

金额（大写）	人民币　壹万壹仟柒佰元整	亿	千	百	十	万	千	百	十	元	角	分
						¥	1	1	7	0	0	0	0

票据种类	转账支票	票据张数	1
票据号码		3256987	

中国银行
康健路支行
2017.01.17
业务处理章

开户银行签章

复核　　　　记账

此联是开户银行交给持（出）票人的回单

意后签字；然后交财务主管核批并签字；最后交出纳员支取现金。

以本模块"案例导入"第6笔业务为例，要求填制借款单，见表2-6。

表2-6　　　　　　　　　　　借　款　单

2017年1月19日

部　门	供应部
借款事由	去济南采购材料
借款金额	人民币（大写）贰仟元整　　　　　¥2 000.00
预计还款报销日期	2017年1月25日
部门负责人审批意见　刘民	财务部门审批意见　洪亮	借款人签收	2017年1月19日

现金付讫

会计主管：张斌　　　　　　　　出纳：陈芳

（六）收款收据的填制方法

企业因相关业务而向个人收取现金时，应开具收据。收据由企业出纳人员负责填写，应按编号顺序使用。收据一般为一式三联，第一联为存根联；第二联为收据联；第三联为记账联。出纳员在填写收据时，应采用双面复写纸一次套写完成，并在各联加盖出纳个人名章，在第二联加盖财务专用章，至此收据开具完毕。审核无误后，将收据联交给交款单位或个人，存根联保存在收据本上以备查询，记账联留作记账依据。

以本模块"案例导入"第7笔业务为例，要求填制收据，见表2-7。

（七）收料单的填制方法

收料单是记录外购材料验收入库的一种原始凭证。"收料单"一般一式三联，第一联为存根，由采购员带回供应部门备查；第二联为会计记账联，交财会部门据以记账；第三联为仓库记账联，由仓库留存作为登记原材料明细账数量的依据。材料运到企业，材料保

表2-7

收款收据

2017年1月20日　　　　　　　　　　　　NO.3803535

交款人	张　明	所在部门		销售部
事　由　　追回差旅费余额			备注：	
人民币（大写）贰佰元整	¥200.00			

收款单位（盖章）：　　　　　　　　　　收款人（签章）：陈芳

管员验收后，在收料单上填写收料日期、材料名称、计量单位、应收实收数量等项目。

以本模块"案例导入"第8笔业务为例，要求填制收料单，见表2-8。

表2-8

收料单

供货单位：利达工厂　　　　　　　　　　　　　　凭证编号：001
发票号码：03145678　　　　　　2017年1月25日　　　收料仓库：2号库

材料编号	材料规格名称	计量单位	数量		金额	
			送验数量	实收数量	单　价	金　额
002	乙材料	千克	500	500	60.00	30 000.00
备　注					合　计	30 000.00

验收料：李广　　　记账：刘霞　　　制单：王红　　　仓库负责人：柳青

（八）领料单的填制方法

领料单又称发料单，是一种一次有效的发料凭证。它适用于临时性需要和没有消耗定额的各种材料。领料单由领料部门根据生产或其他需要填制，经部门主管批准并签名或盖章后据以领料。领料单通常以一料一单为宜，仓库发料时，填写实发数量；同时，由领发料双方签章，以示负责。领料单应填制一式多联，一联由领料部门带回，作为领用部门核算的依据；一联交财会部门据以记账；一联由仓库留存据以登记材料明细账。

以本模块"案例导入"第9笔业务为例，要求填制领料单，见表2-9。

（九）限额领料单的填制方法

限额领料单是一种在规定的领用限额之内多次使用的累计发料凭证。它适用于经常需要并规定有消耗定额的各种材料。在其有效期间（一般以一个月为限），只要不超过领用限额，就可以继续使用。它是由材料供应部门会同生产计划部门，根据各单位的生产任务和开展业务的需要以及材料消耗定额核定领用限额来填制的。限额领料单一般按照每种材料、每种用途分别编制。限额领料单一式两联，一联交仓库作为备料发料依据；一联交领用部门作为领料的凭证。每次领料发料时，仓库应认真审查清理数量，如未超过限额，应予发料。发料后在两联同时填写实发数，计算出限额结余数，并由发料人和领料人同时签章。月末结出实发数量和金额交财会部门据以记账。

表2-9

领料单

领用部门：*生产车间*　　　　　　　　　　　　　　　　　　凭证编号：*001*

用　途：*生产A产品*　　　　　*2017年1月26日*　　　　　发料仓库：*1号库*

材料编号	材料规格名称	计量单位	数　量		金　额	
			请　领	实　领	单　价	金　额
001	*甲材料*	*千克*	*100*	*100*	*50.00*	*5 000.00*
备　注					合　计	*5 000.00*

审批：*许梦虎*　　　　记账：*邓海*　　　　发料：*温文*　　　　领料：*方向军*

以本模块"案例导入"第10笔业务为例，要求填制限额领料单，见表2-10。

表2-10

限额领料单

领料部门：*生产车间*　　　　　　　　　　　　　　　　　　编　　号：*003*

用　途：*加工A产品*　　　　　　*2017年1月份*　　　　　发料仓库：*2号库*

材料编号	材料名称规格	计量单位	计划投产量（件）	单位消耗定额	领用限额	实　发		
						数量	实际（计划）单价	金额
0021	*丙材料*	*千克*	*250*	*6*	*1 500*	*1 450*	*100.00*	*145 000.00*
日　期	领　用			退　料			限额结余	
	数量	领料	发料	数量	退料人	收料人		
2日	*500*	*方向军*	*温文*				*1 000*	
8日	*500*	*方向军*	*温文*				*500*	
12日	*450*	*方向军*	*温文*				*50*	
合计	*1 450*						*50*	

生产计划部门负责人：*李辉*　　　　供应部门负责人：*董伟*　　　　仓库负责人：*柳青*

学习任务二　审核原始凭证

审核原始凭证是会计机构、会计人员结合日常财务工作进行会计监督的基本形式，它可以保证会计核算的质量，防止发生贪污、舞弊等违法行为。出纳是财会部门的第一道窗口，一定要把好凭证复核关。在凭证复核中一定要严肃认真、坚持原则、坚持制度、履行职责。

一、原始凭证的审核内容

原始凭证的审核内容主要包括真实性审核、完整性审核和合法性审核三个方面。

（1）真实性审核。所谓真实，就是说原始凭证上反映的应当是经济业务的本来面目，不得掩盖、歪曲和颠倒真实情况，这包括：经济业务双方单位和当事人必须是真实的；经济业务发生的时间、地点、填制凭证的日期必须是真实的；经济业务的内容必须是真实的；经济业务的"量"必须是真实的等。

（2）完整性审核。所谓完整，是指原始凭证应具备的要素要完整、手续要齐全。复核时要检查凭证必备的要素是否齐全，是否有漏项，日期是否完整，数字是否清晰，文字是否完整，有关人员签章是否齐全，凭证联次是否正确。具体来说，有下列情形之一者，不能作为正确的原始凭证：

①未写接收单位，或名称不符；

②数量和金额计算不正确；

③有关责任人员没有签字或盖章；

④凭证联次不符；

⑤有污染、抹擦、刀刮和挖补等。

（3）合法性审核。所谓合法，就是按国家法律法规、会计制度（包括内部会计制度）和计划预算办事。在实际工作中，应注意明显的假发票、假车票和虽然是真实的、但制度规定不允许报销的凭证。如个人非因公外出发生的各种费用，虽然是真实的，但制度规定是不允许用公款报销的；还有虽然可以报销，但制度对报销的比例或金额有明显限制的，如职工因公出差乘坐火车、飞机，住宿，出差补助等，对等级、金额都有限定，超过的部分应自理。如果超过比例报销，超出部分就是不合法的。具体来说，凡有下列情况之一者，不能作为合法的原始凭证：

①多计或少计收入、支出、费用、成本；

②擅自扩大开支范围，提高开支标准；

③不按国家规定的资金渠道和用途使用资金；

④巧立名目，虚报冒领，违反规定出借公款公物；

⑤套取现金，签发空头支票；

⑥不按国家规定的标准、比例提取费用；

⑦私分公共财物和资金；

⑧擅自动用公款、公物请客送礼；

⑨不经批准，购买、自制属于国家控制购买的商品。

此外，还要对原始凭证的及时性进行审核。审核时应注意审查原始凭证的填制日期，尤其是支票、银行汇票、银行本票等时效性较强的原始凭证，更应仔细验证其签发日期。

二、原始凭证审核后的处理

原始凭证经过认真严格审核，符合要求的，应及时办理会计手续，据以编制记账凭证，并作为记账凭证的附件一起存档；对不符合会计法规、制度要求，违反原则的事项，应区别情况分别处理。

（1）对原始凭证进行审核，对不真实、不合法的原始凭证有权不予受理，并向单位负责人报告，请求查明原因，追究有关当事人的责任。

（2）对记载不准确、不完整的原始凭证予以退回，并要求经办人员按照国家统一会计制度的规定进行更正、补充。为了规范原始凭证的内容，明确相关人员的经济责任，防止利用原始凭证进行舞弊，《会计法》对原始凭证错误更正作了明确规定：

①内容更改的原始凭证即为无效凭证，不能作为填制记账凭证或登记会计账簿的依据。

②原始凭证记载的内容有错误的，应当由出具单位重开或更正，更正工作必须由原始凭证出具单位进行，并在更正处加盖出具单位印章。重新开具原始凭证也应当由原始凭证出具单位进行。

③原始凭证金额出现错误的，应当由出具单位重开，不得在原始凭证上更正。

考考你

1.原始凭证填错了，你知道什么错误可以在原始凭证上直接更正，什么错误不得在原始凭证上直接更正吗？

2.你知道原始凭证遗失怎么处理吗？

帮你记忆

> 原始凭证先取得，经济信息它承载。
> 细心填制需规范，金额错误莫涂改。
> 记账凭证据此编，内容齐全要分辨。
> 审核无误是关键，财会制度莫违反。

本模块小结

★ 原始凭证又称单据，是在经济业务发生或完成时取得或填制的，用以记录或证明经济业务的发生或完成情况的文字凭据。

★ 原始凭证不仅记录了经济业务发生或完成情况，而且也明确了有关单位、部门和个人的经济责任，是进行会计核算工作的原始资料，也是填制记账凭证的依据。

★ 原始凭证的主要内容包括凭证名称、填制凭证时间、接受单位的名称、经济业务的内容、经办单位和人员的签名盖章、原始凭证补充项目等六个基本要素。掌握支票、增值税专用发票、收款收据等常用原始凭证的填制方法。

★ 原始凭证的审核内容主要包括真实性审核、完整性审核和合法性审核三个方面，其次还包括及时性审核。

★ 原始凭证审核后处理的规定。

重要名词中英文对照

会计凭证　　　Accounting document

支票　　　　　Check

发票　　　　　Invoice

原始凭证　　　Source document

增值税　　　　Value added tax

知识点理论训练

一、单项选择题

1.下列属于累计凭证的是（　　　）。

A.限额领料单　　　　　　　　　　　　B.领料单

C.收入材料汇总表　　　　　　　　　D.工资汇总表

2.原始凭证有错误的，正确的处理方法是（　　　）。

A.向单位负责人报告　　　　　　　　B.退回，不予接受

C.由出具单位重开或更正　　　　　　D.本单位代为更正

3.原始凭证按（　　　）分类，分为一次凭证、累计凭证等。

A.用途和填制程序　　　　　　　　　B.形成来源

C.格式　　　　　　　　　　　　　　D.填制的手续和内容

4.下列凭证属于外来原始凭证的是（　　　）。

A.收料单　　　　　　　　　　　　　B.发出材料汇总表

C.购货发票　　　　　　　　　　　　D.领料单

5.根据连续反映某一时期内不断重复发生而分次进行的特定业务编制的原始凭证是（　　　）。

A.一次凭证　　　　B.累计凭证　　　　C.记账凭证　　　　D.汇总原始凭证

6.下列不能作为会计核算的原始凭证的是（　　　）。

A.发票　　　　　B.合同书　　　　C.入库单　　　　D.领料单

7.在原始凭证上书写阿拉伯数字，错误的做法是（　　　）。

A.金额数字前书写货币币种符号

B.币种符号与金额数字之间要留有空白

C.币种符号与金额数字之间不得留有空白

D.数字前写有币种符号的，数字后不再写货币单位

8.在审核原始凭证时，对于内容不完整、填写有错误或手续不完备的原始凭证，应该（　　　）。

A.拒绝办理，并向本单位负责人报告

B.予以抵制，对经办人员进行批评

C.由会计人员重新编制或予以更正

D.予以退回，要求更正、补充，以至重新编制

9.仓库保管人员填制的收料单，属于企业的（　　　）。

A.外来原始凭证　　　B.自制原始凭证　　　C.汇总原始凭证　　　D.累计原始凭证

二、多项选择题

1.下列属于外来原始凭证的有（　　　）。

A.本单位开具的销售发票　　　　　　B.供货单位开具的发票

C.职工出差取得的飞机票和火车票　　D.银行收付款通知单

2.下列关于原始凭证的说法正确的有（　　　）。

A.按照来源的不同，分为外来原始凭证和自制原始凭证

B.按照格式的不同，分为通用凭证和专用凭证

C.按照填制手续及内容不同，分为一次凭证、累计凭证和汇总凭证

D.按照填制方法不同，分为外来原始凭证和自制原始凭证

3.下列属于通用凭证的有（　　　）。

A.本单位开具的销售发票　　　　　　B.供货单位开具的发票

C.工资费用分配表　　　　　　　　　　D.差旅费报销单

4.原始凭证的审核内容包括（　　　）。

A.有关数量、单价、金额是否正确无误

B.是否符合有关的计划和预算

C.记录的经济业务的发生时间

D.是否有违反国家法律法规的情况

5.在原始凭证上书写阿拉伯数字，正确的有（　　　）。

A.金额数字一律填写到角、分

B.无角分的，角位和分位可写"00"或者符号"—"

C.有角无分的，分位应当写"0"

D.有角无分的，分位也可以用符号"—"代替

6.原始凭证的审核内容包括（　　　）。

A.经济业务内容是否真实　　　　　　　B.会计科目使用是否正确

C.应借应贷方向是否正确　　　　　　　D.经济业务是否有违法乱纪行为

7.对原始凭证发生的错误，正确的更正方法有（　　　）。

A.由出具单位重开或更正

B.由本单位的会计人员代为更正

C.金额发生错误的，可由出具单位在原始凭证上更正

D.金额发生错误的，应当由出具单位重开

8.其他单位因特殊原因需要使用本单位的原始凭证，正确的做法有（　　　）。

A.可以外借

B.将外借的会计凭证拆封抽出

C.不得外借，经本单位会计机构负责人或会计主管人员批准，可以复制

D.将向外单位提供的凭证复印件在专设的登记簿上登记

三、判断题

1.原始凭证是会计核算的原始资料和重要依据，是登记会计账簿的直接依据。（　　）

2.自制原始凭证都是一次凭证，外来原始凭证绝大多数是一次凭证。（　　）

3.对于真实、合法、合理但内容不够完善、填写有错误的原始凭证，会计机构和会计人员不予以接受。（　　）

4.原始凭证原则上不得外借，其他单位如有特殊原因确实需要使用时，经本单位会计机构负责人、会计主管人员批准，可以外借。（　　）

5.原始凭证发生错误，正确的更正方法是由出具单位在原始凭证上更正。（　　）

6.会计人员对于不真实、不合法的原始凭证有权不予以接受。（　　）

7.填制原始凭证，汉字大写金额数字到元位或角位为止的，后面必须写"正"或"整"，分位后面不写"正"或"整"。（　　）

8.由于自制原始凭证的名称、用途、内容、格式不同，因而不需要对其真实性、合法性进行审核。（　　）

9.从外单位取得的原始凭证遗失时，必须取得原签发单位盖有公章的证明，并注明原始凭证的号码、金额、内容等，由经办单位会计机构负责人、会计主管人员审核签章后，

才能代作原始凭证。 （ ）

10.从外部取得的原始凭证，必须盖有填制单位的公章；从个人取得的原始凭证，不需签名盖章。 （ ）

📅知识点操作训练

训练一

目的：掌握用于提现的支票的填写。

内容：2016年2月1日，广州东方股份有限公司（基本存款账户：中国银行广州市珠江新城支行，账号：036301040000267）的出纳员李红开出现金支票一张1 000元，从银行提取现金以备零用。

要求：填写支票（存根作为记账的依据），空白现金支票正面和背面分别见表2-11和表2-12。

表2-11

表2-12

训练二

目的：掌握用于转账的支票的填写。

内容：2016年2月3日，广州市百货商场（开户行：中国银行中山路支行，账号：477642138623181587）向广州东方股份有限公司（基本存款账户：中国银行广州市珠江新城支行，账号：036301040000267）购买办公用品：钢笔20支，单价15元/支；笔记本20本，单价3元/本；圆珠笔10支，单价5元/支，直接领用。

要求：填写支票一张（存根作为记账的依据），空白转账支票正面及背面分别见表2-13和表2-14。

表2-13

表2-14

训练三

目的：掌握借款单的填写。

内容：2016年5月26日，广州化工供应部采购人王明前往三明采购，预借800元，供应部负责人：王海；公司领导：文录。（借据号：12）

要求：填写借款单，见表2-15。

表2-15

借款单

年　月　日　　　　　　第　号

借款部门		姓名		事由		
借款金额（大写）	万　仟　佰　拾　元　角　分				￥	
部门负责人签署		借款人签章		注意事项	一、凡借用公款必须使用本单 二、第三联为正式借据，由借款人和单位负责人签章 三、出差返回后三天内结算	
单位领导批示		审核意见				

第三联：记账凭证

训练四

目的：掌握发票的审核。

内容：2016年6月27日，广州明发商贸有限公司（小规模纳税人、税率3%，税务登记号：440103869253179，开户行及账号：工商银行白云支行216635366189988555，公司地址：广州市白云路887号）销售给广州红星厂（税务登记号：440105279862468，开户行及账号：工商银行天河支行211265555020012788，地址：广州市中山大道58号）货物一批，见表2-16。

表2-16　　　　　　　　　购货明细表

商品名称	规格	单位	数量	单价	金额
被套	BT-155	套	2	120.00	240.00
被套	BT-145	套	2	120.00	240.00

要求：根据以上信息审核这张增值税普通发票（见表2-17）填写是否正确。

表2-17　　　　　　广东增值税普通发票　　　　　　№ 02432021

4401084140　　　此联不作报销、抵税凭证使用　　　开票日期：2016年06月27日

购买方	名　　称：广州红星厂 纳税人识别号：440105279862468 地址、电话：广州市中山大道58号 85662019 开户行及账号：工商银行王天河支行 　　　　　2112655550200112788	密码区	483>12>128/6/*26/369+ *1690802<2849>+-52+-3　加密版本 9646**+>-934+3*>8+9+8　014400084140 +>1>>-9915395502<>>*6　02432021

货物或应税劳务、服务名称	规格型号	单位	数量	单价	金额	税率	税额
被套	BT-155	套	2	120.00	240.00	17%	40.80
被套	BT-145	套	2	120.00	240.00	17%	40.80
合　计					￥480.00	17%	￥81.60

价税合计（大写）	⊗伍佰陆拾壹元陆角零分	（小写）￥561.60

销售方	名　　称：广州明发商贸有限公司 纳税人识别号：440103869253179 地址、电话：广州市白云路887号 38692451 开户行及账号：工商银行白云支行 216635366189988555	备注	部门：00015 供应商：071194150 订单号：4300156547

收款人：陈思燕　　　复核：周刚　　　开票人：关玉承　　　销售方（章）

第一联：记账联　销售方记账凭证

✖课堂外延拓展

目的：培养从细节入手、以操守为重、做合格职业会计人员的意识。

内容：（1）如果客户要求你把发票金额开大，你该如何处理？

（2）当老板拿着不符合会计要求的原始凭证来报账时，你应该如何做？

要求：以分组讨论的方式说说自己的观点和想法，每组写出总结报告。

课外阅读平台

一、怎样设计原始凭证

原始凭证按其来源不同，分为自制原始凭证和外来原始凭证两种。对于外来原始凭证，由于其不在企业会计制度设计的范围之内，因而原始凭证的设计侧重于自制原始凭证的设计。

自制原始凭证是由本单位内部经办业务的人员，在办理经济业务时自行填制的原始凭证。例如，企业材料仓库收发材料时所用的"收料单""领料单"，企业产品仓库收发产品时所用的"产品入库单""产品出库单"等。

1.自制原始凭证的内容

自制原始凭证是为了适应会计主体内部发生的经济业务的需要而填制的，种类、格式比较繁多，其必须具备的内容可概括如下：

（1）凭证的名称；

（2）填制凭证的日期；

（3）经办人员的签名或者盖章；

（4）经济业务内容；

（5）数量、单价和金额。

概括起来，原始凭证设计的基本内容包括：原始凭证的名称；接受凭证单位的名称；填制凭证的日期；经济业务的内容摘要；经济业务所涉及的数量、单价和金额；填制凭证单位、人员的签章；凭证的编号；凭证的联次、附件等。

2.自制原始凭证设计时需要考虑的问题

在设计自制原始凭证时，应着重考虑下列几个问题：

（1）每一类经济业务发生时需要记录哪些方面的内容；

（2）处理各类经济业务分别需要经由哪些手续；

（3）据以编制记账凭证或登记分类账、日记账时各有哪些要求；

（4）审核原始凭证应把握哪些要件等。

3.设计原始凭证的基本步骤

设计原始凭证的基本步骤包括以下五个方面：

①确定所需原始凭证的种类；

②明确各种原始凭证的用途；

③拟定原始凭证的格式；

④规定原始凭证的传递程序；

⑤严格原始凭证的保管制度。

4.设计原始凭证的基本要求

在原始凭证设计过程中，还应注意遵循下列要求：

①要适应企业生产经营的特点，兼顾统计部门、业务部门以及其他有关部门对业务管理的具体要求；

②要适应企业内部机构设置和人员分工情况，贯彻内部控制制度，加强各业务部门和经办人员的责任意识，防止错误及舞弊行为；

③要保证会计凭证简便易行，促使会计信息及时、高效传递；

④要正确处理好借鉴与改进的关系，尤其对于有统一规范格式的原始凭证，如非必要应尽量采用，以简化设计工作，保证会计实务规范统一。

二、工作更需要一个踏实的人

公司招了大批应届本科和专科的新新人类，平均年龄23岁。新助理是经过多次面试后，经理亲自招回来的一个女孩，名牌大学本科毕业，聪明，性格活泼。私下里经理承认，招她的一个很重要的原因，除了她在大学里优秀的表现之外，还因为她写了一手漂亮的字。女孩能写一手好字的不多，尤其像她，看起来长发飘飘，一个非常女性化的姑娘，一手字却写的铿锵倜傥，让经理对她不由多了很多好感。

手把手地教，从工作流程到待人接物，她也学得快，很多工作一教就上手，一上手就熟练，跟各位同事也相处得颇融洽。经理开始慢慢地给她一些协调方面的工作，各部门之间以及各分公司之间的业务联系和沟通也让她尝试着去处理。开始经常出错，她很紧张，来找经理谈。经理告诉她：错了没关系，你且放心按照你的想法去做，遇到问题了，来问我，我会告诉你该怎么办。仍然错，又来找经理，这次谈得比较深入。她的困惑是，为什么总是让她做这些琐碎的事情？经理当时问她：什么叫做不琐碎的工作呢？她答不上来，想了半天，跟经理说：我总觉得，我的能力不仅仅能做这些，我还能做一些更加重要的事情。那次谈话，进行了1个小时。经理知道，自己说的话，她没听进去多少。后来经理说，先把手头的工作做好，先避免常识性错误的发生，然后循序渐进吧。

半年以后，她来找经理，第一次提出辞职。经理推掉了约会，跟她谈辞职的问题。问起辞职的原因，她跟经理直言：本科四年，功课优秀，没想到毕业后找到了工作，却每天处理的都是些琐碎的事情，没有成就感。经理又问她：你觉得，在你现在所有的工作中，最没有意义的最浪费你的时间精力的工作是什么？她马上答：帮您贴发票，然后报销，到财务去走流程，然后把现金拿回来给您。

经理笑着问她："你帮我贴发票报销有半年了吧？通过这件事儿，你总结出了一些什么信息？"

她愣了一会儿，答道：贴发票就是贴发票，只要财务上不出错，不就行了呗，能有什么信息？

经理说，我来跟你讲讲当年我的做法吧：2000年的时候，我从财务被调到了总经理办公室，担任总经理助理的工作。其中有一项工作，就是跟你现在做的一样，帮总经理报销他所有的票据。本来这个工作就像你刚才说的，把票据贴好，然后完成财务上的流程，就可以了。其实票据是一种数据记录，它记录了和总经理乃至整个公司营运有关的费用情况。看起来没有意义的一堆数据，其实它们涉及了公司各方面的经营和运作。于是我建立了一个表格，将所有总经理在我这里报销的数据按照时间、数额、消费场所、联系人、电话等记录下来。我起初建立这个表格的目的很简单，我是想在财务上有据可循，同时万一我的上司有情况来询问我的时候，我会有准确的数据告诉他。通过这样的一份数据统计，渐渐地我发现了一些上级在商务活动中的规律，比如，哪一类的商务活动，经常在什么样的场合，费用预算大概是多少；总经理的公共关系常规和非常规的处理方式，等等。当我的上级发现，他布置工作给我的时候，我会处理得很妥帖。有一些信息是他根本没有告诉我的，我也能及时准确地处理。他问我为什么，我告诉了他我的工作方法和信息来源。渐渐地，他基于这种良性积累，越来越多地交代更加重要的工作给我。再渐渐地，一种信任和默契就此产生，我升职的时候，他说我是他用过的最好用的助理。

说完这些长篇大论，经理看着这个姑娘，她则愣愣地看着经理没有言语。经理跟她直言：我觉得你最大的问题，是你没有用心。在看似简单不动脑子就能完成的工作里，你没有把你的心沉下去。所以，半年了，你觉得自己没有进步。她不出声，但是收回了辞职申请。又坚持了3个月，她还是辞职了。这次经理没有留她，让她走了。

后来她经常在MSN上跟经理聊天，告诉经理她的新工作的情况。一年内，她换了三份工作，每一次都坚持不了多久。每一次她都说新的工作不是她想要的工作。2009年的时候，她又一次辞职了，很苦恼，跑来找经理，要跟经理吃饭。经理请她去写字楼后面的商场吃日本料理。吃到中途，她忽然跟经理说："我有些明白您以前说的话是什么意思了！"

职场感悟：

所谓的职业生涯，其实你很难预测到你将来真正要从事什么工作；将来所要从事的工作是否跟你在大学里学的专业有关。大多数人，很有可能将来所做的工作，跟他当初所学的专业一点关系都没有。大学毕业后的这四年，重要的不是你做了什么，而是你在工作中养成了良好的工作习惯。这个良好的工作习惯指的是：认真、踏实的工作作风，以及是否学会了如何用最快的时间接受新的事物，发现新事物的内在规律，比别人在更短时间内掌握这些规律并且处理好它们。具备了以上的要素，你就成长为一个被人信任的工作人。

当你具备了被人信任的基础，并且在日常的工作中逐渐表现出你的踏实、聪明和细致的时候，越来越多的工作机会就会呈现在你面前。原因很简单，用一句话就能交代清楚并且能被你顺利完成的工作，谁愿意说三句话甚至半小时交代给一个怎么都不明白的人呢？沟通也是一种成本，沟通的时间越少，内耗越少，这是作为管理者最清楚的一件事。

当你有比别人更多的工作机会去接触那些你没有接触过的工作的时候，你就有了比别人多的学习机会。人人都喜欢聪明勤奋的学生，作为管理者，大概更是如此。

大多数新手，在这四年里，是看不出太大的差距的。但是这四年的经历，为以后的职业生涯的发展奠定的基础，是至关重要的。很多人不在乎年轻时走弯路，很多人觉得日常的工作人人都能做好没什么了不起。然而就是这些简单的工作，循序渐进的、隐约的，成为今后发展的分水岭。

漫不经心地对待基层工作的最大的损失，就是将看似简单的事务性处理方式，分界成为长远发展的能力问题。

工作需要一个聪明人，工作其实更需要一个踏实的人。

踏实，是人人都能做到的，和先天条件没有太大关系。

模块三
填制与审核记账凭证

知识目标
- ★ 了解记账凭证的含义和种类。
- ★ 了解资金筹集业务的内容和账户设置。
- ★ 了解采购业务的主要内容和账户设置。
- ★ 了解生产业务的主要内容和账户设置。
- ★ 了解销售业务的主要内容和账户设置。
- ★ 了解利润业务的主要内容和账户设置。

技能目标
- ★ 能根据企业基本经济业务的原始凭证，运用借贷记账法熟练地编制记账凭证。
- ★ 掌握筹资业务记账凭证的填制与审核。
- ★ 掌握采购业务记账凭证的填制与审核。
- ★ 掌握生产业务记账凭证的填制与审核。
- ★ 掌握制造费用的归集和分配方法。
- ★ 掌握销售业务记账凭证的填制与审核。
- ★ 掌握利润业务记账凭证的填制与审核。

情境导入

做会计可真不容易啊，原始凭证五花八门的，可怎么记账呀？

别担心，会计记账前，首先将这些五花八门的原始凭证进行审核，确定无误后再据此编制成便于记账的记账凭证，然后才记账呢！

记账凭证和我们在模块一中学习的会计分录是什么关系呢?

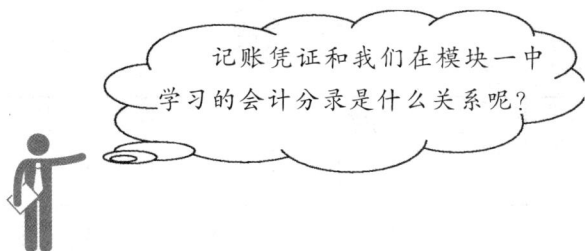

在我国,记录经济业务的会计分录是写在记账凭证上的,也就是说,记账凭证是会计分录的载体。编制记账凭证的过程实际上就是确定经济业务的会计分录的过程,编制记账凭证的核心就是正确确定经济业务的会计分录,会计分录是记账凭证最重要的内容。

学习任务一 填制记账凭证

一、记账凭证相关知识

(一)记账凭证的含义

记账凭证是会计人员根据审核无误的原始凭证加以归类整理,确定会计分录,并据以登记会计账簿的会计凭证。由于经济业务发生时取得的原始凭证种类繁多,格式多样,而且原始凭证一般不能明确经济业务应记入的账户名称和借、贷的方向,因此不便于使用原始凭证直接登记会计账簿。对此,会计人员在登记账簿之前,先根据审核无误的原始凭证编制具有一定格式的记账凭证,运用借贷记账法的记账规则确定应借、应贷的账户名称和金额,然后再据此登记入账。原始凭证作为记账凭证的证明和依据,应附于记账凭证之后,这样可以保证账簿记录的准确性,也便于对账、查账和凭证的管理,从而提高会计工作的质量。

(二)记账凭证的种类

记账凭证按照其用途的不同,可以分为专用记账凭证和通用记账凭证。

专用记账凭证是指某一类经济业务单独采用特定的记账凭证来反映。按照所反映的经济内容的不同,专用记账凭证又可以分为收款凭证、付款凭证和转账凭证。它适用于规模较大、收付款业务较多的单位。

收款凭证是专门用来登记现金、银行存款收款业务的记账凭证,它根据加盖"收讫"戳记的收款原始凭证编制,作为登记库存现金日记账、银行存款日记账以及有关账簿的依据。收款凭证又可以细分为银行存款收款凭证和现金收款凭证,简称为银收和现收,见表3-1和表3-2。

付款凭证是用于登记现金、银行存款付款业务的记账凭证。它是根据加盖"付讫"戳记的付款原始凭证编制,作为登记库存现金日记账、银行存款日记账和其他有关账簿的依据。付款凭证又可以细分为现金付款凭证和银行存款付款凭证,简称为现付和银付,见表3-3和表3-4。

表3-1

收款凭证

借方科目：银行存款　　　　　　　2017年1月15日　　　　　　　银收字第2号

摘　要	贷方科目		金额										√
	总账科目	明细科目	千	百	十	万	千	百	十	元	角	分	
收回货款	应收账款	新丽公司		9	3	6	0	0	0	0	0		
合　计					¥	9	3	6	0	0	0	0	

附件1张

会计主管：张斌　　　记账：王娟　　　复核：李刚　　　出纳：陈芳　　　制证：赵武

表3-2

收款凭证

借方科目：库存现金　　　　　　　2017年1月20日　　　　　　　现收字第11号

摘　要	贷方科目		金额										√
	总账科目	明细科目	千	百	十	万	千	百	十	元	角	分	
出差人员交回差旅费多余额	其他应收款	张海						3	0	0	0	0	
合　计								¥	3	0	0	0	0

附件1张

会计主管：张斌　　　记账：王娟　　　复核：李刚　　　出纳：陈芳　　　制证：赵武

表3-3

付款凭证

贷方科目：库存现金　　　　　　　2017年1月12日　　　　　　　现付字第2号

摘　要	借方科目		金额										√
	总账科目	明细科目	千	百	十	万	千	百	十	元	角	分	
将现金存入银行	银行存款							9	0	0	0	0	
合　计								¥	9	0	0	0	0

附件2张

会计主管：张斌　　　记账：王娟　　　复核：李刚　　　出纳：陈芳　　　制证：赵武

表3-4

付款凭证

贷方科目：银行存款　　　　　　2017年1月15日　　　　　　银付字第10号

摘　要	借方科目		金额										√
	总账科目	明细科目	千	百	十	万	千	百	十	元	角	分	
偿还货款	应付账款	惠善公司				2	0	0	0	0	0	0	
合　计					¥	2	0	0	0	0	0	0	

附件1张

会计主管：张斌　　记账：王娟　　复核：李刚　　出纳：陈芳　　制证：赵武

> **小提示**
>
> 　　对于发生在现金和银行存款之间的收付业务，如从银行提取现金，或将现金存入银行，一般只填制付款凭证，不再填制收款凭证，以避免重复编制。

　　转账凭证是用于登记不涉及现金和银行存款收付的其他经济业务的记账凭证，见表3-5。

表3-5

转账凭证

2017年1月5日　　　　　　　　　　　　转字第1号

摘　要	总账科目	明细科目	√	借方金额										√	贷方金额									
				千	百	十	万	千	百	十	元	角	分		千	百	十	万	千	百	十	元	角	分
材料入库	原材料	甲材料					2	0	0	0	0	0	0											
	在途物资	甲材料																2	0	0	0	0	0	0
合　计						¥	2	0	0	0	0	0	0				¥	2	0	0	0	0	0	0

附件1张

会计主管：张斌　　　记账：王娟　　　复核：李刚　　　　制证：赵武

　　通用记账凭证是一种采用通用式格式记录全部经济业务的记账凭证。采用通用记账凭证的单位无论是款项的收付还是转账业务，都采用统一格式的记账凭证，见表3-6。该种凭证通常适用于规模不大、款项收付业务不多的企业。

表3-6

记账凭证

2017年1月10日　　　　　　　　　　　　　　记字第2号

摘　要	总账科目	明细科目	√	借方金额									√	贷方金额									
				千	百	十	万	千	百	十	元	角	分	千	百	十	万	千	百	十	元	角	分
偿还货款	应付账款	新华工厂				6	0	0	0	0	0	0											
	银行存款															6	0	0	0	0	0	0	
合　计				￥	6	0	0	0	0	0	0				￥	6	0	0	0	0	0	0	

附件1张

会计主管：张斌　　　记账：王娟　　　复核：李刚　　　出纳：陈芳　　　制证：赵武

小思考

通过上述记账凭证的填制，你能说出记账凭证应具备哪些要素吗？

（三）记账凭证的填制要求

填制记账凭证的依据，必须是经审核无误的原始凭证或汇总原始凭证，具体要求如下：

（1）日期的填写。记账凭证的日期一般为编制记账凭证当天的日期，但不同的会计事项，其编制日期也有区别：收付款业务的日期应填写货币资金收付的实际日期，它与原始凭证所记的日期不一定一致；转账凭证的填制日期为收到原始凭证的日期，但在"摘要"栏要注明经济业务发生的实际日期。

（2）会计科目的填写。会计人员必须根据经济业务的内容，采取会计准则规定的会计科目，正确编制会计分录，会计科目要填写全称，不能随意用科目的编号或简称来代替。凡有二、三级科目者，必须填写完整。会计分录的对应关系必须清楚，可以一借一贷、一借多贷或一贷多借，必要时也可以多借多贷。

收款凭证的左上方为借方科目，应填列"库存现金"或"银行存款"科目。凭证的贷方科目，应填列与"库存现金"或"银行存款"相对应的科目。

付款凭证的左上方为贷方科目，应填列"库存现金"或"银行存款"科目。凭证的借方科目，应填列与"库存现金"或"银行存款"相对应的科目。

转账凭证与收、付款凭证的区别是：不设主体科目栏，填制凭证时，将经济业务所涉及的会计科目全部填列在凭证内，借方科目在先，贷方科目在后。

（3）编号的填写。填制记账凭证时，应当对记账凭证进行连续编号。采用通用记账凭证的，一个月编制一个顺序号，即"顺序编号法"。采用专用记账凭证的，可采用"字号编号法"，它可以按收款业务、付款业务、转账业务三类分别编制顺序号。具体地编为"收字第××号""付字第××号""转字第××号"。也可以按现金收入、现金支出、银行存款收入、银行存款支出和转账五类进行编号。如果一笔经济业务需要填制两张或两张以上记账凭证时，记账凭证的编号可采用"分数编号法"。例如，收字第50号凭证需要填制3张记账凭证，就可以编成收字第 $50\frac{1}{3}$ 号、收字第 $50\frac{2}{3}$ 号、收字第 $50\frac{3}{3}$ 号。

（4）摘要栏的填写。摘要栏是对经济业务的简要说明，摘要应与原始凭证内容一致，能正确反映经济业务和主要内容，表达简短精练。

（5）附件的填写。记账凭证必须附有原始凭证，并注明所附原始凭证的张数，以便核查。所附原始凭证张数的计算，一般以原始凭证的自然张数为准。如果记账凭证中附有原始凭证汇总表，则应该把所附原始凭证和原始凭证汇总表的张数一起计入附件的张数之内。但报销差旅费的零散票券可以粘贴在一张纸上，作为一张原始凭证。

如果一张原始凭证涉及几张记账凭证的，可将该原始凭证附在一张主要的记账凭证后面，在其他记账凭证上注明"附件在××字××号记账凭证上"。如果原始凭证需要另行保管时，则应在记账凭证上注明"附件另订"，记账凭证和原始凭证名称、编号要相互关联。

更正错账和结账的记账凭证可以不附原始凭证。

（6）金额的填写。填好会计科目后，将发生额对应填入右边的金额栏，前面不加人民币符号"￥"，但合计栏中的合计数前要加"￥"，以起"封票"的作用。余下的空行，应画斜线注销。

（7）"记账符号"栏的填写。"记账符号"栏供记账员在根据凭证登记有关账簿以后做记号用，表示该项金额已经记入有关账户，避免重记或漏记。

（8）记账凭证填写完毕，应进行复核与检查，并按所使用的记账方法进行试算平衡。如果发生错误，应重新填制。已经入账的记账凭证发现错误，应按正确的方法更正。经审核无误的记账凭证，有关人员均要签章。

二、筹资业务记账凭证的填制

工业企业是以产品的加工制造和销售为主要生产经营活动的营利性经济组织，其生产经营活动过程包括筹集资金的核算、采购业务的核算、产品生产业务的核算、产品销售业务的核算和财务成果（利润业务）的核算五个环节。每个环节都要发生相应的经济业务，都需要会计人员运用专门的方法，及时、准确地做出相应的会计处理，即会计核算。

筹集资金是指企业根据其生产经营的需要，从金融市场筹集企业所需资金的过程。企业要进行生产经营活动，必须拥有一定数量的资金作为物质基础。因此，资金筹集是企业资金运动的起点和开展生产经营活动的首要条件。从企业的资金筹集渠道来看，主要有两条：一条是投资者投入资本金，即企业的实收资本或股本；另一条是企业从银行等金融机构借入资金。

（一）接受投资业务的核算

所有者投入资本按照投资主体的不同可以分为国家资本金、法人资本金、个人资本金和外商资本金等。国家资本金是指有权代表国家投资的政府部门或者机构以国有资产投入企业形成的资本金；法人资本金是指其他法人单位以其依法可以支配的资产投入企业形成的资本金；个人资本金是指社会公众以个人合法财产投入企业形成的资本金；外商资本金是指外国投资者以及我国香港、澳门和台湾地区投资者向境内企业投资形成的资本金。

所有者投入的资本主要包括实收资本（或股本）和资本公积。

实收资本（或股本）是指企业的投资者按照企业章程、合同或协议的约定，实际投入企业的资本金以及按照有关规定由资本公积、盈余公积等转增资本的资金。我国《公司法》规定，股东可以用货币资金出资，也可以用实物、知识产权和土地使用权等可以用货币估价并可依法转让的非货币财产作价出资。

资本公积是企业收到投资者投入的超出其在企业注册资本（或股本）中所占份额的投资，以及直接计入所有者权益的利得和损失等。资本公积作为企业所有者权益的重要组成部分，主要用于转增资本。

1.账户设置

（1）"实收资本"账户。该账户属于所有者权益类，用来核算企业投资者投入资本的增减变动及其结果。其贷方登记企业实际收到投资者投入的资本，以及按规定用资本公积、盈余公积转增资本的数额；借方一般没有数额（按法定程序减资除外）；期末余额在贷方，反映企业实有资本数额。该账户应按投资者设置明细分类账户，进行明细分类核算。

"实收资本"账户的结构如下：

借方（−）	实收资本	贷方（+）
	期初余额：期初实收资本的实有数额	
发生额：实收资本的减少额	发生额：实收资本的增加额	
	期末余额：期末实收资本的实有数额	

（2）"股本"账户。股份有限公司则设置"股本"账户核算投资者投入的资本。"股本"账户的结构与"实收资本"账户的结构类似。

企业收到投资者投入的资本超过其在注册资本所占份额的部分，作为资本溢价（或股本溢价），确认为企业的资本公积，而不确认为实收资本或股本。

（3）"资本公积"账户。该账户属于所有者权益类，用以核算企业收到投资者出资额超出其在注册资本或股本中所占份额的部分。其贷方登记企业从各种来源取得的资本公积数额，借方登记按法定程序转增资本等而减少的数额；期末贷方余额，反映企业资本公积的实有数额。该账户应当分别对"资本溢价（或股本溢价）""其他资本公积"等进行明细核算。

"资本公积"账户的结构如下：

借方（−）	资本公积	贷方（+）
	期初余额：期初资本公积的实有数额	
发生额：因转增资本等减少的资本公积	发生额：各种来源增加的资本公积	
	期末余额：期末资本公积的实有数额	

2.接受投资业务的账务处理

现以广州源发有限责任公司（以下简称广州源发）2017年12月份的业务为例，说明企业接受投资的账务处理业务。

【例3-1】　12月2日，收到国家投入的300 000元货币资金，款项已存入银行。

这是一笔接受投资的业务。一方面，企业的银行存款增加了300 000元，应记入"银行存款"账户的借方；另一方面，企业的资本金也增加了300 000元，应记入"实收资本"账户的贷方。

会计分录如下：

借：银行存款　　　　　　　　　　　　　　　　　　　　　300 000

　　贷：实收资本——国家　　　　　　　　　　　　　　　　　　　　300 000

在实务中，应根据银行进账单回单、出资证明等有关原始凭证，编制记账凭证，见表3-7。

表3-7

收款凭证

借方科目：银行存款　　　　　　　2017年12月2日　　　　　　　银收字第1号

摘　要	贷方科目		金额	√
	总账科目	明细科目	千 百 十 万 千 百 十 元 角 分	
接受货币资金投资	实收资本	国家	3 0 0 0 0 0 0 0	
合　　计			￥ 3 0 0 0 0 0 0 0	

附件2张

会计主管：张斌　　　记账：王娟　　　复核：李刚　　　出纳：陈芳　　　制证：赵武

【例3-2】　12月5日，收到荣华公司投入的新设备一台，其价值180 000元。（假设不考虑相关税费）

这项经济业务同样属于接受投资业务。一方面，企业的固定资产增加了180 000元，应记入"固定资产"账户的借方；另一方面，企业法人对企业的投资也增加了180 000元，应记入"实收资本"账户的贷方。

会计分录如下：

借：固定资产　　　　　　　　　　　　　　　　　　　　180 000

　　贷：实收资本——荣华公司　　　　　　　　　　　　　　　　180 000

在实务中，应根据发票、出资证明等有关原始凭证，编制记账凭证，见表3-8。

表3-8

转账凭证

2017年12月5日　　　　　　　转字第1号

摘　要	总账科目	明细科目	√	借方金额	√	贷方金额
				千 百 十 万 千 百 十 元 角 分		千 百 十 万 千 百 十 元 角 分
接受固定资产投资	固定资产			1 8 0 0 0 0 0 0		
	实收资本	荣华公司				1 8 0 0 0 0 0 0
合　　计				￥ 1 8 0 0 0 0 0 0		￥ 1 8 0 0 0 0 0 0

附件2张

会计主管：张斌　　　记账：王娟　　　复核：李刚　　　制证：赵武

【例3-3】　12月5日，收到荣华公司投入的专有技术一项，双方确认价值为200 000元。

这项经济业务同样属于接受投资业务。一方面，企业的无形资产增加了200 000元，应记入"无形资产"账户的借方；另一方面，企业法人对企业的投资也增加了200 000元，应记入"实收资本"账户的贷方。

会计分录如下：

借：无形资产——专有技术 200 000
　　贷：实收资本——荣华公司 200 000

在实务中，应根据出资证明等有关原始凭证，编制记账凭证，见表3-9。

表3-9

转账凭证

2017年12月5日　　　　　　　　　　　　　转字第2号

摘　要	总账科目	明细科目	√	借方金额 千百十万千百十元角分	√	贷方金额 千百十万千百十元角分
接受专利权投资	无形资产	专有技术		2 0 0 0 0 0 0 0		
	实收资本	荣华公司				2 0 0 0 0 0 0 0
合　计				¥ 2 0 0 0 0 0 0 0		¥ 2 0 0 0 0 0 0 0

附件1张

会计主管：张威　　　记账：王娟　　　复核：李刚　　　制证：赵武

（二）借入资金业务的核算

借入资金属于企业的负债，它是企业自有资金的重要补充，对于满足企业生产经营的资金需要、降低资金成本等有着重要意义，但企业借入的各项资金必须严格遵守国家的有关法律、法规，应承担一定的风险，并到期还本付息。具备条件的企业也可根据需要，经过中国人民银行等相关部门的批准，通过向社会发行债券筹集资金。

1. 账户设置

企业为了核算各种负债，反映借入资金的增减变化，应设置"短期借款""长期借款"等账户。

（1）"短期借款"账户。该账户属于负债类，用来核算企业向银行或其他金融机构等借入的期限在一年以下（含一年）的各种借款。其贷方登记取得的各种短期借款；借方登记归还的短期借款。期末余额在贷方，表示期末尚未归还的短期借款的本金。该账户应按债权人设置明细账户，进行明细分类核算。

"短期借款"账户的结构如下：

借方（-）	短期借款	贷方（+）
	期初余额：期初尚未归还的短期借款本金	
发生额：归还的短期借款本金	发生额：取得的短期借款本金	
	期末余额：期末尚未归还的短期借款本金	

（2）"长期借款"账户。该账户属于负债类，用来核算企业借入的期限在一年以上（不含一年）的各种借款。其贷方登记企业借入的各种长期借款的本金和利息；借方登记归还的长期借款本金和利息；期末余额在贷方，表示企业尚未归还的长期借款的本金和利息。该账户应按借款单位、种类设置明细账户，进行明细分类核算。

"长期借款"账户的结构如下：

借方（−）	长期借款	贷方（+）
发生额：长期借款的减少额	期初余额：期初尚未归还的长期借款 发生额：长期借款的增加额	
	期末余额：期末尚未归还的长期借款	

（3）"银行存款"账户。该账户属于资产类，用以核算企业存入银行或其他金融机构的各种款项的增减变动及结余情况。其借方登记存款的增加额，贷方登记存款的减少额；期末余额在借方，反映企业存在银行或其他金融机构的各种款项的实有结存数。该账户应按开户银行和其他金融机构、存款种类等进行明细核算。

"银行存款"账户的结构如下：

借方（+）	银行存款	贷方（−）
期初余额：期初存款的结余数 发生额：本期存款的增加额	发生额：本期存款的减少额	
期末余额：期末存款的结余数		

（4）"财务费用"账户。该账户属于损益类，用来核算企业为筹集生产经营资金等而发生的筹资费用。其借方登记发生的财务费用；贷方登记减少和期末转入"本年利润"账户的财务费用，结转后该账户无余额。该账户可按费用项目进行明细核算。

"财务费用"账户的结构如下：

借方（+）	财务费用	贷方（−）
发生额：本期发生数	发生额：本期减少数及期末结转到"本年利润"账户的数额	

2.借入资金业务的账务处理

续上例，2017年12月，广州源发发生下列借款业务：

【例3-4】　12月5日，从工商银行取得为期3个月的银行借款30 000元，存入银行。

这是一笔取得短期借款的业务。一方面，企业的银行存款增加了30 000元，应记入"银行存款"账户的借方；另一方面，企业的短期借款也增加了30 000元，应记入"短期借款"账户的贷方。

会计分录如下：

借：银行存款　　　　　　　　　　　　　　　　　　　　　　　30 000

　　贷：短期借款——工行　　　　　　　　　　　　　　　　　　　　30 000

在实务中，应根据银行借款收账通知联等有关原始凭证，编制记账凭证，见表3-10。

表3-10

收款凭证

借方科目：银行存款　　　　　　　　　2017年12月5日　　　　　　　　　银收字第2号

摘　要	贷方科目		金额										√
	总账科目	明细科目	千	百	十	万	千	百	十	元	角	分	
取得短期借款	短期借款	工行				3	0	0	0	0	0	0	
合　计				¥	3	0	0	0	0	0	0	

附件1张

会计主管：张斌　　　记账：王娟　　　复核：李刚　　　出纳：陈芳　　　制证：赵武

【例3-5】　12月6日，因生产经营需要向中国银行申请为期3年的长期借款500 000元，款项已划转入企业的银行存款账户。

这是一笔取得长期借款的业务。一方面，企业的银行存款增加了500 000元，应记入"银行存款"账户的借方；另一方面，企业的长期负债也增加了500 000元，应记入"长期借款"账户的贷方。

会计分录如下：

借：银行存款　　　　　　　　　　　　　　　　　　　　　　　500 000

　　贷：长期借款——中行　　　　　　　　　　　　　　　　　　　　500 000

在实务中，应根据银行借款收账通知联等有关原始凭证，编制记账凭证，见表3-11。

表3-11

收款凭证

借方科目：银行存款　　　　　　　　　2017年12月6日　　　　　　　　　银收字第3号

摘　要	贷方科目		金额										√
	总账科目	明细科目	千	百	十	万	千	百	十	元	角	分	
取得长期借款	长期借款	中行		5	0	0	0	0	0	0	0	0	
合　计				¥	5	0	0	0	0	0	0	0	

附件1张

会计主管：张斌　　　记账：王娟　　　复核：李刚　　　出纳：陈芳　　　制证：赵武

三、采购业务记账凭证的填制

企业为了开展正常的生产经营活动，就必须拥有生产所需要的劳动资料和劳动对象，如机器设备、原材料等。因此，采购业务核算的主要内容包括固定资产的购建和材料采购的核算。

（一）固定资产购建业务的核算

固定资产是具有以下特征的有形资产：①生产产品、提供劳务、出租或经营管理而持有的；②使用寿命超过一个会计年度。

1.账户设置

为了正确核算固定资产的购建成本，应设置和运用如下账户：

（1）"固定资产"账户。该账户属于资产类，用来核算企业持有的固定资产原价。其借方登记企业增加的固定资产原价；贷方登记减少的固定资产原价；期末余额在借方，反映企业期末固定资产原价。该账户一般按固定资产种类设置明细账户，进行明细分类核算。

借方（+）	固定资产	贷方（−）
期初余额：期初固定资产原价 发生额：本期增加的固定资产原价		发生额：本期减少的固定资产原价
期末余额：期末固定资产原价		

（2）"在建工程"账户。该账户属于资产类，用来核算企业基建、更新改造等在建工程发生的支出。借方登记企业进行在建工程所发生的实际支出；贷方登记工程完工交付使用而结转的实际工程成本；期末余额在借方，反映企业期末各项尚未完工工程的实际成本。该账户一般按"建筑工程""安装工程"等设置明细账户，进行明细分类核算。

"在建工程"账户的结构如下：

借方（+）	在建工程	贷方（−）
期初余额：期初尚未完工工程的成本 发生额：本期增加的工程的实际支出		发生额：本期完工结转的工程成本
期末余额：期末尚未完工工程的成本		

（3）"应交税费"账户。该账户属于负债类，用来核算企业按照税法规定计算应交纳的各种税费，包括增值税、消费税、所得税、城市维护建设税、教育费附加等。该账户的贷方登记应交纳的各种税费；借方登记已交纳的各种税费；期末余额在贷方，反映企业尚未交纳的税费；期末如为借方余额，反映企业多交或尚未抵扣的税费。该账户可以按照应交的税费项目设置"应交增值税""应交消费税""应交所得税""应交城市维护建设税""应交教育费附加"等明细账，进行明细分类核算。

增值税是以其发生的应税行为（包括销售货物、劳务、服务、无形资产和不动产）在流转过程中产生的增值额为计税依据征收的一种流转税。也就是说，增值税是对商品生产和流通中各环节的新价值进行征税。增值税的纳税义务人按照其经营规模及会计核算的健全程度不同划分为一般纳税人和小规模纳税人两类。一般纳税人销售货物或提供劳务可以开具增值税专用发票，应纳增值税额是根据当期销项税额减去当期进项税额计算确定，购入货物取得的增值税专用发票上注明的增值税额可以抵扣销项税额，其增值税税率通常为17%；小规模纳税人销售货物或者提供应税劳务只能开具普通发票，应纳税额是按照销项税额和规定的征收率计算确定，其征收率为3%。

　　为了降低企业设备投资的税收负担，促进企业的技术进步，提高企业的竞争力，扩大内需和经济增长，我国从2004年开始试点进行增值税的转型。2009年1月1日起在全国范围内实施增值税转型改革，允许将购置用于生产的固定资产的进项税额计算抵扣。财政部、国家税务总局于2011年11月17日公布了营业税改征增值税试点方案，自2012年1月1日起在上海等地实施。2016年5月1日起，我国全面推开"营改增"试点，将建筑业、房地产业、金融业、生活服务业等全部纳入"营改增"试点，至此，营业税退出历史舞台，增值税制度更加规范。

　　购入设备、材料支付的增值税款记入该账户借方的"进项税额"项下。销售产品向购买方收取的增值税额记入该账户贷方的"销项税额"项下。当"销项税额"大于"进项税额"时即为本期应交的增值税额。

　　"应交税费"账户的结构如下：

借方（−）　　　　　　　　　　　　应交税费　　　　　　　　　　　　贷方（+）

期初余额：多缴或尚未抵扣的税费额	期初余额：尚未缴纳的税费额
发生额：本期实际缴纳的税费额	发生额：本期计算应缴纳的税费额
期末余额：期末结余的多缴或尚未抵扣的税费额	期末余额：期末尚未缴纳的税费额

　　2.固定资产购建业务的账务处理

　　续上例，2017年12月，广州源发发生下列固定资产购建业务：

　　（1）购入不需要安装的设备。

　　【例3-6】　12月9日，购入不需要安装的生产用A设备一台，价款50 000元，对方开具的增值税专用发票上注明的增值税为8 500元，运杂费1 000元（假设取得普通发票），款项已支付。

　　该项经济业务的发生，一方面，企业的固定资产增加51 000元，记入"固定资产"账户的借方；根据增值税进项税额，借记"应交税费——应交增值税（进项税额）"账户。另一方面，企业的银行存款减少，记入"银行存款"账户的贷方。

　　会计分录如下：

　　借：固定资产——A设备　　　　　　　　　　　　　　　　　51 000
　　　　应交税费——应交增值税（进项税额）　　　　　　　　　8 500
　　　　贷：银行存款　　　　　　　　　　　　　　　　　　　　　　　　59 500

　　在实务中，应根据增值税专用发票（发票联）（见表3-12）、固定资产验收单（见表3-13）、运费的增值税普通发票（见表3-14）、银行付款凭据（见表3-15）等有关原始凭证，编制记账凭证，见表3-16。

表3-12

湖南省增值税专用发票

发票联

No.00575238

4399136780

开票日期：2017年12月9日

购买方	名　　　称：广州源发有限责任公司 纳税人识别号：440106922366755 地址、电话：广州市康健路88号　020-2241018 开户行及账号：中国银行康健路支行　433023456781	密码区	>979/+*941/*5<6681056+0/+214 <8+*+1>>236438*1/6<1*468321 8/+903/78+34449554**33*- >>44->03+5**56601<120-7>3

货物或应税劳务、服务名称	规格型号	单位	数量	单价	金额	税率	税额
A设备	ER4-JF	台	1	50 000.00	50 000.00	17%	8 500.00
合　　计					￥50 000.00	17%	￥8 500.00

价税合计（大写）	⊗伍万捌仟伍佰元整	（小写）￥58 500.00

销售方	名　　　称：长沙电子设备公司 纳税人识别号：610395710617632 地址、电话：长沙市远大路88号　3865321 开户行及账号：工行城南分理处　260301020845	备注	

收款人：王芳　　　复核：周丽　　　开票人：马萍　　　销售方：（章）

第三联：发票联 购买方记账凭证

表3-13

固定资产验收单

名　称	规格型号	来　源	数量	原始价值	使用年限	预计残值
A设备	ER4-JF	购　入	1	51 000	10	0

安装费	月折旧率	建造单位	交验日期
	2%	长沙电子设备公司	2017年12月9日

验收部门	生产部门	验收人员	李宏	管理部门	财务部	管理人员	张哲

表3-14

湖南增值税普通发票

发票联

No.00263184

4300133730

开票日期：2017年12月9日

购买方	名　　　称：广州源发有限责任公司 纳税人识别号：440106922366755 地址、电话：广州市康健路88号　020-2241018 开户行及账号：中国银行康健路支行　433023456781	密码区	>03+9/+*941/*5<693++0/+214 <8+*+1>>236438*1/6<1*476248 9/+903/78+34449554**33*- 458>>768**<16>28962456+7

货物或应税劳务、服务名称	规格型号	单位	数量	单价	金额	税率	税额
运输费			1	900.90	900.90	11%	99.10
合　　计					￥900.90	11%	￥99.10

价税合计（大写）	⊗壹仟元整	（小写）￥1 000.00

销售方	名　　　称：长沙运输公司 纳税人识别号：610449610617892 地址、电话：长沙市恒远路118号　37685321 开户行及账号：工行城北分理处　266678220813	备注	

收款人：王红　　　复核：周芳　　　开票人：马丽　　　销售方：（章）

第二联：发票联 购买方记账凭证

表3-15　　　　　🏦 中国银行　电汇凭证（回单）

委托日期：2017年12月9日　　　　　　　　　　第002458号

<table>
<tr><td rowspan="3">付款人</td><td>全称</td><td colspan="4">广州源发有限责任公司</td><td rowspan="3">收款人</td><td>全称</td><td colspan="3">长沙电子设备公司</td></tr>
<tr><td>账号或住址</td><td colspan="4">433023456781</td><td>账号或住址</td><td colspan="3">260301020845</td></tr>
<tr><td>汇出地点</td><td colspan="2">广州市</td><td>汇出行名称</td><td>中行康健路支行</td><td>汇入地点</td><td>长沙市</td><td>汇入行名称</td><td>工行城南分理处</td></tr>
<tr><td rowspan="2">人民币（大写）</td><td colspan="5" rowspan="2">伍万玖仟伍佰元整</td><td>百</td><td>十</td><td>万</td><td>千</td><td>百 十 元 角 分</td></tr>
<tr><td></td><td>¥ 5</td><td>9</td><td>5</td><td>0 0 0 0</td></tr>
<tr><td colspan="6">汇款用途：付设备款及运杂费</td><td colspan="4">（汇出行盖章）
中国银行
康健路支行
2017.12.09
转讫
2017年12月9日</td></tr>
</table>

表3-16　　　　　　　　　　付款凭证

贷方科目：银行存款　　　　　2017年12月9日　　　　　银付字第1号

<table>
<tr><td rowspan="2">摘　要</td><td colspan="2">借方科目</td><td colspan="10">金额</td><td rowspan="2">√</td></tr>
<tr><td>总账科目</td><td>明细科目</td><td>千</td><td>百</td><td>十</td><td>万</td><td>千</td><td>百</td><td>十</td><td>元</td><td>角</td><td>分</td></tr>
<tr><td>购买A设备</td><td>固定资产</td><td>A设备</td><td></td><td></td><td>5</td><td>1</td><td>0</td><td>0</td><td>0</td><td>0</td><td>0</td><td>0</td><td rowspan="6">附件4张</td></tr>
<tr><td></td><td>应交税费</td><td>应交增值税（进项税额）</td><td></td><td></td><td></td><td>8</td><td>5</td><td>0</td><td>0</td><td>0</td><td>0</td><td>0</td></tr>
<tr><td></td><td></td><td></td><td></td><td></td><td></td><td></td><td></td><td></td><td></td><td></td><td></td><td></td></tr>
<tr><td></td><td></td><td></td><td></td><td></td><td></td><td></td><td></td><td></td><td></td><td></td><td></td><td></td></tr>
<tr><td></td><td></td><td></td><td></td><td></td><td></td><td></td><td></td><td></td><td></td><td></td><td></td><td></td></tr>
<tr><td></td><td></td><td></td><td></td><td></td><td></td><td></td><td></td><td></td><td></td><td></td><td></td><td></td></tr>
<tr><td colspan="3">合　计</td><td></td><td>¥</td><td>5</td><td>9</td><td>5</td><td>0</td><td>0</td><td>0</td><td>0</td><td>0</td><td></td></tr>
</table>

会计主管：张斌　　记账：王娟　　复核：李刚　　出纳：陈芳　　制证：赵武

（2）购入需要安装的设备。

【例3-7】　12月10日，购入需要安装的生产用B设备一套，价款20 000元，对方开具的增值税专用发票上注明的增值税为3 400元；安装调试费2 000元（假设取得普通发票），支票已开出，设备已投入安装。

购入需要安装的设备并投入安装，一方面企业的在建工程增加，记入"在建工程"账户的借方；根据增值税进项税额，借记"应交税费——应交增值税（进项税额）"账户。另一方面企业的银行存款减少，记入"银行存款"账户的贷方。

会计分录如下：

借：在建工程——B设备　　　　　　　　　　　　　　　　　　　　22 000

　　应交税费——应交增值税（进项税额）　　　　　　　　　　　　3 400

　　贷：银行存款　　　　　　　　　　　　　　　　　　　　　　　　　　25 400

在实务中，应根据支票存根、增值税专用发票、安装调试费普通发票等有关原始凭证（参见【例3-6】），编制记账凭证，见表3-17。

表3-17

付款凭证

贷方科目：银行存款 　　　　　　2017年12月10日　　　　　　　　银付字第2号

摘　要	借方科目		金额									√
	总账科目	明细科目	千	百	十	万	千	百	十	元	角	分	
购买B设备	在建工程	B设备					2	2	0	0	0	0	
	应交税费	应交增值税（进项税额）					3	4	0	0	0	0	
合　计						¥	2	5	4	0	0	0	0	

附件3张

会计主管：张斌　　　记账：王娟　　　复核：李刚　　　出纳：陈芳　　　制证：赵武

【例3-8】　12月11日，上述设备安装完毕，验收合格，正式交付使用。

设备安装完毕达到可使用状态，使企业的固定资产增加，应记入"固定资产"账户的借方，同时企业将在建工程的成本转出，记入"在建工程"账户的贷方。

会计分录如下：

　　借：固定资产——B设备　　　　　　　　　　　　　　　　　　　22 000

　　　　贷：在建工程——B设备　　　　　　　　　　　　　　　　　　　　22 000

在实务中，应根据"固定资产验收单"等有关原始凭证，编制转账凭证，见表3-18。

表3-18

转账凭证

2017年12月11日 　　　　　　　　　　　　　　　转字第3号

摘　要	总账科目	明细科目	√	借方金额									√	贷方金额								
				千	百	十	万	千	百	十	元	角	分		千	百	十	万	千	百	十	元	角	分
B设备安装完毕、交付使用	固定资产	B设备					2	2	0	0	0	0												
	在建工程	B设备																2	2	0	0	0	0
合　计							¥	2	2	0	0	0	0					¥	2	2	0	0	0	0

附件1张

会计主管：张斌　　　记账：王娟　　　复核：李刚　　　制证：赵武

（二）材料采购业务的核算

在材料采购过程中，一方面是企业从供应单位购进各种材料物资；另一方面是企业要支付材料的货款和各种采购费用并与供应单位发生货款结算关系。企业购进的各种材料，经验收入库后即为可供生产领用的库存材料。

1.账户设置

为了核算材料的增减变化情况以及与供应单位的货款结算等情况，正确计算材料采购成本，应设置和运用如下账户：

（1）"在途物资"账户。该账户属于资产类，用来核算企业货款已经支付但尚未到达或验收入库材料的实际成本。其借方登记已支付货款材料的实际成本；贷方登记已验收入库材料的实际成本；期末余额在借方，表示企业已支付货款，但尚未到达或尚未验收入库材料的实际成本。该账户一般按供货单位和材料种类设置明细账户，进行明细分类核算。

"在途物资"账户的结构如下：

借方（+）	在途物资	贷方（-）
期初余额：期初在途物资的采购成本 发生额：本期发生的外购物资的买价和采购费用		发生额：本期验收入库材料的采购成本
期末余额：期末在途物资的采购成本		

（2）"原材料"账户。该账户属于资产类，用来核算企业各种库存材料的增减变化及结存情况。其借方登记已验收入库材料的成本；贷方登记发出材料的成本；期末余额在借方，反映各种库存材料的成本。该账户应按材料的品种、规格设置明细账户，进行明细分类核算。

"原材料"账户的结构如下：

借方（+）	原材料	贷方（-）
期初余额：期初库存原材料的成本 发生额：本期入库增加的材料成本		发生额：本期减少的材料成本
期末余额：期末库存材料的成本		

（3）"应付账款"账户。该账户属于负债类，用来核算企业因采购材料物资等业务而应付给供应单位的货款。其贷方登记应付给供应单位的货款数；借方登记已偿还给供应单位的货款数；期末余额一般在贷方，表示尚未偿还供应单位的货款数。该账户应按供应单位设置明细账户，进行明细分类核算。

"应付账款"账户的结构如下：

借方（-）	应付账款	贷方（+）
		期初余额：期初尚未支付的应付账款余额
发生额：本期实际归还的应付账款数额		发生额：本期增加的应付而未付的款项
		期末余额：期末尚未支付的应付账款余额

（4）"预付账款"账户。该账户属于资产类，用来核算企业按照购货合同规定预付给供应单位的款项。其借方登记按照合同规定预付给供应单位的货款和补付的货款；贷方登

记收到所购货物的货款和退回多付的货款；月末余额在借方，表示尚未收到货物的预付货款。企业应按照供应单位设置明细账，进行明细分类核算。

"预付账款"账户的结构如下：

借方（+）	预付账款		贷方（-）
期初余额：期初结余的预付账款			
发生额：本期预付数及收货时补付的款项		发生额：本期收货时冲减预付款项数、收回多余的预付款	
期末余额：期末结存的实际预付款项数额			

2.材料采购业务的账务处理

工业企业材料采购业务的会计处理，主要涉及收料和付款两个方面。收料是由材料仓库根据供应单位转来的发票，验收后填制"收料单"办理入库手续；付款是由会计部门根据材料仓库转来的收料单和供应单位开具的发票账单等凭证办理付款手续并登记入账。

续上例，2017年12月广州源发发生下列材料采购业务：

【例3-9】 12月15日，从宝鸡市新兴发展公司购入甲材料100千克，每千克50元，支付增值税850元，并支付运杂费500元（不考虑相关税费）。采购成本及增值税额均以银行存款支付。

这是一笔材料购进业务。一方面，使企业的在途物资成本增加了5 500元（100×50+500），应记入"在途物资——甲材料"账户的借方；同时发生增值税的进项税额850元，它是准予从销项税额中抵扣的增值税，借记"应交税费——应交增值税（进项税额）"账户；另一方面，使企业银行存款减少了6 350元，应记入"银行存款"账户的贷方。

会计分录如下：

借：在途物资——甲材料　　　　　　　　　　　　　　　5 500
　　应交税费——应交增值税（进项税额）　　　　　　　　 850
　　贷：银行存款　　　　　　　　　　　　　　　　　　　　　　6 350

在实务中，应根据"增值税专用发票（发票联）"、"运费报销单据"、"收料单"和"银行付款凭证"等原始凭证，编制记账凭证，见表3-19。

表3-19

付款凭证

贷方科目：银行存款　　　　　　　　2017年12月15日　　　　　　　　银付字第3号

摘要	贷方科目		金额									√
	总账科目	明细科目	千	百	十	万	千	百	十	元	角	分
购买甲材料	在途物资	甲材料					5	5	0	0	0	0
	应交税费	应交增值税（进项税额）						8	5	0	0	0
合　计						￥	6	3	5	0	0	0

附件4张

会计主管：张斌　　　记账：王娟　　　复核：李刚　　　出纳：陈芳　　　制证：赵武

【例3-10】　12月16日，上述甲材料到达企业，已验收入库，结转其实际采购成本。

这是一笔材料入库业务，也是结转材料采购成本的业务。原材料的增加，应记入"原材料——甲材料"账户的借方，其实际采购成本经过"在途物资"账户的归集，已形成5 500元，结转时，应记入"在途物资——甲材料"账户的贷方，结转后该账户没有余额。

会计分录如下：

借：原材料——甲材料　　　　　　　　　　　　　　　　　　　　　　　　5 500

　　贷：在途物资——甲材料　　　　　　　　　　　　　　　　　　　　　　　5 500

在实务中，应根据"材料采购成本计算表"（表3-20）、原材料入库单等原始凭证，据以编制记账凭证，见表3-21。

表3-20

材料采购成本计算

2017年12月16日

重量单位：千克
金额单位：元

材料名称	数量	买价	采购费用	总成本	单位成本
甲材料	100	50	500	5 500	55
合计	100	50	500	5 500	55

表3-21

转账凭证

2017年12月16日　　　　　　　　　　　　　　　　转字第4号

摘　要	总账科目	明细科目	√	借方金额										√	贷方金额								
				千	百	十	万	千	百	十	元	角	分		千	百	十	万	千	百	十	元	角	分
结转入库甲材料的采购成本	原材料	甲材料					5	5	0	0	0	0											
	在途物资	甲材料																5	5	0	0	0	0
合　计						¥	5	5	0	0	0	0				¥	5	5	0	0	0	0

附件2张

会计主管：张斌　　　记账：王娟　　　复核：李刚　　　制证：赵武

> **小提示**
>
> 在实际工作中，外购材料验收入库是按期汇总后统一编制记账凭证，而不是逐笔进行。

【例3-11】　12月17日，向民生公司购入乙材料200千克，每千克买价60元，支付增值税2 040元，运杂费200元（不考虑税费），材料已运到企业并验收入库，尚未付款。

这笔业务同样是材料购进业务。一方面，使企业库存原材料成本增加了12 200元（200×60+200），应记入"原材料——乙材料"账户的借方，同时发生增值税的进项税额2 040元，借记"应交税费——应交增值税（进项税额）"账户；另一方面，由于材料价款、运杂费和增值税款均未支付，致使企业的负债增加了14 240元，应记入"应付账款——民生公司"账户的贷方。

会计分录如下：

借：原材料——乙材料　　　　　　　　　　　　　　　　　　　　　　12 200
　　应交税费——应交增值税（进项税额）　　　　　　　　　　　　　　2 040
　　贷：应付账款——民生公司　　　　　　　　　　　　　　　　　　　　　14 240

在实务中，应根据"增值税专用发票"和"收料单"等原始凭证，据以编制记账凭证，见表3-22。

表3-22

转账凭证

2017年12月17日　　　　　　　　　　　　　　　　　　　转字第5号

摘　要	总账科目	明细科目	√	借方金额 千	百	十	万	千	百	十	元	角	分	√	贷方金额 千	百	十	万	千	百	十	元	角	分
购买乙材料并验收入库	原材料	乙材料				1	2	2	0	0	0	0												
	应交税费	应交增值税（进项税额）					2	0	4	0	0	0												
	应付账款	民生公司														1	4	2	4	0	0	0	0
合　计					¥	1	4	2	4	0	0	0	0		¥	1	4	2	4	0	0	0	0

附件2张

会计主管：张斌　　　记账：王娟　　　复核：李刚　　　制证：赵武

【例3-12】　12月18日，向广州康华公司预付丙材料货款23 230元，货款已汇出。

这是一笔预付货款的业务。一方面，使企业的预付账款增加了23 230元；另一方面，使企业的银行存款减少了23 230元。前者应记入"预付账款——康华公司"账户的借方，后者应记入"银行存款"账户的贷方。

会计分录如下：

借：预付账款——康华公司　　　　　　　　　　　　　　　　　　　　23 230
　　贷：银行存款　　　　　　　　　　　　　　　　　　　　　　　　　　23 230

在实务中，应根据"银行付款通知"等原始凭证（见表3-23），编制记账凭证，见表3-24。

表 3-23　　　　　　　🏦 **中国银行电汇凭证（回单）**

委托日期：2017年12月18日　　　　　　　　第002496号

汇款方式	☑ 普 通	□ 加 急											
汇款人	全　称	广州源安有限责任公司		收款人	全　称	广州康华公司							
	账　户	433023456781			账　户	41113798366							
	汇出行名称	中国银行康健路支行			汇入行名称	建设银行樱花路支行							

	亿	千	百	十	万	千	百	十	元	角	分
金额（大写）人民币贰万叁仟贰佰叁拾元整					¥	2	3	2	3	0	0	0

备注	支付密码
	附加信息及用途　支付货款
	此汇款支付给收款人
	客户签章：×××

此联是汇出银行给收款人的回单

表 3-24　　　　　　　　　　**付款凭证**

贷方科目：银行存款　　　　　2017年12月18日　　　　　　银付字第4号

摘　要	借方科目		金额										√
	总账科目	明细科目	千	百	十	万	千	百	十	元	角	分	
预付丙材料订购款	预付账款	康华公司			2	3	2	3	0	0	0		
合　计				¥	2	3	2	3	0	0	0		

附件1张

会计主管：张斌　　记账：王娟　　复核：李刚　　出纳：陈芳　　制证：赵武

【例3-13】　12月20日，收到康华公司发来的丙材料200千克，每千克95元，计19 000元，增值税进项税额3 230元，运杂费1 000元（不考虑税费），总计23 230元。材料已验收入库。

该项业务同样属于材料购进业务。一方面，使企业的库存丙材料成本增加了20 000元（200×95+1 000），应记入"原材料——丙材料"账户的借方，同时，发生增值税进项税额3 230元，借记"应交税费——应交增值税（进项税额）"账户；另一方面，应抵减之前预付的账款23 230元，应记入"预付账款——康华公司"账户的贷方。

会计分录如下：

借：原材料——丙材料　　　　　　　　　　　　　　　　　　　　　　20 000

　　应交税费——应交增值税（进项税额）　　　　　　　　　　　　　　3 230

　　贷：预付账款——康华公司　　　　　　　　　　　　　　　　　　　　　23 230

在实务中，应根据"增值税专用发票"和"收料单"等原始凭证，编制记账凭证，见表3-25。

表3-25

转账凭证

2017年12月20日　　　　　　　　　　　　　　　　转字第6号

摘　要	总账科目	明细科目	√	借方金额										√	贷方金额									
				千	百	十	万	千	百	十	元	角	分		千	百	十	万	千	百	十	元	角	分
购买丙材料并验收入库	原材料	丙材料					2	0	0	0	0	0													
	应交税费	应交增值税（进项税额）						3	2	3	0	0	0												
	预付账款	康华公司															2	3	2	3	0	0	0	
合　计				￥	2	3	2	3	0	0	0				￥	2	3	2	3	0	0	0		

会计主管：张斌　　　记账：王娟　　　复核：李刚　　　制证：赵武

附件2张

【例3-14】　12月22日，向兴达公司购入甲材料150千克，每千克50元，买价7 500元，支付增值税1 275元，购入乙材料350千克，每千克80元，买价28 000元，支付增值税4 760元，购入甲、乙两种材料的运杂费为2 500元（不考虑税费），上述甲、乙材料的成本和相关费用均以支票支付，材料尚未运到企业。

这项经济业务发生的运杂费2 500元是企业购入甲、乙两种材料时共同发生的，为了正确确定每种材料的采购成本，应采用一定的方法在甲、乙材料之间对其进行分配。

应计入材料采购成本的采购费用，能够分清材料品种的，则直接计入各种材料的采购成本；不能分清材料品种的，由各种材料共同负担的采购费用，可根据材料性质，按材料的重量、体积或买价进行分配，分配方法如下：

首先，计算采购费用分配率。计算公式为：

$$采购费用分配率=\frac{应分配的采购费用总额}{各种材料的重量（或体积、买价）之和}$$

其次，计算各种材料应分摊的采购费用。计算公式如下：

某种材料应分配的采购费用=该种材料的重量（或体积、买价）×采购费用分配率

本例按重量比例分配采购费用，则：

$$运费分配率=\frac{2\,500}{150+350}=5\text{（元/千克）}$$

甲材料应分配的运费=150×5=750（元）

乙材料应分配的运费=350×5=1 750（元）

这项经济业务的发生，一方面，使企业的在途物资甲材料的成本增加了8 250元（7 500+750），应记入"在途物资——甲材料"账户的借方，在途物资乙材料成本增加了29 750元，应记入"在途物资——乙材料"账户的借方；同时发生增值税的进项税额6 035元，它是准予从销项税额中抵扣的增值税，借记"应交税费——应交增值税（进项税额）"账

户。另一方面，使企业银行存款减少了 44 035 元，应记入"银行存款"账户的贷方。

会计分录如下：

借：在途物资——甲材料　　　　　　　　　　　　　　　　　　　　8 250
　　　　　　　——乙材料　　　　　　　　　　　　　　　　　　　29 750
　　应交税费——应交增值税（进项税额）　　　　　　　　　　　　6 035
　　贷：银行存款　　　　　　　　　　　　　　　　　　　　　　　　　44 035

在实务中，根据采购成本计算表（见表 3-26）、增值税专用发票、支票存根等原始凭证，编制记账凭证，见表 3-27。

表 3-26

采购成本计算表

2017 年 12 月 22 日　　　　　　　　　　　　　　　　　　　　金额单位：元

项　目	甲材料（150 千克）		乙材料（350 千克）	
	总成本	单位成本	总成本	单位成本
买价	7 500	50	28 000	80
采购费用	750	5	1 750	5
采购成本	8 250	55	29 750	85

表 3-27

付款凭证

贷方科目：银行存款　　　　　　　2017 年 12 月 22 日　　　　　　银付字第 5 号

摘　要	借方科目		金额									√
	总账科目	明细科目	千	百	十	万	千	百	十	元	角	分
购买甲、乙材料	在途物资	甲材料					8	2	5	0	0	0
		乙材料				2	9	7	5	0	0	0
	应交税费	应交增值税（进项税额）					6	0	3	5	0	0
合　计					￥	4	4	0	3	5	0	0

附件 3 张

会计主管：张斌　　　记账：王娟　　　复核：李刚　　　出纳：陈芳　　　制证：赵武

> **小提示**
>
> 工业企业所购材料的采购成本由买价和采购费用构成。其中，买价是销货发票的价格；采购费用通常包括运杂费（运输费、装卸费、保险费等）、运输途中的合理损耗、入库前的整理挑选费用以及进口材料的关税。

【例 3-15】　12 月 26 日，从兴达公司购入的甲材料、乙材料已验收入库，结转其实际采购成本。

这项经济业务的发生，一方面使库存甲材料增加了 8 250 元，应记入"原材料——甲材料"账户的借方；乙材料增加了 29 750 元，应记入"原材料——乙材料"账户的借方。另一方面使在途物资甲材料成本减少了 8 250 元，应记入"在途物资——甲材料"账户的贷方。在途物资乙材料成本减少了 29 750 元，应记入"在途物资——乙材料"账户的贷方。

会计分录如下：

借：原材料——甲材料　　　　　　　　　　　　　　　　　　8 250

　　　　　——乙材料　　　　　　　　　　　　　　　　　　29 750

　　贷：在途物资——甲材料　　　　　　　　　　　　　　　　　　8 250

　　　　　——乙材料　　　　　　　　　　　　　　　　　　　29 750

在实务中，应根据"收料凭证汇总表"等原始凭证，编制记账凭证，见表 3-28。

表 3-28

转账凭证

2017 年 12 月 26 日　　　　　　　　　　　　　　　　　　　转字第 7 号

摘　要	总账科目	明细科目	√	借方金额 千 百 十 万 千 百 十 元 角 分	√	贷方金额 千 百 十 万 千 百 十 元 角 分	
结转入库甲、乙材料的采购成本	原材料	甲材料		8 2 5 0 0 0			附件1张
		乙材料		2 9 7 5 0 0 0			
	在途物资	甲材料				8 2 5 0 0 0	
		乙材料				2 9 7 5 0 0 0	
合　计				￥3 8 0 0 0 0 0		￥3 8 0 0 0 0 0	

会计主管：张斌　　　记账：王娟　　　复核：李刚　　　制证：赵武

四、生产业务记账凭证的填制

产品生产是生产企业的主要经济活动。在生产过程中，生产工人要借助劳动资料，把劳动对象加工成为适合于社会需要的产品。而企业为了生产产品必然要发生物化劳动和活化劳动的耗费，如材料的消耗、支付工资、厂房、机器设备的折旧费、修理费等。企业在一定时期内产品生产过程中发生的各项耗费，称为生产费用。生产费用按一定种类和数量的产品进行归集，就形成了产品的制造成本（或称生产成本）。生产费用按其经济用途的分类，称为成本项目。成本项目可分为直接材料、直接人工、制造费用等。

直接材料是指企业在产品生产过程中，直接用于产品生产、构成产品实体的材料，包括原料及主要材料、外购半成品以及其他辅助材料。

直接人工是指企业直接从事产品生产的工人工资及福利费等。

制造费用是指企业各个生产单位（分厂、车间）为组织和管理生产所发生的各项费用，包括生产企业管理人员工资和福利费、折旧费、修理费、机物料消耗、办公费、差旅费、水电费、保险费、劳动保险费等。直接材料和直接人工又称直接费用，制造费用又称间接费用。

生产费用虽然具有不同的经济内容和用途，但最终都要归集、分配到各种产品中去，形成产品的制造成本。因此，产品生产过程的主要经济业务是分配和归集各项生产费用、计算与结转各种产品的生产成本。

（一）账户设置

为了归集产品生产过程中所发生的各项费用，正确计算产品成本，应设置"生产成本""制造费用""管理费用""其他应收款""应付职工薪酬""累计折旧""库存商品"等账户。

（1）"生产成本"账户。该账户属于成本类，用来核算企业为生产产品而发生的构成产品成本的各项生产费用。其借方登记为进行产品生产而发生的各项生产费用；贷方登记已完成生产过程、验收入库的产成品的实际成本；期末余额应在借方，表示尚未完工的在产品成本。该账户按产品名称和成本项目设置明细账户，进行明细分类核算。

"生产成本"账户的结构如下：

借方(+)	生产成本	贷方(-)
期初余额：期初未完工产品的成本 发生额：本期生产产品发生的材料、人工及期末分 　　　　配转入的制造费用等成本		发生额：本期完工验收入库转入"库存商品"的产 　　　　成品成本
期末余额：期末未完工的在产品成本		

（2）"制造费用"账户。该账户属于成本类，用来核算企业为生产产品和提供劳务而发生的各项间接费用。其借方登记本期发生的全部制造费用；贷方登记按一定方法分配转入"生产成本"账户借方的费用数额；期末分配后一般没有余额。该账户可按费用项目设置明细账户，进行明细分类核算。

"制造费用"账户的结构如下：

借方（+）	制造费用	贷方（-）
发生额：本期发生的制造费用		发生额：期末分配结转至"生产成本"账户的金额

（3）"管理费用"账户。该账户属于损益类，用来核算企业行政管理部门为组织和管理生产经营所发生的管理费用。其借方登记企业发生的各项管理费用；贷方登记减少和期末转入"本年利润"账户的管理费用，期末结转后该账户无余额。该账户可按费用项目进行明细核算。

"管理费用"账户的结构如下：

借方（+）	管理费用	贷方（-）
发生额：本期发生的管理费用		发生额：本期减少数及期末结转到"本年利润"账 　　　　户的数额

（4）"应付职工薪酬"账户。该账户属于负债类，用来核算企业应付给职工的各种薪酬，包括短期薪酬、离职后福利、辞退福利、其他长期职工福利。其贷方登记应支付给职

工的薪酬总额；借方登记本期实际支付给职工的薪酬数额。该账户月末若有余额，在贷方，表示期末应付未付的职工薪酬。该账户按工资、职工福利、社会保险费等设置明细账户，进行明细分类核算。

"应付职工薪酬"账户的结构如下：

借方（-）	应付职工薪酬	贷方（+）
发生额：本期实际已支付数	期初余额：期初结存的应付未付金额 发生额：本期分配计入成本、费用项目的应付数	
	期末余额：应付未付的职工薪酬	

（5）"累计折旧"账户。该账户属于资产类，用来核算企业固定资产的累计损耗价值，实质上是固定资产的调整账户。其贷方登记本期固定资产累计折旧的增加额；借方登记固定资产累计折旧的减少或冲销数额；期末余额在贷方，表示截至本期期末固定资产已计提的累计折旧额。"固定资产"账户所记录的原始价值减去累计折旧就是固定资产的账面净值。

"累计折旧"账户的结构如下：

借方（-）	累计折旧	贷方（+）
发生额：本期固定资产减少而转销的折旧额	期初余额：期初结存的累计已提折旧额 发生额：本期计提的固定资产折旧额	
	期末余额：现有固定资产累计已提折旧额	

（6）"库存商品"账户。该账户属于资产类，用来核算企业已经完成生产过程并验收入库，可以对外出售的产成品的实际成本。其借方登记完工入库产品的实际成本；贷方登记已经销售或已经发出产品的实际成本；期末余额在借方，表示库存产成品的实际成本。该账户应按产品的品种、规格设置明细账户，进行明细分类核算。

"库存商品"账户的结构如下：

借方（+）	库存商品	贷方（-）
期初余额：期初结存产成品的实际成本 发生额：本期完工验收入库产成品的实际生产成本	发生额：本期减少产成品的实际生产成本	
期末余额：期末结存产成品的实际生产成本		

（二）生产业务的账务处理

1.材料费用的归集和分配

企业在生产经营过程中消耗的材料，应以仓储部门转来的"领料单"或"出库单"为依据，按照材料的具体用途，编制"材料费用汇总表"，并据以进行会计处理。对于生产产品耗用的材料记入"生产成本"账户；对于生产车间一般性耗用的材料先记入"制造费用"账户，月末再分配到产品成本中去；对于管理部门、销售部门耗用的材料应分别记入"管理费用""销售费用"账户。

续上例，2017年12月，广州源发在生产过程中发生下列经济业务：

【例3-16】月末，财务部门根据仓库转来的领料凭证，编制12月份材料耗用汇总表，见表3-29。发出材料按先进先出法进行计价。（甲材料单价：50元/千克，乙材料单价：60元/千克，丙材料单价：100元/千克。）

表3-29

材料耗用汇总表

重量单位：千克　　　　　　　　　　2017年12月　　　　　　　　　　金额单位：元

材料用途	甲材料		乙材料		丙材料		金额合计
	数量	金额	数量	金额	数量	金额	
A产品耗用	400	20 000	100	6 000			26 000
B产品耗用	800	40 000	200	12 000			52 000
车间一般耗用					40	4 000	4 000
行政部门耗用					100	10 000	10 000
合　计	1 200	60 000	300	18 000	140	14 000	92 000

> **小提示**
>
> 　　工业企业的发出材料，一般采取两种计价方式，即按实际价格计价和按计划价格计价。
>
> 　　①按实际价格核算发出材料成本。采用实际价格对发出材料计价，具体方法较多，如全月一次加权平均法、移动加权平均法、先进先出法、个别计价法等。企业不论采取何种计价方法，在一个会计年度内均不得随意变动，更不能同时采用两种计价方法。
>
> 　　②按计划价格核算材料成本。收发凭证按材料的计划价格计价，原材料的总分类账和明细分类账均按计划成本登记。原材料的实际成本与计划成本的差异，通过"材料成本差异"科目核算，月份终了，将发出的原材料的计划成本与材料成本差异调整为实际成本。

　　这是一笔发出材料的业务。一方面，使企业的原材料减少了92 000元；另一方面，使企业的费用增加了92 000元。生产费用的增加，应按其用途分别归集，用于A产品和B产品生产的，作为直接费用，记入"生产成本——A产品""生产成本——B产品"账户的借方；车间发生的一般消耗性材料，属于间接费用，应记入"制造费用"账户的借方；行政管理部门消耗的材料，属于期间费用，应记入"管理费用"账户的借方；原材料的减少，应记入"原材料——甲材料""原材料——乙材料""原材料——丙材料"账户的贷方。

　　会计分录如下：

　　借：生产成本——A产品　　　　　　　　　　　　　　　　　　26 000
　　　　　　　　　——B产品　　　　　　　　　　　　　　　　　52 000
　　　　制造费用　　　　　　　　　　　　　　　　　　　　　　4 000
　　　　管理费用　　　　　　　　　　　　　　　　　　　　　　10 000
　　　贷：原材料——甲材料　　　　　　　　　　　　　　　　　　　60 000
　　　　　　　　——乙材料　　　　　　　　　　　　　　　　　　18 000
　　　　　　　　——丙材料　　　　　　　　　　　　　　　　　　14 000

在实务中，应根据"发出材料汇总表"或"材料耗用汇总表"等原始凭证编制记账凭证，见表3-30。

表3-30

转账凭证

2017年12月31日　　　　　　　　　　　　　　　　　　　　　　转字第8号

摘　要	总账科目	明细科目	√	借方金额									√	贷方金额								
				千	百	十	万	千	百	十	元	角	分	千	百	十	万	千	百	十	元	角	分
领用材料	生产成本	A产品				2	6	0	0	0	0	0											
		B产品				5	2	0	0	0	0	0											
	制造费用						4	0	0	0	0	0											
	管理费用						1	0	0	0	0	0											
	原材料	甲材料													6	0	0	0	0	0		
		乙材料													1	8	0	0	0	0		
		丙材料													1	4	0	0	0	0		
合　计					¥	9	2	0	0	0	0	0		¥	9	2	0	0	0	0	0	

附件1张

会计主管：张斌　　　　记账：王娟　　　　复核：李刚　　　　制证：赵武

2.人工费用的归集和分配

企业应支付的职工薪酬，作为工资费用，应按职工的不同岗位计入各有关的成本、费用账户。一般来说，车间生产工人的工资费用，应直接记入"生产成本"账户；车间管理人员的工资费用，应先通过"制造费用"账户进行归集，待月末分配后再记入"生产成本"账户；企业行政管理人员的工资费用属于期间费用，应记入"管理费用"账户。

【例3-17】　月末，分配12月份应付职工工资41 000元，其中，制造A产品工人工资15 000元，制造B产品工人工资18 000元，制造车间管理人员工资3 000元，企业行政管理人员工资5 000元。

这是一笔工资分配业务。一方面，企业的人工费用增加了41 000元，其中，产品生产工人的工资属于直接人工费，应记入"生产成本——A产品""生产成本——B产品"账户的借方，车间管理人员的工资应记入"制造费用——生产车间"账户的借方；企业行政管理人员的工资属于期间费用，应记入"管理费用"账户的借方。另一方面，企业的应付职工工资增加了41 000元，应记入"应付职工薪酬——工资"账户的贷方。

会计分录如下：

借：生产成本——A产品　　　　　　　　　　　　　　　　　　　　　15 000

　　　　　　——B产品　　　　　　　　　　　　　　　　　　　　　18 000

　　制造费用　　　　　　　　　　　　　　　　　　　　　　　　　　3 000

　　管理费用　　　　　　　　　　　　　　　　　　　　　　　　　　5 000

　　贷：应付职工薪酬——工资　　　　　　　　　　　　　　　　　　　　41 000

在实务中，应根据"工资结算汇总表"等原始凭证（表3-31）编制记账凭证，见

表3-32。

表3-31

工资结算汇总表

2017年12月 单位：元

部门人员类别	职工人数	基本工资	经常性奖金	津贴和补贴		应扣工资		应付工资
				物价补贴	夜班补贴	事假	病假	
A产品生产工人	略	…	…	…	…	…	…	15 000
B产品生产工人								18 000
车间管理部门								3 000
行政管理部门								5 000
合　计								41 000

表3-32

转账凭证

2017年12月31日 转字第9号

摘　要	总账科目	明细科目	√	借方金额 千 百 十 万 千 百 十 元 角 分	√	贷方金额 千 百 十 万 千 百 十 元 角 分	
分配工资	生产成本	A产品		1 5 0 0 0 0 0			附件1张
		B产品		1 8 0 0 0 0 0			
	制造费用	生产车间		3 0 0 0 0 0			
	管理费用			5 0 0 0 0 0			
	应付职工薪酬	工资				4 1 0 0 0 0 0	
合　计				￥ 4 1 0 0 0 0 0		￥ 4 1 0 0 0 0 0	

会计主管：张斌 记账：王娟 复核：李刚 制证：赵武

【例3-18】 月末，开出支票，从银行提取现金41 000元，准备发放工资。

这是一笔提取现金的业务。一方面，使企业的库存现金增加了41 000元，应记入"库存现金"账户的借方；另一方面，使企业的银行存款减少了41 000元，应记入"银行存款"账户的贷方。

借：库存现金 41 000

贷：银行存款 41 000

在实务中，应根据"支票存根"（见表3-33）等原始凭证，编制记账凭证，见表3-34。

表 3-33

```
          中国银行
          支票存根
        №00258720

附加信息 _____
         _____
         _____
         _____

出票日期 2017 年 12 月 31 日

收款人：广州源宏
金　额：￥41 000.00
用　途：工资

单位主管　　　会计
复　核　　　　记账
```

表 3-34　　　　　　　　　　　付款凭证

贷方科目：银行存款　　　　2017 年 12 月 31 日　　　　银付字第 6 号

摘　要	借方科目		金　额									√
	总账科目	明细科目	千	百	十	万	千	百	十	元	角	分	
提现当发工资	库存现金				4	1	0	0	0	0	0		附件1张
合　计			￥	4	1	0	0	0	0	0		

会计主管：张斌　　记账：王娟　　复核：李刚　　出纳：陈芳　　制证：赵武

【例 3-19】　月末，以现金 41 000 元发放职工工资。

这是一笔发放工资的业务。一方面，使企业的应付工资减少了 41 000 元，应记入"应付职工薪酬——工资"账户的借方；另一方面，使企业的现金减少了 41 000 元，应记入"库存现金"账户的贷方。

会计分录如下：

借：应付职工薪酬——工资　　　　　　　　　　　　　　41 000

　　贷：库存现金　　　　　　　　　　　　　　　　　　　　41 000

在实务中，应根据原始凭证"工资结算汇总表"编制记账凭证，见表3-35。

表3-35

付款凭证

贷方科目：库存现金　　　　　　2017年12月31日　　　　　　现付字第1号

摘　要	借方科目		金　额									√
	总账科目	明细科目	千	百	十	万	千	百	十	元	角	分	
发放工资	应付职工薪酬	工资			4	1	0	0	0	0			
合　计				¥	4	1	0	0	0	0			

附件1张

会计主管：张斌　　　记账：王娟　　　复核：李刚　　　出纳：陈芳　　　制证：赵武

【例3-20】　月末，结合公司上年度实际发生的职工福利费情况，公司12月末按职工工资总额的14%计提职工福利费，计提额度如下：

生产A产品工人工资应提福利费：15 000×14%=2 100（元）

生产B产品工人工资应提福利费：18 000×14%=2 520（元）

生产车间管理人员工资应提福利费：3 000×14%=420（元）

公司行政管理人员工资应提福利费：5 000×14%=700（元）

这是一笔计提职工福利费的业务。一方面，企业计提的职工福利费增加了5 740元，应记入"应付职工薪酬——职工福利"账户的贷方；另一方面，企业的费用也增加了5 740元，其中，生产工人福利费应直接记入"生产成本——A产品""生产成本——B产品"账户的借方，生产车间管理人员福利费应记入"制造费用"账户的借方，行政管理人员福利费应记入"管理费用"账户的借方。

会计分录如下：

借：生产成本——A产品　　　　　　　　　　　　　　　　　　2 100

　　　　　——B产品　　　　　　　　　　　　　　　　　　2 520

　　制造费用　　　　　　　　　　　　　　　　　　　　　　420

　　管理费用　　　　　　　　　　　　　　　　　　　　　　700

　　贷：应付职工薪酬——职工福利费　　　　　　　　　　　　　5 740

在实务中，应根据"工资分配及职工福利计提表"（见表3-36）等原始凭证，编制记账凭证，见表3-37。

表3-36

工资分配及职工福利费计提表

2017年12月31日　　　　　　　　　　　　　　　　　　　单位：元

部门及人员	应付职工工资	提取的职工福利费
生产工人		
其中：A产品	15 000	2 100
B产品	18 000	2 520
车间管理人员	3 000	420
企业行政管理人员	5 000	700
合　计	41 000	5 740

表3-37

转账凭证

2017年12月31日　　　　　　　　　　　　　　　　　　　转字第10号

摘　要	总账科目	明细科目	√	借方金额									√	贷方金额								
				千	百	十	万	千	百	十	元	角	分	千	百	十	万	千	百	十	元	角	分
计提职工福利费	生产成本	A产品						2	1	0	0	0	0										
		B产品						2	5	2	0	0	0										
	制造费用								4	2	0	0	0										
	管理费用								7	0	0	0	0										
	应付职工薪酬	职工福利费														5	7	4	0	0	0	
合　计				¥	5	7	4	0	0	0				¥	5	7	4	0	0	0	

附件1张

会计主管：张斌　　　记账：王娟　　　复核：李刚　　　制证：赵武

3.制造费用的归集与分配

制造费用是企业生产车间或生产部门为生产产品和提供劳务而发生的各种间接费用。当该费用发生时，不能直接记入"生产成本"账户，而是先通过"制造费用"账户进行归集，期末再按一定的方法分配计入相关产品成本。因此，制造费用的核算应包括制造费用的归集和制造费用的分配两部分。

现举例说明制造费用的归集与分配方法。

（1）制造费用的归集。企业在生产过程中所发生的各项制造费用，应根据有关凭证借记"制造费用"账户，贷记"原材料""累计折旧""应付职工薪酬""银行存款"等账户。

【例3-21】　月末，计提固定资产折旧费8 000元，其中，生产车间应提折旧费5 000元，行政管理部门应提折旧费3 000元。

　　这是一笔计提固定资产折旧的业务。一方面，使企业原有固定资产价值减少了8 000元，为了适应固定资产的特点和管理要求，企业在计提固定资产折旧时，不能直接减少"固定资产"的账面余额，而是将固定资产损耗价值记入"累计折旧"账户的贷方，以保证"固定资产"账户为原始价值；另一方面，使企业的费用增加了8 000元，应按其费用发生地点归集，属于生产部门发生的固定资产折旧费，是一种间接费用，应记入"制造费用"账户的借方，属于管理部门发生的固定资产折旧费，应记入"管理费用"账户的借方。

　　会计分录如下：

　　借：制造费用　　　　　　　　　　　　　　　　　　　　　　　　　5 000

　　　　管理费用　　　　　　　　　　　　　　　　　　　　　　　　　3 000

　　　贷：累计折旧　　　　　　　　　　　　　　　　　　　　　　　　　　　8 000

　　在实务中，应根据"固定资产折旧计算表"等原始凭证（见表3-38），编制记账凭证，见表3-39。

表3-38

固定资产折旧计算

2017年12月31日　　　　　　　　　　　　　　　　　　　　　　单位：元

部　门	固定资产原值	月分类折旧率	月折旧额
生产车间	…	…	5 000
行政管理部门	…	…	3 000
合　计	（略）	（略）	8 000

表3-39

转账凭证

2017年12月31日　　　　　　　　　　　　　　　　　　　　转字第11号

摘　要	总账科目	明细科目	√	借方金额										√	贷方金额										
				千	百	十	万	千	百	十	元	角	分		千	百	十	万	千	百	十	元	角	分
计提折旧费	制造费用							5	0	0	0	0	0											
	管理费用							3	0	0	0	0	0											
	累计折旧																		8	0	0	0	0	0
合　计							¥	8	0	0	0	0	0					¥	8	0	0	0	0	0

附件1张

会计主管：张斌　　　　记账：王娟　　　　复核：李刚　　　　制证：赵武

　　【例3-22】　月末，开出支票支付本月生产车间电费4 300元。

　　这是一笔支付电费的业务。一方面，使企业的生产费用增加了4 300元，应记入"制造费用"账户的借方；另一方面，使企业的银行存款减少了4 300元，应记入"银行存款"账户的贷方。

　　会计分录如下：

　　借：制造费用　　　　　　　　　　　　　　　　　　　　　　　　　4 300

　　　贷：银行存款　　　　　　　　　　　　　　　　　　　　　　　　　　　4 300

在实务中，应根据"电费发票""支票存根"等原始凭证，编制记账凭证，见表3-40。

表3-40

付款凭证

贷方科目：银行存款   2017年12月31日   银付字第7号

摘 要	借方科目		金 额									✓
	总账科目	明细科目	千	百	十	万	千	百	十	元	角	分
支付生产车间电费	制造费用						4	3	0	0	0	0
合 计						￥	4	3	0	0	0	0

附件2张

会计主管：张斌   记账：王娟   复核：李刚   出纳：陈芳   制证：赵武

【例3-23】 月末，开出支票支付本月办公费5 920元，其中，生产车间5 120元，行政管理部门800元。

这是一笔支付办公费的业务。一方面，使企业的费用增加了5 920元，生产车间发生的办公费，应记入"制造费用"账户的借方，行政管理部门发生的办公费，应记入"管理费用"账户的借方；另一方面，使企业的银行存款减少了5 920元，应记入"银行存款"账户的贷方。

会计分录如下：

借：制造费用   5 120

     管理费用   800

    贷：银行存款   5 920

在实务中，应根据采购发票、"银行付款通知"或"现金支票存根"等原始凭证，编制记账凭证，见表3-41。

表3-41

付款凭证

贷方科目：银行存款   2017年12月31日   银付字第8号

摘 要	借方科目		金 额									✓
	总账科目	明细科目	千	百	十	万	千	百	十	元	角	分
支付办公费	制造费用						5	1	2	0	0	0
	管理费用							8	0	0	0	0
合 计						￥	5	9	2	0	0	0

附件2张

会计主管：张斌   记账：王娟   复核：李刚   出纳：陈芳   制证：赵武

（2）制造费用的分配。通过"制造费用"账户将日常发生的各项间接费用归集后，期末还必须按一定的方法分配计入有关产品成本，即借记"生产成本"账户，贷记"制造费用"账户。具体分配公式如下：

$$制造费用分配率=\frac{制造费用总额}{分配标准总和}$$

某产品应分配的制造费用额=某产品分配标准数×制造费用分配率

公式中的分配标准应根据产品的生产性质及工艺特点，选择生产工时、生产工人工资、机器工时等。这些标准的选择，应比较确切地体现各承担对象制造费用的受益比例关系。

【例3-24】　承前各例，本月生产车间共发生制造费用21 840元，按生产工时比例分配。A产品生产工时2 200小时，B产品生产工时3 260小时。

$$制造费用分配率=\frac{21\ 840}{2\ 200+3\ 260}=4\ （元/小时）$$

A产品应分摊的制造费用=2 200×4=8 800（元）

B产品应分摊的制造费用=3 260×4=13 040（元）

根据上述计算过程可编制"制造费用分配表"，见表3-42。

表3-42

制造费用分配表

2017年12月31日　　　　　　　　　　　　　　　　　　　　单位：元

产品名称	分配标准（生产工时）	分配率	分配金额
A产品	2 200	4	8 800
B产品	3 260	4	13 040
合　计	5 460	—	21 840

这项经济业务是将制造费用分配给A、B两种产品，一方面，应增加A、B产品的生产成本，记入"生产成本——A产品""生产成本——B产品"账户的借方；另一方面，应减少制造费用，记入"制造费用"账户的贷方。

会计分录如下：

借：生产成本——A产品　　　　　　　　　　　　　　　　　　　　　　8 800

　　　　　　——B产品　　　　　　　　　　　　　　　　　　　　　　13 040

　贷：制造费用　　　　　　　　　　　　　　　　　　　　　　　　　　21 840

在实务中，应根据"制造费用分配表"等原始凭证，编制记账凭证，见表3-43。

表3-43

转账凭证

2017年12月31日　　　　　　　　　　　　　　　　　　　　　　转字第12号

摘　要	总账科目	明细科目	√	借方金额 千百十万千百十元角分	√	贷方金额 千百十万千百十元角分	
分配制造费用	生产成本	A产品		8 8 0 0 0 0			附件1张
		B产品		1 3 0 4 0 0 0			
		制造费用				2 1 8 4 0 0 0	
合　计				¥ 2 1 8 4 0 0 0		¥ 2 1 8 4 0 0 0	

会计主管：张斌　　　记账：王娟　　　复核：李刚　　　制证：赵武

4.完工产品制造成本的确定与结转

企业经过对上述各项经济业务的核算后，已将产品生产过程中发生的直接材料、直接人工和制造费用记入了生产成本明细账。至此，生产成本明细账归集了全部生产费用（包括期初在产品成本和本月发生的生产费用），最后，还要对归集到某种产品的生产费用在本月完工产品和月末在产品之间进行分配，以便确定并结转完工产品制造成本。完工产品制造成本的确定有两种情形：

第一，在月末没有在产品的情况下，生产成本明细账内归集的生产费用总额就是完工产品的总成本。完工产品的总成本除以本月该种产品的产量，就是单位成本。

第二，在月末既有完工产品又有在产品的情况下，应将计入各种产品的生产费用，在其完工产品和月末在产品之间采用适当的方法进行分配，求得完工产品成本和月末在产品成本。

完工产品成本和月末在产品成本的计算方法有多种，这里不作介绍（此内容将在后续课程"成本会计实务"中详细阐述）。对于已完工产品的成本，应从"生产成本"账户的贷方转入"库存商品"账户的借方。

【例3-25】　根据【例3-16】至【例3-24】的资料，广州源发2017年12月份发生的生产费用已全部登记到生产成本明细账（见表3-44和表3-45），本月投产的B产品尚未完工，A产品全部完工，并验收入库。根据账簿资料，编制"完工产品成本计算单"（见表3-46）。

该项经济业务一方面减少A产品的生产成本，记入"生产成本——A产品"账户的贷方；另一方面增加A产品库存成本，记入"库存商品——A产品"账户的借方。

会计分录如下：

借：库存商品——A产品　　　　　　　　　　　　　　　　　　　51 900

　　贷：生产成本——A产品　　　　　　　　　　　　　　　　　　　　51 900

表3-44　　　　　　　　　　　**生产成本明细账**

产品名称：A产品　　　　　　　　　　　　　　　　　　　　　　　　　单位：元

2017年		凭证号数	摘　要	借　方				贷方	借或贷	余额
月	日			直接材料	直接人工	制造费用	合计			
12	31	转8	领用材料	26 000			26 000		借	26 000
	31	转9	生产工人工资		15 000		15 000		借	15 000
	31	转10	生产工人福利费		2 100		2 100		借	2 100
	31	转12	分配制造费用			8 800	8 800		借	8 800
	31		本月生产费用合计	26 000	17 100	8 800	51 900		借	51 900
	31	转13	转完工产品成本					51 900	平	0

表3-45

生产成本明细账

产品名称：B产品　　　　　　　　　　　　　　　　　　　　　　单位：元

2017年		凭证号数	摘要	借　方				贷方	借或贷	余额
月	日			直接材料	直接人工	制造费用	合计			
12	31	转8	领用材料	52 000			52 000		借	52 000
	31	转9	生产工人工资		18 000		18 000		借	18 000
	31	转10	生产工人福利费		2 520		2 520		借	2 520
	31	转12	分配制造费用			13 040	13 040		借	13 040
	31		本月生产费用合计	52 000	20 520	13 040	85 560		借	85 560

表3-46

完工产品成本计算单

产品名称：A产品　　　　　　　　　　　　　　金额单位：元　　　产量：200件

项目	本月生产费用合计	完工产品总成本	单位成本
直接材料	26 000	26 000	130
直接人工	17 100	17 100	85.50
制造费用	8 800	8 800	44
合　计	51 900	51 900	259.50

在实务中，应根据"完工产品成本计算单"等原始凭证，编制记账凭证，见表3-47。

表3-47

转账凭证

2017年12月31日　　　　　　　　　　　　　　　　　转字第13号

摘要	总账科目	明细科目	√	借方金额										√	贷方金额									
				千	百	十	万	千	百	十	元	角	分		千	百	十	万	千	百	十	元	角	分
结转完工A产品成本	库存商品	A产品				5	1	9	0	0	0	0												
	生产成本	A产品															5	1	9	0	0	0	0	
合　计					￥	5	1	9	0	0	0	0				￥	5	1	9	0	0	0	0	

附件1张

会计主管：张斌　　记账：王娟　　复核：李刚　　出纳：陈芳　　制证：赵武

五、销售业务记账凭证的填制

产品销售是指企业通过货币结算出售商品产品的行为。产品销售是企业在销售过程中的主要经济活动。因此，销售过程的主要经济业务包括：①确认产品的销售收入；②结转产品的销售成本；③计算缴纳销售税金；④核算缴纳销售费用。

（一）账户设置

为了全面核算企业在销售过程中发生的经济业务，应设置"主营业务收入""主营业务成本""税金及附加""销售费用""应收账款""预收账款""应收票据""其他业务收入""其他业务成本"等账户。

（1）"主营业务收入"账户。该账户属于损益类，用来核算企业销售商品或提供劳务等主要经营活动所产生的收入。该账户贷方登记企业本期销售产品或提供劳务所实现的收入额；借方登记本期销售退回等应冲销的收入和期末转入"本年利润"账户贷方的净收入额。期末结转后该账户应无余额。该账户按主营业务的种类设置明细账，进行明细分类核算。

"主营业务收入"账户结构如下：

借方（−）　主营业务收入　贷方（+）	
发生额：销售退回等冲减的主营业务收入和期末转入"本年利润"账户的净收入	发生额：实现的主营业务收入

（2）"主营业务成本"账户。该账户属于损益类，用来核算企业销售商品或提供劳务等主营业务所发生的成本。该账户借方登记本期已销售商品或提供劳务的实际成本；贷方登记本期销售退回等应冲减的成本和期末转入"本年利润"账户借方的净成本额。期末结转后该账户应无余额。该账户按主营业务的种类设置明细账户，进行明细分类核算。

"主营业务成本"账户结构如下：

借方（+）　主营业务成本　贷方（−）	
发生额：发生的主营业务成本	发生额：销售退回等应冲减的主营业务成本和期末转入"本年利润"账户的主营业务成本

（3）"税金及附加"账户。该账户属于损益类，用来核算企业因销售产品应负担的税金及附加，包括除增值税以外的消费税、资源税、房产税、车船税、印花税、城镇土地使用税、城市维护建设税和教育费附加等。该账户借方登记企业按规定应缴纳的销售税金及附加额；贷方登记期末转入"本年利润"账户的销售税金及附加额。期末结转后该账户应无余额。该账户应按销售产品的类别或品种设置明细账户，进行明细分类核算。

"税金及附加"账户结构如下：

借方（+）　税金及附加　贷方（−）	
发生额：按规定计算应缴纳的相关税金及附加	发生额：期末转入"本年利润"账户的税金及附加

（4）"销售费用"账户。该账户属于损益类，用来核算企业在销售商品、提供劳务的过程中所发生的各种费用，包括包装费、保险费、广告费、展览费、商品维修费、运输费、装卸费以及专设销售机构的职工薪酬、业务费、折旧费等经营费用。该账户借方登记

本期发生的各项销售费用额；贷方登记期末转入"本年利润"账户借方的销售费用额。该账户期末结转后应无余额。该账户应按费用项目设置明细账户，进行明细分类核算。

"销售费用"账户结构如下：

借方（＋）	销售费用	贷方（－）
发生额：发生的销售费用		发生额：期末转入"本年利润"账户的销售费用

（5）"应收账款"账户。该账户属于资产类，用来核算企业因销售商品、提供劳务等应向购货单位或接受劳务单位收取的款项。该账户借方登记取得经营收入而发生的应收账款以及为购货单位代垫的款项；贷方登记实际收到的款项等。该账户月末余额一般在借方，表示企业尚未收回的应收账款。该账户应按债务单位或个人设置明细账户，进行明细核算。

"应收账款"账户结构如下：

借方（＋）	应收账款	贷方（－）
期初余额：期初尚未收回的应收账款		
发生额：发生的应收账款		发生额：收回的应收账款和已转作坏账损失的款项
期末余额：期末尚未收回的应收账款		

（6）"预收账款"账户。该账户属于负债类，用来核算企业按照合同规定向购货单位预收的货款。该账户贷方登记预收购货单位的货款和购货单位补付的货款；借方登记向购货单位发出产品销售实现的货款和退回多收的货款。该账户月末余额一般在贷方，表示预收购货单位的货款。该账户应按照预付单位设置明细账户，进行明细分类核算。

"预收账款"账户结构如下：

借方（－）	预收账款	贷方（＋）
		期初余额：期初预收账款
发生额：销售产品时冲销的预收账款和退回多收的款项		发生额：预收的货款和收到购货单位补付的货款
		期末余额：期末预收账款

预收账款情况不多的，可以不设置本账户，将预收的款项直接记入"应收账款"账户。

（二）销售业务的账务处理

（1）销售收入的核算。通常情况下，当商品已经发出，同时收取价款或取得收取价款的凭据或权利时，就可以确认销售收入。

续上例，2017年12月，广州源发发生下列销售业务：

【例3-26】　12月8日对外销售A产品150件，每件售价520元，开出的增值税专用发票上注明的价款为78 000元，增值税款为13 260元。货款及增值税款已收到并存入银行。

这是一笔产品销售业务。一方面，对企业销售A产品增加的收入，应记入"主营业务收入——A产品"账户的贷方，收取的增值税，贷记"应交税费——应交增值税（销项税额）"账户；另一方面，对存入银行的销货款，应记入"银行存款"账户的借方。

会计分录如下：

借：银行存款　　　　　　　　　　　　　　　　　　　　　　　91 260

　　贷：主营业务收入——A产品　　　　　　　　　　　　　　　　78 000

　　　　应交税费——应交增值税（销项税额）　　　　　　　　　　13 260

在实务中，应根据"增值税专用发票（记账联）""银行进账单回单"等原始凭证，编制记账凭证，见表3-48。

表3-48

收款凭证

借方科目：银行存款　　　　　　2017年12月8日　　　　　　银收字第4号

摘　要	贷方科目		金　额									√
	总账科目	明细科目	千	百	十	万	千	百	十	元	角	分	
销售A产品	主营业务收入	A产品				7	8	0	0	0	0	0	
	应交税费	应交增值税（销项税额）				1	3	2	6	0	0	0	
合　计				¥	9	1	2	6	0	0	0	

附件2张

会计主管：张斌　　　记账：王娟　　　复核：李刚　　　出纳：陈芳　　　制证：赵武

【例3-27】　12月10日，收到北方公司预付A产品的货款30 000元，已存入银行。

这是一笔预收货款的业务。一方面，使企业的银行存款增加，应记入"银行存款"账户的借方；另一方面，使企业的预收账款增加，预收账款属于企业的负债，应记入"预收账款——北方公司"账户的贷方。

会计分录如下：

借：银行存款　　　　　　　　　　　　　　　　　　　　　　　30 000

　　贷：预收账款——北方公司　　　　　　　　　　　　　　　　30 000

在实务中，应根据"银行进账单回单"等有关原始凭证，编制记账凭证，见表3-49。

表3-49

收款凭证

借方科目：银行存款　　　　　　2017年12月10日　　　　　银收字第5号

摘　要	贷方科目		金　额									√
	总账科目	明细科目	千	百	十	万	千	百	十	元	角	分	
预收订购A产品款	预收账款	北方公司				3	0	0	0	0	0	0	
合　计					¥	3	0	0	0	0	0	

附件1张

会计主管：张斌　　　记账：王娟　　　复核：李刚　　　出纳：陈芳　　　制证：赵武

【例3-28】　月末，向北方公司发出A产品50件，开出增值税专用发票，注明：每件售价608元，价款30 400元，增值税5 168元，计35 568元。北方公司已预付30 000元，差额款5 568元已经收到，并存入银行。

这项业务同样属于产品销售业务。一方面，由于企业已开出增值税专用发票并发出产品，则企业的销售收入已实现，应记入"主营业务收入——A产品"账户的贷方；收取的增值税应贷记"应交税费——应交增值税（销项税额）"账户；另一方面，产品发出后，应抵减原预收账款，记入"预收账款——北方公司"账户的借方。差额款5 568元已存入银行，应记入"银行存款"账户的借方。

会计分录如下：

借：预收账款——北方公司　　　　　　　　　　　　　　　　35 568
　　贷：主营业务收入——A产品　　　　　　　　　　　　　　　　30 400
　　　　应交税费——应交增值税（销项税额）　　　　　　　　　　5 168
借：银行存款　　　　　　　　　　　　　　　　　　　　　　5 568
　　贷：预收账款——北方公司　　　　　　　　　　　　　　　　　5 568

在实务中，为了清楚地反映账户的对应关系和结算关系，应根据"增值税专用发票（记账联）""银行进账单回单"等有关原始凭证，编制两张记账凭证，分别见表3-50、表3-51。

表3-50

转账凭证

2017年12月31日　　　　　　　　　　　　　　　　　　转字第14号

摘要	总账科目	明细科目	√	借方金额										√	贷方金额										
				千	百	十	万	千	百	十	元	角	分		千	百	十	万	千	百	十	元	角	分
销售A产品	预收账款	北方公司					3	5	5	6	8	0	0											
	主营业务收入	A产品																3	0	4	0	0	0	0
	应交税费	应交增值税（销项税额）																	5	1	6	8	0	0
合　计					¥	3	5	5	6	8	0	0				¥	3	5	5	6	8	0	0	

附件1张

会计主管：张斌　　　记账：王娟　　　复核：李刚　　　制证：赵武

表3-51

收款凭证

借方科目：银行存款　　　　　2017年12月31日　　　　　　　银收字第6号

摘　要	贷方科目		金　额										√
	总账科目	明细科目	千	百	十	万	千	百	十	元	角	分	
收到补付的A产品款	预收账款	北方公司					5	5	6	8	0	0	
合　计					¥	5	5	6	8	0	0		

附件1张

会计主管：张斌　　　记账：王娟　　　复核：李刚　　　出纳：陈芳　　　制证：赵武

【例3-29】　月末，销售给力生公司B产品50件，每件售价365元，货款共18 250元，增值税专用发票上注明的增值税款为3 102.50元。货已发出，货款及增值税款尚未收到。

这项业务同样是产品销售业务。一方面，按销售B产品实现的收入，贷记"主营业务收入——B产品"账户；按应收取的增值税，贷记"应交税费——应交增值税（销项税额）"账户。另一方面，由于销售产品的价税款尚未收到，应记入"应收账款——力生公司"账户的借方。

会计分录如下：

借：应收账款——力生公司　　　　　　　　　　　　　　　　　　21 352.50

　　贷：主营业务收入——B产品　　　　　　　　　　　　　　　　　18 250

　　　　应交税费——应交增值税（销项税额）　　　　　　　　　　3 102.50

在实务中，应根据"增值税专用发票（记账联）"等有关原始凭证，编制记账凭证，见表3-52。

表3-52

转账凭证

2017年12月31日　　　　　　　　　　　　　　　　　　　　　　　转字第15号

摘　要	总账科目	明细科目	√	借方金额										√	贷方金额										
				千	百	十	万	千	百	十	元	角	分		千	百	十	万	千	百	十	元	角	分
销售B产品	应收账款	力生公司				2	1	3	5	2	5	0												
	主营业务收入	B产品														1	8	2	5	0	0	0
	应交税费	应交增值税（销项税额）															3	1	0	2	5	0
合　计					¥	2	1	3	5	2	5	0			¥	2	1	3	5	2	5	0

附件1张

会计主管：张崴　　　记账：王娟　　　复核：李刚　　　制证：赵武

（2）销售成本的核算。企业在确认销售收入的同时，要计算并结转销售成本，以便与销售收入相对比，正确计算利润。

【例3-30】　月末，结转销售A、B两种产品的实际生产成本，A产品销售数量为200件，单位成本259.5元，共计51 900元；B产品销售数量50件，单位成本108元，共计5 400元。

这项经济业务的发生，一方面使库存商品减少，应记入"库存商品——A产品""库存商品——B产品"账户的贷方；另一方面主营业务成本增加，应记入"主营业务成本——A产品""主营业务成本——B产品"账户的借方。

会计分录如下：

借：主营业务成本——A产品　　　　　　　　　　　　　　　　　　51 900

　　　　　　　　——B产品　　　　　　　　　　　　　　　　　　　5 400

贷：库存商品——A产品　　　　　　　　　　　　　　　　　　　　　　　51 900

　　　　　　——B产品　　　　　　　　　　　　　　　　　　　　　　　　5 400

　　在实务中，应根据"产品出库单"（见表3-53）等有关原始凭证，编制记账凭证，见表3-54。

表3-53

产品出库单

2017年12月31日

购货单位：　　　　　　　　　　　　　　　　　　　　　　　　　　　　金额单位：元　　第1号

产品名称	计量单位	出库数量	单位成本	金额
A产品	件	200	259.50	51 900
B产品	件	50	108	5 400
合计	件	250	—	57 300

表3-54

转账凭证

2017年12月31日　　　　　　　　　　　　　　　　　　　　　　　　　转字第16号

摘要	总账科目	明细科目	√	借方金额 千百十万千百十元角分	√	贷方金额 千百十万千百十元角分	
结转已销A、B产品成本	主营业务成本	A产品		5 1 9 0 0 0 0			附件1张
		B产品		5 4 0 0 0 0			
	库存商品	A产品				5 1 9 0 0 0 0	
		B产品				5 4 0 0 0 0	
合计				￥5 7 3 0 0 0 0		￥5 7 3 0 0 0 0	

会计主管：张成　　　记账：王娟　　　复核：李刚　　　制证：赵武

（3）税金及附加的核算。按照我国税法的规定，企业在销售商品过程中实现了销售收入，就应计算缴纳有关税费，具体计算方法将在后续课程"中级财务会计实务""税收实务"中加以介绍，本教材侧重其账务处理方法。

【例3-31】　月末，计提本月的城市维护建设税及教育费附加（本企业适用的城市维护建设税税率及教育费附加的征收率分别为7%和3%）。

　　城市维护建设税和教育费附加是以企业缴纳的增值税、消费税税额为依据所征收的附加税费，分别用于城市的公用事业和公共设施的维护及教育支出。

　　企业每期应交增值税＝销项税额－进项税额

广州源发本月
应交增值税　＝（13 260＋3 102.5＋5 168＋4 250）－（850＋2 040＋3 230＋6 035＋3 400＋8 500）

　　　　　　＝25 780.50－24 055＝1 725.50（元）

应交城建税=1 725.50×7%=120.79（元）

应交教育费附加=1 725.50×3%=51.76（元）（尾数调整）

本月应计提的城建税及教育费附加一方面应计入当期损益，借记"税金及附加"账户；另一方面，由于城建税和教育费附加尚未缴纳，企业负债增加，应贷记"应交税费——应交城市维护建设税""应交税费——应交教育费附加"等账户。

会计分录为：

借：税金及附加　　　　　　　　　　　　　　　　　　　172.55

　　贷：应交税费——应交城市维护建设税　　　　　　　　　120.79

　　　　　　　　——应交教育费附加　　　　　　　　　　　51.76

在实务中，应根据"产品销售税金计算表"等有关原始凭证，编制记账凭证，见表3-55。

表3-55

转账凭证

2017年12月31日　　　　　　　　　　　　　　转字第17号

摘　要	总账科目	明细科目	√	借方金额 千百十万千百十元角分	√	贷方金额 千百十万千百十元角分
计提城建税及教育费附加	税金及附加			1 7 2 5 5		
	应交税费	应交城市维护建设税				1 2 0 7 9
		应交教育费附加				5 1 7 6
合　计				￥1 7 2 5 5		￥1 7 2 5 5

附件1张

会计主管：张斌　　　记账：王娟　　　复核：李刚　　　制证：赵武

（4）销售费用的核算。销售费用是企业在销售商品过程中发生的各项费用。它包括企业销售商品过程中发生的运输费、装卸费、包装费、保管费、展览费和广告费，以及为销售本企业商品而专设的销售机构（含销售网点、售后服务网点等）的职工薪酬、业务费等经营费用。

【例3-32】　月末，开具支票支付产品广告费1 500元。

这是一笔支付广告费的业务。一方面，企业的销售费用增加了1 500元，应记入"销售费用"账户的借方；另一方面，企业的银行存款减少了1 500元，应记入"银行存款"账户的贷方。

会计分录为：

借：销售费用　　　　　　　　　　　　　　　　　　　　1 500

　　贷：银行存款　　　　　　　　　　　　　　　　　　　　1 500

在实务中，应根据"广告费发票""支票存根"等有关原始凭证，编制记账凭证，见表3-56。

表3-56

付款凭证

贷方科目：银行存款　　　　　　2017年12月31日　　　　　　银付字第9号

摘　要	借方科目		金　额										√
	总账科目	明细科目	千	百	十	万	千	百	十	元	角	分	
支付广告费	销售费用	广告费					1	5	0	0	0	0	
合　计							￥	1	5	0	0	0	0

附件2张

会计主管：张斌　　记账：王娟　　复核：李刚　　出纳：陈芳　　制证：赵武

【例3-33】　月末，广州源发开具支票支付销售机构电费3 855.20元。

这是一笔支付水电费的业务。一方面，企业的销售费用增加了3 855.20元，应记入"销售费用"账户的借方；另一方面，企业的银行存款减少了3 855.20元，应记入"银行存款"账户的贷方。

会计分录为：

借：销售费用　　　　　　　　　　　　　　　　　3 855.20

　　贷：银行存款　　　　　　　　　　　　　　　　　　　3 855.20

在实务中，应根据"电费发票""支票存根"等有关原始凭证，编制记账凭证，见表3-57。

表3-57

付款凭证

贷方科目：银行存款　　　　　　2017年12月31日　　　　　　银付字第10号

摘　要	借方科目		金　额										√
	总账科目	明细科目	千	百	十	万	千	百	十	元	角	分	
支付销售部门电费	销售费用	水电费					3	8	5	5	2	0	
合　计							￥	3	8	5	5	2	0

附件2张

会计主管：张斌　　记账：王娟　　复核：李刚　　出纳：陈芳　　制证：赵武

六、利润业务记账凭证的填制

（一）利润的构成

利润是企业一定时期实现的最终经营成果，是收入与费用相抵后的差额。差额是正数，表现为企业的利润；差额是负数，表现为企业的亏损。根据《企业会计准则》的规定，利润包括营业利润、利润总额和净利润。

（1）营业利润。营业利润是指由于生产经营活动所取得的利润，是企业利润的主要来源。用公式表示如下：

$$\begin{aligned}营业利润 &= 营业收入 - 营业成本 - 税金及附加 - 销售费用 - 管理费用 - 财务费用 - 资产减值损失 \\ &+ 公允价值变动收益（-公允价值变动损失）+ 投资收益（-投资损失）\end{aligned}$$

其中：营业收入=主营业务收入+其他业务收入

　　　　营业成本=主营业务成本+其他业务成本

（2）利润总额。利润总额是由营业利润和营业外收支净额组成的。用公式表示如下：

利润总额=营业利润+营业外收入-营业外支出

（3）净利润。净利润是企业一定期间的利润总额扣除所得税费用后的财务成果。用公式表示如下：

净利润=利润总额-所得税费用

（二）利润形成业务记账凭证的填制

1.账户设置

（1）"其他业务收入"账户。该账户属于损益类，用来核算企业确认的除主营业务活动以外的其他经营活动实现的收入，包括出租固定资产、出租无形资产、出租包装物和商品、销售材料等实现的收入。该账户贷方登记确认的其他业务收入；借方登记期末转入"本年利润"账户的其他业务收入；结转后该账户期末无余额。该账户可按其他业务收入的种类设置明细账户，进行明细分类核算。

"其他业务收入"账户的结构如下：

借方（-）	其他业务收入	贷方（+）
发生额：期末转入"本年利润"账户的其他业务收入		发生额：本期实现的其他业务收入

（2）"其他业务成本"账户。该账户属于损益类，用来核算企业确认的除主营业务活动以外的其他经营活动所发生的支出，包括销售材料的成本、出租固定资产的折旧额、出租无形资产的摊销额、出租包装物的成本或摊销等。该账户借方登记确认的其他业务成本；贷方登记期末转入"本年利润"账户的其他业务成本。结转后该账户期末无余额。该账户可按其他业务成本的种类设置明细账户，进行明细分类核算。

"其他业务成本"账户的结构如下：

借方（+）	其他业务成本	贷方（-）
发生额：本期发生的其他业务成本		发生额：期末转入"本年利润"账户的其他业务成本

（3）"营业外收入"账户。该账户属于损益类，用来核算企业发生的与生产经营活动无直接关系的各项营业外收入的实现及其结转情况。该账户贷方登记企业发生的各项营业外收入额；借方登记期末转入"本年利润"账户的营业外收入额。期末结转后该账户没有余额。"营业外收入"账户应按收入项目设置明细账户，进行明细分类核算。

"营业外收入"账户的结构如下：

借方（－）	营业外收入	贷方（＋）
发生额：本期期末结转至"本年利润"账户的营业外收入数额	发生额：本期实现的各项营业外收入数额	

（4）"营业外支出"账户。该账户属于损益类，用来核算企业发生的与生产经营活动没有直接关系的各项营业外支出的发生及其结转情况。该账户借方登记企业发生的各项营业外支出额；贷方登记期末转入"本年利润"账户的营业外支出额。期末结转后该账户没有余额。"营业外支出"账户应按支出项目设置明细账户，进行明细分类核算。

"营业外支出"账户的结构如下：

借方（＋）	营业外支出	贷方（－）
发生额：本期发生的各项营业外支出数额	发生额：本期期末结转至"本年利润"账户的营业外支出数额	

（5）"投资收益"账户。该账户属于损益类，用来核算企业对外投资取得的收入或发生的损失。该账户贷方登记取得的投资收益或期末转入"本年利润"账户的投资净损失数额；借方登记发生投资损失额或期末转入"本年利润"账户的投资净收益数额。期末结转后该账户没有余额。该账户应按投资收益的性质设置明细账户，进行明细分类核算。

"投资收益"账户的结构如下：

借方（－）	投资收益	贷方（＋）
发生额：本期发生的投资损失及期末结转至"本年利润"账户的投资收益数额	发生额：本期实现的投资收益和期末转入"本年利润"账户的投资损失数额	

（6）"所得税费用"账户。该账户属于损益类，用于核算企业按规定从本期损益中减去的所得税费用。该账户借方登记本期应计入损益的应交所得税；贷方登记期末应转入"本年利润"账户的所得税费用。期末结转后该账户没有余额。

"所得税费用"账户的结构如下：

借方（＋）	所得税费用	贷方（－）
发生额：本期发生的所得税税额	发生额：本期期末结转至"本年利润"账户的所得税税额	

（7）"本年利润"账户。该账户属于所有者权益类，用来核算企业在一定时期内实现

的净利润或发生的净亏损。该账户贷方登记期末由各收入类账户转入的当期实现或取得的收入、收益，以及年末结转的本年度发生的净亏损；借方登记期末由各成本费用类账户转入的各种费用支出，以及年末结转的本年度实现的净利润。年度终了结转后，该账户没有余额。年度终了结转前该账户还是有余额的。

"本年利润"账户的结构如下：

借方（－）	本年利润	贷方（＋）
发生额：转入的各项费用数额		发生额：转入的各项收入数额
期末余额：累计发生的净亏损		期末余额：累计实现的净利润

2.利润形成业务的账务处理

续上例，2017年12月，广州源发发生下列业务：

【例3-34】 月末，公司对外销售不需用丁材料200千克，销售单价125元/千克，增值税专用发票上注明的价款为25 000元，增值税为4 250元。款项收到存入银行。

这笔材料销售业务的发生，一方面，使企业因销售材料获得收入，实现了其他业务收入，应记入"其他业务收入——材料销售收入"账户的贷方，根据应收取的增值税，贷记"应交税费——应交增值税（销项税额）"账户；另一方面，银行存款增加，应记入"银行存款"账户的借方。

会计分录如下：

借：银行存款　　　　　　　　　　　　　　　　　　　29 250
　　贷：其他业务收入——材料销售收入　　　　　　　　　　25 000
　　　　应交税费——应交增值税（销项税额）　　　　　　　 4 250

在实务中，应根据"增值税专用发票（记账联）""银行进账单回单"等有关原始凭证，编制记账凭证，见表3-58。

表3-58

收款凭证

借方科目：银行存款　　　　　　　　　　2017年12月31日　　　　　　　　　　银收字第7号

摘　要	贷方科目		金　额										√
	总账科目	明细科目	千	百	十	万	千	百	十	元	角	分	
销售丁材料	其他业务收入	材料销售收入				2	5	0	0	0	0	0	
	应交税费	应交增值税（销项税额）					4	2	5	0	0	0	
合　计			￥	2	9	2	5	0	0	0			

附件1张

会计主管：张斌　　记账：王娟　　复核：李刚　　出纳：陈芳　　制证：赵武

【例3-35】 所售丁材料的采购成本为18 000元（200千克×90元/千克），结转材料销售成本。

这项结转销售成本的会计事项，一方面，企业销售材料将引起其他业务成本的增加，应记入"其他业务成本——材料销售成本"账户的借方；另一方面，对企业材料的减少，应记入"原材料"账户的贷方。

会计分录如下：

借：其他业务成本——材料销售成本　　　　　　　　　　　　　　　　　18 000

　　贷：原材料——丁材料　　　　　　　　　　　　　　　　　　　　　　18 000

在实务中，应根据"材料销售成本计算单"等有关原始凭证，编制记账凭证，见表3-59。

表3-59

转账凭证

2017年12月31日　　　　　　　　　　　　　　　　　转字第18号

摘　要	总账科目	明细科目	√	借方金额										√	贷方金额									
				千	百	十	万	千	百	十	元	角	分		千	百	十	万	千	百	十	元	角	分
结转已销丙材料成本	其他业务成本	材料销售成本				1	8	0	0	0	0	0													
	原材料	丁材料															1	8	0	0	0	0	0		
合　计					¥	1	8	0	0	0	0	0				¥	1	8	0	0	0	0	0		

附件1张

会计主管：张斌　　　记账：王娟　　　复核：李刚　　　制证：赵武

【例3-36】　月末，公司取得一笔罚款收入5 000元，已存入银行。

这项经济业务的发生，一方面，对企业取得的罚款收入，应记入"营业外收入——罚款收入"账户的贷方；另一方面，对存入银行的款项，应记入"银行存款"账户的借方。

会计分录为：

借：银行存款　　　　　　　　　　　　　　　　　　　　　　　　　　　5 000

　　贷：营业外收入——罚款收入　　　　　　　　　　　　　　　　　　　5 000

在实务中，应根据"银行进账单回单"等有关原始凭证，编制记账凭证，见表3-60。

表3-60

收款凭证

借方科目：银行存款　　　　　　2017年12月31日　　　　　　　银收字第8号

摘　要	贷方科目		金　额										√
	总账科目	明细科目	千	百	十	万	千	百	十	元	角	分	
收到罚款收入	营业外收入	罚款收入					5	0	0	0	0	0	
合　计						¥	5	0	0	0	0	0	

附件1张

会计主管：张斌　　　记账：王娟　　　复核：李刚　　　出纳：陈芳　　　制证：赵武

【例3-37】 月末，经董事会研究决定，开具3 000元支票，捐赠给希望工程，用于发展边远地区教育事业。

这是一笔对外捐赠业务。一方面，对企业的捐赠支出，应记入"营业外支出——捐赠支出"账户的借方；另一方面，对银行存款的减少，应贷记"银行存款"账户。

会计分录为：

借：营业外支出——捐赠支出　　　　　　　　　　　　　　　　　　　　3 000

　贷：银行存款　　　　　　　　　　　　　　　　　　　　　　　　　　　　3 000

在实务中，应根据其开具的"支票存根"等有关原始凭证，编制记账凭证，见表3-61。

表3-61

付款凭证

贷方科目：*银行存款*　　　　　　　*2017年12月31日*　　　　　　*银付字第11号*

摘　要	借方科目		金　额									√
	总账科目	明细科目	千	百	十	万	千	百	十	元	角	分	
捐赠希望工程款	*营业外支出*	*捐赠支出*					3	0	0	0	0	0	
合　计						¥	3	0	0	0	0	0	

附件1张

会计主管：*张斌*　　　记账：*王娟*　　　复核：*李刚*　　　出纳：*陈芳*　　　制证：*赵武*

【例3-38】 月末，收到被投资单位分来的利润20 000元（债券投资），存入银行。

这是一笔从其他单位分来利润的业务。一方面，企业因对外投资从其他单位分来的利润，应增加本企业的投资收益，记入"投资收益"账户的贷方；另一方面，对银行存款的增加，应记入"银行存款"账户的借方。

会计分录为：

借：银行存款　　　　　　　　　　　　　　　　　　　　　　　　　　　20 000

　贷：投资收益　　　　　　　　　　　　　　　　　　　　　　　　　　　　20 000

在实务中，应根据企业持有被投资单位公司债券的有关原始凭证，编制记账凭证，见表3-62。

表3-62

收款凭证

借方科目：*银行存款*　　　　　　　*2017年12月31日*　　　　　　*银收字第9号*

摘　要	贷方科目		金　额									√
	总账科目	明细科目	千	百	十	万	千	百	十	元	角	分	
收到投资利润	*投资收益*					2	0	0	0	0	0	0	
合　计						¥	2	0	0	0	0	0	

附件1张

会计主管：*张斌*　　　记账：*王娟*　　　复核：*李刚*　　　出纳：*陈芳*　　　制证：*赵武*

【例3-39】　广州源发12月份各收支账户净发生额（单位：元）如下：

主营业务收入	126 650	主营业务成本	57 300
其他业务收入	25 000	税金及附加	172.55
投资收益	20 000	销售费用	5 355.20
营业外收入	5 000	管理费用	19 500
		其他业务成本	18 000
		营业外支出	3 000

期末将上述损益类账户净发生额转入"本年利润"账户。

这是一项期末结转业务。企业各项收入的实现，会增加企业的本年利润，应记入"本年利润"账户的贷方，会计分录为：

借：主营业务收入　　　　　　　　　　　　　　　　　126 650
　　其他业务收入　　　　　　　　　　　　　　　　　　25 000
　　投资收益　　　　　　　　　　　　　　　　　　　　20 000
　　营业外收入　　　　　　　　　　　　　　　　　　　 5 000
　　　贷：本年利润　　　　　　　　　　　　　　　　　　　　176 650

企业各项费用支出的发生，会抵减企业的本年利润，应记入"本年利润"账户的借方，会计分录为：

借：本年利润　　　　　　　　　　　　　　　　　　103 327.75
　　　贷：主营业务成本　　　　　　　　　　　　　　　　　　57 300
　　　　　税金及附加　　　　　　　　　　　　　　　　　　　172.55
　　　　　销售费用　　　　　　　　　　　　　　　　　　　5 355.20
　　　　　管理费用　　　　　　　　　　　　　　　　　　　19 500
　　　　　其他业务成本　　　　　　　　　　　　　　　　　18 000
　　　　　营业外支出　　　　　　　　　　　　　　　　　　 3 000

在实务中，应根据相关账簿记录，编制两张记账凭证。

①期末将本期发生的各项收入转入"本年利润"账户，见表3-63。

表3-63　　　　　　　　　　　　　　　　转账凭证

2017年12月31日　　　　　　　　　　　　　　　　　转字第19号

摘　要	总账科目	明细科目	√	借方金额 千 百 十 万 千 百 十 元 角 分	√	贷方金额 千 百 十 万 千 百 十 元 角 分
结转收入	主营业务收入			1 2 6 6 5 0 0 0		
	其他业务收入			2 5 0 0 0 0 0		
	投资收益			2 0 0 0 0 0 0		
	营业外收入			5 0 0 0 0 0		
	本年利润					1 7 6 6 5 0 0 0
合　计				¥ 1 7 6 6 5 0 0 0		¥ 1 7 6 6 5 0 0 0

附件0张

会计主管：张崴　　　记账：王娟　　　复核：李刚　　　制证：赵武

②期末将本期发生的各项成本费用转入"本年利润"账户,见表3-64。

表3-64

转账凭证

2017年12月31日　　　　　　　　　　　　转字第20号

摘要	总账科目	明细科目	√	借方金额 千 百 十 万 千 百 十 元 角 分	√	贷方金额 千 百 十 万 千 百 十 元 角 分	
结转成本费用	本年利润			1 0 3 3 2 7 7 5			
	主营业务成本					5 7 3 0 0 0 0	附件0张
	税金及附加					1 7 2 5 5	
	销售费用					5 3 5 5 2 0	
	管理费用					1 9 5 0 0 0 0	
	其他业务成本					1 8 0 0 0 0 0	
	营业外支出					3 0 0 0 0 0	
合计				¥ 1 0 3 3 2 7 7 5		¥ 1 0 3 3 2 7 7 5	

会计主管:张斌　　记账:王娟　　复核:李刚　　制证:赵武

结转后,将"本年利润"账户的贷方发生额与借方发生额进行比较,即可计算出该公司本期实现的利润总额为73 322.25元(176 650-103 327.75)。

【例3-40】　依据上例资料,公司本期实现利润总额为73 322.25元,适用的所得税税率为25%,假定无其他纳税调整事项,计算应交所得税额。

应交所得税额=73 322.25×25%=18 330.56(元)

这是一笔计提应交所得税的业务。一方面,应反映所得税费用的增加,记入"所得税费用"账户的借方;另一方面,企业所得税在未缴纳前应作为一项流动负债处理,记入"应交税费——应交所得税"账户的贷方。

会计分录为:

借:所得税费用　　　　　　　　　　　　　　　　　　　18 330.56
　　贷:应交税费——应交所得税　　　　　　　　　　　　　　18 330.56

在实务中,应根据"企业所得税计算表"(见表3-65),编制记账凭证,见表3-66。

表3-65

企业所得税计算表

2017年12月31日　　　　　　　　　　　　　　　　单位:元

应纳税所得额	税率	应纳所得税额
73 322.25	25%	18 330.56

表3-66

转账凭证

2017年12月31日

转字第21号

摘要	总账科目	明细科目	√	借方金额	√	贷方金额
				千 百 十 万 千 百 十 元 角 分		千 百 十 万 千 百 十 元 角 分
计算应交所得税	所得税费用			1 8 3 3 0 5 6		
	应交税费	应交所得税				1 8 3 3 0 5 6
合 计				¥ 1 8 3 3 0 5 6		¥ 1 8 3 3 0 5 6

附件1张

会计主管：张斌   记账：王娟   复核：李刚   制证：赵武

【例3-41】 为了计算净利润，需将所得税费用结转到"本年利润"账户。

会计分录为：

借：本年利润   18 330.56

　　贷：所得税费用   18 330.56

在实务中，应根据相关账簿记录，编制记账凭证，见表3-67。

表3-67

转账凭证

2017年12月31日

转字第22号

摘要	总账科目	明细科目	√	借方金额	√	贷方金额
				千 百 十 万 千 百 十 元 角 分		千 百 十 万 千 百 十 元 角 分
结转所得税费用	本年利润			1 8 3 3 0 5 6		
		所得税费用				1 8 3 3 0 5 6
合 计				¥ 1 8 3 3 0 5 6		¥ 1 8 3 3 0 5 6

附件0张

会计主管：张斌   记账：王娟   复核：李刚   制证：赵武

结转当期所得税费用后，该公司本期"本年利润"账户的贷方余额为：54 991.69元（73 322.25-18 330.56），反映为公司本期实现的净利润。

（三）利润分配业务记账凭证的填制

1.利润分配的顺序

利润分配是企业按照国家有关法律、法规以及企业章程的规定，对实现的可供分配的利润在企业和投资者之间进行分配。企业可供分配的利润是当期实现的净利润，加上年初未分配利润（或减去年初未弥补亏损）后的余额。企业的利润按照下列顺序分配：

①提取法定盈余公积金。法定盈余公积金，是指企业按照本年实现净利润的一定比例提取的盈余公积金。根据《公司法》规定，公司制企业（包括国有独资企业、有限责任公司和股份有限公司）按税后利润的10%提取，作为企业发展和生产经营的后备资金。其他企业可以根据需要确定提取比例，但至少按10%提取。企业提取的法定盈余公积金结余数达到注册资本的50%以上的，可以不再提取。

②提取任意盈余公积金。公司制的企业根据企业发展需要，可按税后利润的一定比例提取任意盈余公积金。任意盈余公积金一般要经股东大会决议提取。其他企业也可根据需要提取任意盈余公积金。

③向投资者分配利润或股利。可供分配的利润减去提取的法定盈余公积金，为可供投资者分配的利润。有限责任公司按固定的出资比例向股东分配利润。股份有限公司按股东持有的股份比例向股东分配股利。

可供分配利润经上述分配后，为未分配利润，未分配利润可留待以后年度进行分配。如企业发生亏损，可按规定用以后年度利润进行弥补。

2.账户设置

为反映和监督企业利润的分配情况，应设置"利润分配""盈余公积""应付股利"等账户。

（1）"利润分配"账户。该账户属于所有者权益类，用来核算企业利润分配（或亏损弥补）以及历年结存的未分配利润额。该账户借方登记企业实际分配的利润额或从"本年利润"账户转入的全年亏损额；贷方登记从"本年利润"账户转入的全年实现的净利润额或已弥补的亏损额。年终结转后，若为贷方余额表示历年积存的未分配利润；若为借方余额表示历年积存的未弥补亏损。为了提供企业利润分配的详细资料，应设置"提取法定盈余公积""提取任意盈余公积""应付现金股利""未分配利润"等明细账户，进行明细分类核算。

"利润分配"账户的结构如下：

借方（－）	利润分配	贷方（＋）
期初余额：上年度未弥补的亏损 发生额：从"本年利润"账户转入的亏损数及实际 　　　　分配的利润数		期初余额：上年度未分配的利润 发生额：从"本年利润"账户转入的净利润数额
期末余额：表示未弥补的亏损		期末余额：表示未分配的利润

（2）"盈余公积"账户。该账户属于所有者权益类，用来核算企业从净利润中提取的盈余公积及其使用情况。其贷方登记盈余公积提取数；借方登记盈余公积使用数；期末余额在贷方，表示盈余公积的实际结存数。

"盈余公积"账户的结构如下：

借方（-）	**盈余公积**	贷方（+）
发生额：本期使用的盈余公积数额	期初余额：上年度累计盈余公积结存数	
	发生额：本期提取的盈余公积数额	
	期末余额：期末盈余公积的结存数	

（3）"应付股利"账户。该账户属于负债类，用来核算企业经董事会或股东大会，或类似机构决议确定分配的利润或股利。该账户贷方登记企业应分配给股东的利润和股利数额；借方登记实际支付的利润和股利。期末余额在贷方，反映企业应付而未付的利润和股利。该账户按投资者设置明细账，进行明细分类核算。

"应付股利"账户的结构如下：

借方（-）	**应付股利**	贷方（+）
发生额：实际支付的利润和股利	期初余额：上期尚未支付的利润和股利	
	发生额：应分配给股东的利润和股利	
	期末余额：应付而未付的利润和股利	

3.利润分配业务的账务处理

年度终了，企业首先将当年实现的净利润或净亏损，转入"利润分配——未分配利润"账户。结转净利润时，按实际的净利润额，借记"本年利润"账户，贷记"利润分配——未分配利润"账户；结转亏损时，则按实际产生的亏损额，借记"利润分配——未分配利润"账户，贷记"本年利润"账户。其次，将"利润分配"账户的其他明细账户的余额转入"利润分配——未分配利润"账户。结转时，借记"利润分配——未分配利润"账户，贷记"利润分配——提取法定盈余公积（或提取任意盈余公积、应付现金股利）"等账户。

【例3-42】　广州源发1～11月份"本年利润"账户贷方余额为445 008.31元，12月份实现净利润54 991.69元，年终将本年度实现的净利润500 000元转入"利润分配——未分配利润"账户。

会计分录为：

借：本年利润　　　　　　　　　　　　　　　　　　　　　　　　　500 000

　　贷：利润分配——未分配利润　　　　　　　　　　　　　　　　　　　　500 000

在实务中，应根据有关账簿记录，编制记账凭证，见表3-68。

表3-68　　　　　　　　　　　　　**转账凭证**

2017年12月31日　　　　　　　　　　　　　　　　　　转字第23号

摘　要	总账科目	明细科目	√	借方金额										√	贷方金额									
				千	百	十	万	千	百	十	元	角	分		千	百	十	万	千	百	十	元	角	分
结转净利润	本年利润				5	0	0	0	0	0	0	0												
	利润分配	未分配利润														5	0	0	0	0	0	0	0	0
合　计				¥	5	0	0	0	0	0	0	0			¥	5	0	0	0	0	0	0	0	0

附件0张

会计主管：张斌　　　记账：王娟　　　复核：李刚　　　制证：赵武

【例3-43】 经公司董事会研究决定，对2015年实现的净利润500 000元进行分配。经批准的利润分配方案为：按净利润的10%提取法定盈余公积，按净利润的5%提取任意盈余公积，向股东派发现金股利250 000元。

提取法定盈余公积=500 000×10%=50 000（元）

提取任意盈余公积=500 000×5%=25 000（元）

提取盈余公积的会计分录为：

借：利润分配——提取法定盈余公积 50 000

　　　　　　　——提取任意盈余公积 25 000

　　贷：盈余公积——法定盈余公积 50 000

　　　　　　　　——任意盈余公积 25 000

分配现金股利的会计分录：

借：利润分配——应付现金股利 250 000

　　贷：应付股利 250 000

在实务中，应根据"利润分配计算表"（见表3-69），编制记账凭证，见表3-70、表3-71。

表3-69

利润分配计算表

2017年12月31日 单位：元

摘　要	金　额
一、全年实现利润总额	（略）
应交所得税	（略）
已交所得税	（略）
二、税后利润	500 000
三、分配情况	
提取法定盈余公积	50 000
提取任意盈余公积	25 000
向投资者分配现金股利	250 000
四、未分配利润	175 000

表3-70

转账凭证

2017年12月31日 转字第24号

摘要	总账科目	明细科目	√	借方金额 千百十万千百十元角分	√	贷方金额 千百十万千百十元角分	
提取盈余公积	利润分配	提取法定盈余公积		5 0 0 0 0 0			附件1张
		提取任意盈余公积		2 5 0 0 0 0			
	盈余公积	法定盈余公积				5 0 0 0 0 0	
		任意盈余公积				2 5 0 0 0 0	
合　计				￥7 5 0 0 0 0		￥7 5 0 0 0 0	

会计主管：张斌　　记账：王娟　　复核：李刚　　制证：赵武

表 3-71

转账凭证

2017 年 12 月 31 日　　　　　　　　　　　　　　　　　转字第 25 号

摘　要	总账科目	明细科目	√	借方金额										√	贷方金额									
				千	百	十	万	千	百	十	元	角	分		千	百	十	万	千	百	十	元	角	分
向投资者分配现金股利	利润分配	应付现金股利				2	5	0	0	0	0	0	0												
		应付股利															2	5	0	0	0	0	0	0
合　计				¥	2	5	0	0	0	0	0	0	0		¥	2	5	0	0	0	0	0	0	0

附件 1 张

会计主管：张斌　　　记账：王娟　　　复核：李刚　　　制证：赵武

【例 3-44】　年终将"利润分配"账户的其他明细账户余额转入"利润分配——未分配利润"账户。资料见【例 3-43】。

这项经济业务应根据上述要求编制会计分录如下：

借：利润分配——未分配利润　　　　　　　　　　　325 000

贷：利润分配——提取法定盈余公积　　　　　　　　　　50 000

　　　　　　　——提取任意盈余公积　　　　　　　　　　25 000

　　　　　　　——应付现金股利　　　　　　　　　　　250 000

在实务中，应根据有关账簿记录，编制记账凭证，见表 3-72。

表 3-72

转账凭证

2017 年 12 月 31 日　　　　　　　　　　　　　　　　　转字第 26 号

摘　要	总账科目	明细科目	√	借方金额										√	贷方金额									
				千	百	十	万	千	百	十	元	角	分		千	百	十	万	千	百	十	元	角	分
结转利润分配明细账户	利润分配	未分配利润				3	2	5	0	0	0	0	0												
余额	利润分配	提取法定盈余公积																5	0	0	0	0	0	0
		提取任意盈余公积																2	5	0	0	0	0	0
		应付现金股利																2	5	0	0	0	0	0
合　计				¥	3	2	5	0	0	0	0	0	0		¥	3	2	5	0	0	0	0	0	0

附件 1 张

会计主管：张斌　　　记账：王娟　　　复核：李刚　　　制证：赵武

通过以上结转未分配利润后，"利润分配——未分配利润"账户的贷方余额为：175 000 元（500 000-325 000），为公司本年尚未分配的利润，可结转到下年度进行分配。

学习任务二 审核记账凭证

一、记账凭证的审核内容

为了正确登记账簿和监督经济业务，除了编制记账凭证的人员应当加强自审以外，同时还应建立专人审核制度。记账凭证的审核内容包括以下三个方面：

（1）记账凭证是否附有原始凭证，所附原始凭证的经济内容和张数是否与记账凭证相符。所附原始凭证的经济内容应与记账凭证核对一致，其金额合计也应与记账凭证的金额核对一致。

（2）记账凭证所确定的会计分录是否正确。这包括应借、应贷科目是否符合会计准则和会计制度的规定，账户对应关系是否清晰，所记金额是否准确，借方金额与贷方金额是否相符，一级账户金额与所属明细账户金额是否相符。

（3）记账凭证中的有关项目是否填列齐全、有无错误，有关人员是否签名或盖章。

二、记账凭证审核后的处理

记账凭证经过审核，如果发现差错，应查明原因，按规定办法责令填制人重开或更正。更正后应在更正处由更正人员盖章以示负责。只有经过审核无误的记账凭证，才能据以登记账簿。

帮你记忆

> 记账凭证很重要，会计信息它承载。
> 登记账簿离不了，收付转账要分辨。
> 日期种类和编号，借贷账户与金额。
> 附件张数要数清，审核无误方入账。

本模块小结

★ 本模块主要介绍制造企业资金筹集业务、采购业务、生产业务、销售业务和利润业务的主要内容、账户设置和记账凭证的填制与审核。

★ 资金筹集业务主要包括投入资本业务和借入资金业务，为此需设置"实收资本""资本公积""短期借款""长期借款""银行存款"等主要账户。应理解上述账户的性质、用途、结构及相互之间的关系。

★ 采购业务主要包括材料采购业务，为此需设置"在途物资""原材料""应付账款""预付账款"等主要账户。应理解上述账户的性质、用途、结构及相互之间的关系。

★ 产品生产业务核算涉及费用的归集与分配、完工产品成本计算及产品成本结转。为此需设置"生产成本""制造费用""管理费用""库存商品""应付职工薪酬""累计折旧"等主要账户。应理解上述账户的性质、用途、结构及相互之间的关系。

★ 商品销售业务核算的主要内容包括确认和记录销售收入、与购货单位办理货款结算、计算并结转营业成本、支付销售费用、计算并结转及缴纳税金等。因此需设置"主营业务收入""主营业务成本""税金及附加""销售费用""其他业务收入""其他业务成本""应收账款""预收账款""应收票据"等主要账户。重点应理解上述账户的性质、用途、结构及相互之间的关系。

★ 利润是企业在一定期间的经营成果，是企业在一定会计期间内实现的收入减去费用后的净额。利润包括营业利润、利润总额和净利润三个层次。

★ 企业实现的净利润，应当按规定程序进行分配。

★ 在利润业务核算的过程中，主要设置"本年利润""利润分配""盈余公积""营业外收入"等账户。重点应理解上述账户的性质、用途、结构及相互之间的关系。

重要名词中英文对照

记账凭证	Accounting voucher
资本公积	Additional paid-in capital
实收资本	Paid-in capital
筹资活动	Financing activities
长期借款	Long-term loan
短期借款	Short-term loan
应付账款	Accounts payable
经营活动	Operating activities
原材料	Raw material
累计折旧	Accumulated depreciation
管理费用	Administrative expense
生产成本	Production cost
完工产品	Finished goods
固定资产	Fixed assets
制造费用	Overhead/Factory overhead
在产品	Products in process
销售成本	Cost of goods sold
应收票据	Notes receivable
应收账款	Accounts receivable
销售收入	Sales revenue
预收账款	Unearned revenue
股利	Dividend
公允价值	Fair value
所得税	Income tax
净利润	Net income
净损失	Net loss

知识点理论训练

一、单项选择题

1.实收资本是指企业实际收到的投资者投入的资本，它是企业（　　　　）中的主要组成部分。

A.资产　　　　　　　B.负债　　　　　　　C.所有者权益　　　　D.收入

2.企业收到投资者投入设备一台，原价 60 000 元，双方评估确认价为 50 000 元，则"实收资本"账户贷方登记的金额为（　　　）元。

A.60 000　　　　　　B.50 000　　　　　　C.10 000　　　　　　D.70 000

3.企业收到投资人投入新设备一台，原价 20 000 元，评估确认价为 22 000 元，则"实收资本"账户的贷方金额为（　　　）元。

A.20 000　　　　　　B.22 000　　　　　　C.2 000　　　　　　　D.42 000

4.下列不属于产品成本项目的费用有（　　　）。

A.直接材料　　　　　B.直接人工　　　　　C.制造费用　　　　　D.管理费用

5.下列不能计入产品成本的是（　　　）。

A.制造费用　　　　　B.原材料　　　　　　C.工资及福利费　　　D.管理费用

6.固定资产因损耗而减少的价值，应贷记（　　　）账户。

A."固定资产"　　　　B."累计折旧"　　　　C."管理费用"　　　　D."制造费用"

7."主营业务成本"账户的借方余额登记从（　　　）账户中结转的本期已售产品的生产成本。

A."生产成本"　　　　B."库存商品"　　　　C."销售费用"　　　　D."物资采购"

8.企业应交纳的教育费附加应记入（　　　）账户的贷方。

A."税金及附加"　　　　　　　　　　　　B."应交税费"

C."应付账款"　　　　　　　　　　　　　D."银行存款"

9.企业购销活动中，表示企业负债增加的记录有（　　　）。

A."应付账款"账户的借方　　　　　　　　B."预付账款"账户的借方

C."应付票据"账户的借方　　　　　　　　D."预收账款"账户的贷方

10.下列账户期末结转后可能有余额的是（　　　）。

A."生产成本"　　　　　　　　　　　　　B."税金及附加"

C."财务费用"　　　　　　　　　　　　　D."制造费用"

11.下列不应计入当期损益的是（　　　）。

A.管理费用　　　　　B.财务费用　　　　　C.所得税费用　　　D.制造费用

12.资本公积是指企业因接受捐赠等而引起的投资者公共积累资本，它是企业（　　　）中的主要组成部分。

A.资产　　　　　　　B.负债　　　　　　　C.所有者权益　　　　D.收入

13.8 月 31 日"本年利润"账户有贷方余额 50 000 元，表示（　　　）。

A.8 月份实现利润 50 000 元

B.8 月 31 日实现利润 50 000 元

C.1 月 1 日至 8 月 31 日共计实现的利润为 50 000 元

D.1 月 1 日年初未分配利润为 50 000 元

二、多项选择题

1.企业的投资者包括（　　　）。

A.国家　　　　　　　B.法人单位　　　　　C.个人　　　　　　　D.外商

2.企业的投资方式有（　　　）。

　　A.货币资金　　　　　　　B.固定资产　　　　　　C.材料物资　　　　　　D.无形资产

3.借款利息不应该放在（　　　）账户核算。

　　A."财务费用"　　　　　　　　　　　　B."销售费用"

　　C."管理费用"　　　　　　　　　　　　D."制造费用"

4.企业购入材料发生的运杂费等采购费用不应计入（　　　　）。

　　A.管理费用　　　　　　　　　　　　　B.材料物资采购成本

　　C.生产成本　　　　　　　　　　　　　D.销售费用

5.固定资产应按取得时的实际成本入账，具体包括（　　　　）。

　　A.买价　　　　　　　　　　　　　　　B.进口关税

　　C.运杂费、包装费　　　　　　　　　　D.安装费、保险费

6.下列支出直接记入"管理费用"账户借方的有（　　　　）。

　　A.职工报销的差旅费　　　　　　　　　B.离退休人员的工资

　　C.广告费　　　　　　　　　　　　　　D.捐赠支出

7."盈余公积"账户的借方登记盈余公积金的使用，如（　　　　）。

　　A.支付给投资者利润　　　　　　　　　B.转增资本金

　　C.弥补亏损　　　　　　　　　　　　　D.留作以后继续分配

8.在借贷记账法下，期末结账后，一般没有余额的账户有（　　　　）。

　　A.收入类账户　　　　　　　　　　　　B.负债类账户

　　C.所有者权益类账户　　　　　　　　　D.费用类账户

三、判断题

1.固定资产购入后需要安装，其安装成本属于在建工程，不应计入固定资产的原始价值。　　　　　　　　　　　　　　　　　　　　　　　　　　　　　　　　（　　　）

2.企业收到供应单位提供的材料，冲销已预付的货款时，表明企业债权的减少。

　　　　　　　　　　　　　　　　　　　　　　　　　　　　　　　　　　　（　　　）

3.企业购入材料，不论是否运达企业和是否验收入库，采购材料的实际支出都要记入"在途物资"账户的借方。　　　　　　　　　　　　　　　　　　　　　　（　　　）

4."应付职工薪酬"账户期末如有贷方余额，表示应付未付的工资，即本月应付工资大于实发工资的差额。　　　　　　　　　　　　　　　　　　　　　　　　（　　　）

5.固定资产因耗损而减少的价值应记入"固定资产"账户的贷方。　　　　（　　　）

6."制造费用"账户期末在费用结转后一般没有余额。　　　　　　　　　（　　　）

7.企业将本期实现的主营业务收入与为取得这些收入而耗费的主营业务成本对比，其差额即为本期主营业务利润（或亏损）。　　　　　　　　　　　　　　　　（　　　）

8."本年利润"账户，在年度中间其余额保留在本账户，不予转账。年末结转后应无余额。　　　　　　　　　　　　　　　　　　　　　　　　　　　　　　　　（　　　）

9."利润分配"账户借方登记实际分配的利润数额，贷方平时一般不做登记，因而在年度中间该账户的期末借方余额表示企业本期已分配的利润数额。　　　　　（　　　）

10.企业在其生产经营中所取得的收入和收益、所发生的费用和损失，为简化核算可直接增减成本。　　　　　　　　　　　　　　　　　　　　　　　　　　　（　　　）

知识点操作训练

训练一

目的：掌握资金筹集过程中经济业务的处理方法。

内容：明宏公司2018年1月份发生下列经济业务：

（1）1日，明宏公司收到国家以货币资金投入的资金80万元，款项已存入银行。

（2）3日，明宏公司收到福康公司以设备作价投入的资金50万元。

（3）4日，明宏公司向工商银行中山办事处借入偿还期为六个月的借款10万元，年利率6%，按月付息。款项已存入银行。

（4）5日，明宏公司向中国银行海河路办事处借款50 000元，期限两年，年利率7%，每年末付息一次。款项已存入银行。

要求：

（1）编制记账凭证，做出会计分录，并写出业务发生时应取得的原始凭证的名称；

（2）用T形账户画出资金筹集过程的账户对应关系。

训练二

目的：掌握采购过程中经济业务的处理方法。

内容：明宏公司2017年6月份发生下列经济业务：

（1）7日，购入需安装设备一台，价款5万元，增值税进项税额8 500元，共支付运费500元，增值税55元。款项已从银行付出，将设备交付安装。

（2）8日，购入甲材料15吨，单价800元，另按税率17%支付增值税2 040元。材料已收到，将货款从银行付出。

（3）8日，购入不需安装的设备一台，价款6万元，增值税10 200元；运费800元，增值税88元。款已从银行付出。

（4）10日，以现金支付业务（1）设备安装费1 000元，增值税60元。

（5）11日，自行建造的一台设备完工交付使用，制造总成本为4万元。

（6）12日，根据购销合同向明福工厂预付材料采购款2万元。

（7）15日，业务（1）设备安装完毕，交付使用。

（8）17日，收到从明福工厂购入的乙材料300吨，单价50元；丙材料50吨，单价100元，增值税3 400元；乙、丙两种材料的运费为1 050元，增值税115.5元。上述款项已支付，材料已验收入库。

（9）20日，从景福公司购进乙材料350吨，单价50元，应支付增值税2 975元。对方代垫运费1 100元，增值税121元。上述款项均已支付，材料尚未入库。

（10）31日，根据有关资料计算并结转明宏公司本期材料采购成本。

要求：

（1）编制记账凭证，做出会计分录，并写出业务发生时应取得的原始凭证的名称；

（2）用T形账户画出采购过程的账户对应关系。

训练三

目的：掌握生产过程中经济业务的处理方法。

内容：明宏公司2018年1月份发生下列经济业务：

（1）25日，计提本月应付职工工资18 000元。其中，A产品生产工人工资6 000元，B产品生产工人工资7 000元，车间管理人员工资1 500元，企业行政管理人员工资3 500元。

（2）30日，根据领料单汇总，本月甲材料耗用10 000元，其中，生产A产品领用5 000元，生产B产品领用3 000元，管理部门领用2 000元；乙材料耗用5 000元，全部为生产B产品领用。

（3）30日，结合公司上年度实际发生的职工福利情况，按本月职工工资总额的14%计提职工福利费。

（4）30日，从银行提取现金18 000元，备发工资。

（5）30日，以现金支付职工本月工资18 000元。

（6）31日，计提本月固定资产折旧5 000元。其中，生产用固定资产3 500元，企业管理部门用固定资产1 500元。

（7）31日，按照人工工资比例分配本月制造费用。

（8）本月投产B产品300件，月末全部完工入库，编制产品成本计算表并结转其实际成本。

要求：

（1）编制记账凭证，做出会计分录，并写出业务发生时应取得的原始凭证的名称；

（2）用T形账户画出生产过程的账户对应关系。

训练四

目的：掌握销售过程中经济业务的处理方法。

内容：明宏公司2017年6月份发生下列经济业务：

（1）2日，销售A产品30件，单价100元，另按17%税率加收增值税510元，收到货款。

（2）8日，售给北泉工厂B产品50件，单价250元，收取增值税2 125元，以现金代垫运杂费200元，款项尚未收到。

（3）9日，收到上月平化工厂所欠A产品销售款4 000元，增值税款680元，以现金代垫的运杂费50元。款已存入银行。

（4）10日，按合同规定预收平化工厂购货款35 000元，款已存入银行。

（5）14日，向平化工厂销售B产品40件，销售单价250元，另收取增值税1 700元。货款从预收款中扣减。

（6）15日，以现金向报社支付A产品广告费400元，增值税24元；B产品广告费500元，增值税30元。

（7）18日，以现金支付企业应负担的产品销售运杂费100元。

（8）25日，分配专设产品销售机构职工工资3 000元。

（9）30日，结转本期A产品销售成本560元，B产品销售成本700元。

要求：

（1）编制记账凭证，做出会计分录，并写出业务发生时应取得的原始凭证的名称；

（2）用T形账户画出销售过程的账户对应关系。

训练五

目的：掌握企业经济业务的综合处理方法。

内容：

1. 永新公司 2017 年 12 月 1 日总分类账的期初余额见表 3-73。

表 3-73 　　　　　　　　　　　　　　总分类账期初余额　　　　　　　　　　　单位：元

账户名称	借方余额	账户名称	贷方余额
库存现金	800	应付账款	89 800
银行存款	102 200	短期借款	26 000
应收账款	20 000	实收资本	3 060 000
其他应收款	1 000	盈余公积	137 500
原材料	97 000	利润分配	151 700
库存商品	90 000	累计折旧	696 000
持有至到期投资	100 000		
固定资产	3 750 000		
合计	4 161 000	合计	4 161 000

2. 永新公司 12 月份发生经济业务如下：

（1）总会计师王某借差旅费 300 元，财务部门以现金付讫。

（2）由海通厂购入材料，货款 80 000 元，增值税额 13 600 元，先以银行存款支付一半。

（3）以现金支付上项材料的运杂费 400 元。

（4）上项材料验收入库，结转其采购成本。

（5）从银行提取现金 40 000 元。

（6）以现金 40 000 元发放本月职工工资。

（7）领用材料 136 400 元，其中，生产甲产品用 81 000 元，生产乙产品用 43 500 元，车间修理用 6 400 元，工厂行政管理部门消耗 5 500 元。

（8）售给民生厂甲产品 500 件，货款 90 000 元和发票上增值税额 15 300 元存入银行。

（9）以银行存款支付本月产品广告费用 800 元（假设不考虑税费）。

（10）以银行存款支付生产设备修理费 100 元和发票上增值税额 17 元，法律咨询费 300 元。

（11）售给永谊厂乙产品 500 件，货款 60 000 元和发票上增值税额 10 200 元尚未收到。

（12）分配结转本月应付供电公司电费 7 000 元，其中，生产甲产品用 3 000 元，生产乙产品用 2 500 元，车间用 1 000 元，行政管理部门用 500 元。

（13）分配结转本月职工工资 40 000 元，其中，生产甲产品工人工资 15 000 元，生产乙产品工人工资 20 000 元，车间管理人员工资 1 700 元，工厂行政管理人员工资 3 300 元。

（14）计提本月固定资产折旧 15 500 元，其中，生产车间固定资产计提折旧 10 000 元，行政管理部门计提折旧 5 500 元。

（15）根据甲、乙产品的生产工时比例分配本月发生的制造费用（本月甲产品耗用6 000工时，乙产品耗用4 000工时）。

（16）本月投产的甲产品1 000件和乙产品1 000件全部完工入库，结转其生产成本。

（17）结转本月销售甲产品500件的生产成本60 000元，销售乙产品500件的生产成本40 000元。

（18）将各收支账户结转"本年利润"账户。

（19）按规定结转应缴所得税。

（20）按税后利润的10%提取法定盈余公积金。

（21）税后利润按投资比例应付给投资者的利润计12 240元。

要求：

（1）根据上述资料，运用借贷记账法编制会计分录；

（2）开设总分类账户，并根据会计分录登记总分类账户（T形账户）；

（3）结出期末余额后，根据全部总分类账户的记录编制试算平衡表。

✖课堂外延拓展

目的：熟悉增值税。

内容：查阅《增值税暂行条例》。

要求：增值税是我国第一大税种，也是会计人员经常要打交道的一个重要的税种。通过查阅资料，请谈谈你对增值税的认识。

课外阅读平台

会计凭证的种类和意义

会计凭证是具有一定格式，记录经济业务，明确经济责任，作为记账依据的书面证明。

企业、行政事业单位在经济活动中要发生各种各样的经济业务，都需要取得凭证进行记录，以证明和反映经济活动的发生和完成情况，明确经办部门和人员的经济责任，并据以登记会计账簿。如购买材料，要取得供货单位的发票；销售商品，要为购货单位填制销售发票；与银行结算，要填写和收到各种结算凭证；企业内部生产领用材料，要填写领料单等。因此，填制和取得会计凭证是会计核算工作的初始阶段和基础。只有根据审核无误的会计凭证来处理经济业务，才能保证会计记录真实、客观，才能行使会计的监督职能，才能审核会计凭证所证明的经济业务是否合规、合法。填制和审核会计凭证是会计核算的基本方法之一。

1. 会计凭证的种类

由于经济业务起点不同，会计凭证在会计核算中的环节和作用不同，会计凭证分为不同的种类，对会计凭证进行正确分类，可以熟悉会计凭证在会计核算中的作用，充分认识和运用凭证。

会计凭证按照填制程序和用途不同，可以分为原始凭证和记账凭证。

（1）原始凭证是在经济业务发生时取得和填制的，反映经济业务的发生、完成情况，是具有法律效力的书面证明。如各种专用票据、借款单、工资单、入库单、各种报销车票等，都是办理经济业务手续的证明。真实、正确、合理、合法的原始凭证，是编制记账凭证的依据。

（2）记账凭证是会计人员根据审核后的原始凭证编制，据以登记账簿的凭证。由于经济业务涉及的环节不同，取得的原始凭证数量繁多，大小不一，格式不同，不能直接登记账簿，需要对原始凭证进行审核、整理、归类，根据记账方法填制记账凭证，确定会计分录，作为直接登记账簿的依据。

2.会计凭证的意义

填制和审核会计凭证，对真实客观地反映经济业务内容、保证会计核算资料质量、有效进行会计监督、发挥会计在经济管理中的作用具有重要意义。

（1）通过填制和审核会计凭证，可以客观真实地反映经济业务发生情况，为记账提供依据。每一项经济业务的发生，都能取得不同环节上的会计凭证，通过凭证的填制和审核，会计人员能清楚地了解业务的经办单位、人员，经济业务内容，发生的时间、地点等。如购买材料取得供货单位的发货票凭证，应具有供货单位，经办人员，材料的名称、数量、单价、金额，购买时间，经手人签章，凭证号数，以及供货单位公章、材料验收部门签章等信息，以对记录经济业务的详细情况进行客观、真实的反映。

（2）通过填制和审核会计凭证，可以监督经济业务是否合理合法。对发生的经济业务，会计人员应对有关凭证所反映的内容进行审核、监督，检查经济业务是否真实、正确、合理、合法，是否符合国家有关的政策、法规、制度的要求，是否符合企业、单位预算、计划等的规定，防止不合法、不合理的经济业务发生，加强会计管理。通过会计凭证审查发现的问题，应及时采取措施，不断改进、完善会计核算工作。

（3）通过填制和审核会计凭证，可以明确经济责任。发生的每一笔经济业务，都应填制或取得有关凭证，通过对凭证内容的填制和审核，如部门、个人的签章，可以明确经办部门和人员的责任，促使有关部门和人员增强责任感，严格落实岗位责任制。一旦出现问题，也便于查对和分清责任，能对有关方面及人员进行正确的裁决和处罚。

模块四
建账、登账与结账

知识目标 ◄

★ 明确会计账簿的作用和种类。

★ 掌握账簿的设置、格式和登记规则。

★ 掌握不同账务处理程序的特点和适用范围。

★ 掌握对账的内容和要求。

★ 掌握结账的要求和方法。

★ 掌握错账更正的方法及适用范围。

★ 了解财产清查的范围。

★ 掌握不同财产清查的方法及清查结果的账务处理。

技能目标 ◄

★ 能正确设置各种账簿，即学会建账。

★ 能正确登记库存现金日记账和银行存款日记账。

★ 能正确登记各种明细账。

★ 能使用不同的账务处理程序正确登记账簿。

★ 能发现账簿中的错误记录，并能按照正确的方法进行更正。

★ 能进行对账、结账和更换新账；并对通过对账发现的问题熟练地进行账务处理。

★ 能编制银行存款余额调节表。

► ◄ **情境导入** ► ◄

提到账簿，我们大家并不陌生。有的同学把日常收支记录在一个本子上，一个月下来的现金收入及生活、交通、学习等各项支出都有详细的记录。这个账本就是简单的账簿。

如果问你，一年中你的现金收入及生活、交通、学习等各项支出各有多少，你可能要计算很长时间，因为你手中的账通常只是一本流水账，什么内容都往里面记，没有分类，所以查找很不方便。严格来说，它不是正式的账簿，只是个备忘录。

要记账首先要建账，即开设账簿。请同学们思考：建账的内容有哪些呢？

你给自己记过账吗？你的账本格式是什么样的？你又是如何记录的呢？

学习任务一 建账

会计账簿（简称账簿）是指由具有一定格式、互有联系的若干账页所组成，以会计凭证为依据，用以全面、系统、序时、分类、连续地记录各项经济业务的簿记。为了全面、系统、连续地核算和监督单位的经济活动及其财务收支情况，应设置会计账簿。

一、账簿的启用

（一）会计账簿的基本内容

在实际工作中，账簿的格式是多种多样的，不同格式的账簿所包括的具体内容也不尽相同，但各种账簿应具有以下基本要素：

（1）封面。主要标明账簿的名称，如总分类账、各种明细分类账、库存现金日记账、银行存款日记账等。

（2）扉页。主要列明科目索引、账簿启用和经管人员一览表。

（3）账页。这是账簿用来记录经济业务事项的载体，它包括：账户的名称、登记账户的日期栏、凭证种类和号数栏、摘要栏、金额栏、总页次和分户页次等基本内容。

（二）会计账簿的启用

为了保证账簿记录的合法性和账簿资料的完整性，明确记账责任，会计人员启用新账簿时，应在账簿封面上写明单位名称和账簿名称。在账簿的扉页上填写账簿启用日期和经管人员一览表，其格式见表4-1。会计人员如有变动，应办理交接手续，注明接管日期和移交人、接管人姓名，并由双方签名盖章。

启用订本式账簿，应当从第一页到最后一页顺序编定页数，不得跳页、缺号。使用活页式账簿，应当按账户的顺序编号，并须定期装订成册，装订后再按实际使用的账页顺序编定页码，另加目录，记明每个账户的名称和页次。

二、账簿的设置

为给经济管理提供系统的会计核算资料，各单位必须依法设置会计账簿，并保证其真实、完整。会计账簿包括日记账、总分类账、明细分类账和其他辅助性账簿。

（一）账簿的含义与种类

账簿是指由一定的格式、相互联结的账页组成的，以会计凭证为依据，对全部经济业务进行序时、连续、分类记录和核算的簿籍。

设置和登记账簿是会计工作的重要内容，通过设置和登记账簿，可以做到：使大量分散的数据成为有用的信息；有利于财产物资的管理；为会计报表编制提供资料，同时有利于会计资料的保管与分析。账簿记录是编制会计报表的依据，是连接会计凭证和会计报表的中间环节。

表 4-1

账 簿 启 用 表						贴 印 花 处
单位名称	（加盖公章）		负 责 人	职 务	姓 名	
账簿名称	账簿第　　册		单位负责人			
账簿号码	第　号	启用日期	年　月　日	单位主管财会 工作负责人		
账簿页数	本账簿共计　　页			会计机构负责人 会计主管人员		

经 管 本 账 簿 人 员 一 览 表									
记 账 人 员			接　管		移　交		监交人员		备　注
职务	姓名	盖章	年	月	日	年	月	日	职务	姓名	

通过账簿的设置，可以记载、储存会计信息，分类、汇总会计信息，检查、校正会计信息，编报、输出会计信息。

由于各个单位经济业务和经营管理的要求不同，设置的账簿种类也就多种多样。为了更好地了解和应用各种账簿，可以采用下列标准对账簿予以分类：

（1）按用途分类。账簿按其用途分类，一般可以分为序时账簿、分类账簿和备查账簿三种。

①序时账簿。序时账簿又称日记账，是按照经济业务的发生或完成时间的先后顺序，逐日逐笔登记的账簿。通常大多数企业只对现金和银行存款的收付业务使用日记账。日记账按所核算和监督经济业务的范围，可分为特种日记账和普通日记账。

②分类账簿。分类账簿是通过对全部经济业务，按照会计要素的具体类别而设置的分类账户进行登记的账簿。分类账按记账内容详细程度不同，又分为总分类账和明细分类账。

第一，总分类账简称总账，是根据总分类科目开设账户，用来登记全部经济业务，进行总分类核算，提供总括核算资料的分类账簿。

第二，明细分类账简称明细账，是根据明细分类科目开设账户，用来登记某一类经济业务，进行明细分类核算，提供明细核算资料的分类账簿。

③备查账簿。备查账簿又称辅助登记簿，是指对某些在序时账和分类账等主要账簿中

都不予登记或登记不够详细的经济业务进行补充登记时使用的账簿。如设置租入固定资产登记簿、代销商品登记簿等。这种账簿不是企业必须设置的，而是企业根据实际需要自行决定是否设置。

（2）按账页格式分类。按账页格式不同，账簿可以分为三栏式、多栏式、数量金额式、横线登记式四种。

①三栏式账簿。三栏式账簿是设有借方、贷方和余额三个基本栏目的账簿。总分类账、日记账以及资本、债权、债务明细账一般采用三栏式。

②多栏式账簿。多栏式账簿是在账簿的两个基本栏目——借方和贷方，按需要分设若干专栏的账簿。如多栏式日记账、多栏式明细账。收入、费用明细账一般采用这种账簿格式。

③数量金额式账簿。数量金额式账簿是在账簿的借方、贷方和余额三个栏目内，都分设数量、单价、金额三小栏，借以反映财产物资的实物数量和价值量。如原材料、库存商品等明细账一般都采用数量金额式账簿。

④横线登记式账簿。横线登记式账簿又称平行式明细账，实际上也是一种多栏式明细账，其账页结构特点是，将前后密切相关的经济业务在同一横行内进行详细登记，以检查每笔业务的完成及变动情况。这种明细账一般用于"应收票据"和一次性备用金等业务。

（3）按外表形式分类。账簿按外表形式的不同，可以分为订本账、活页账、卡片账三种。

①订本账。订本账是启用之前就已将账页装订在一起，并对账页进行连续编号的账簿。其优点是能够避免账页散失和防止抽换账页；其缺点是不能准确地为各账户预留账页。这种账簿一般适用于总分类账、库存现金日记账和银行存款日记账。

②活页账。活页账是在账簿登记完毕之前并不固定装订在一起，而是装在活页账夹中。当账簿登记完毕后（通常是一个会计年度）才将账页予以装订，加具封面，并给各账页连续编号。这类账簿的优点是记账时可以根据实际需要，随时将空白账页装入账簿，或抽出不需要的账页，也便于分工记账；其缺点是如果管理不善，可能会造成账页散失或故意抽换账页。这种账簿主要用于一般的明细分类账。

③卡片账。卡片账是一种将账户所需格式印刷在硬卡片上的账簿。严格来说，卡片账也是一种活页账，只不过它不是装在活页账夹中，而是装在卡片箱内。在我国，企业一般只对固定资产明细账核算采用卡片账形式。只有少数企业在材料核算中使用材料卡片账。

（二）日记账的设置

按国家会计制度的规定，企业必须设置库存现金日记账和银行存款日记账，有外币业务的单位还需要按币种不同分别设置外币库存现金日记账和银行存款日记账。

1.库存现金日记账的设置

库存现金日记账一般采用订本账，账页的格式有三栏式和多栏式两种，但在实际工作中大多采用三栏式，即在同一张账页上设置"收入"、"支出"和"结余"三个基本的金额栏目，并在金额栏与摘要栏之间插入"对方科目"，以便记账时标明现金收入的来源科目和现金支出的用途科目。库存现金日记账的开设方法见表4-2。

表4-2　　　　　　　　　　　　　　**库存现金日记账**　　　　　　　　　　第1页

2017年		凭证		摘　要	对方科目	收　入	支　出	结　余
月	日	字	号					
1	1			上年结转				5 000

2. 银行存款日记账的设置

银行存款日记账应按企业在银行开立的账户和币种分别设置，每个银行账户设置一本日记账。银行存款日记账的格式与库存现金日记账基本相同，其开设方法见表4-3。

表4-3　　　　　　　　　　　　　　**银行存款日记账**

种类：结算存款户　　　　　　开户行：中行　　　　　　支行账号：43302345678

2017年		凭证		摘　要	结算凭证		对方科目	收　入	支　出	结　余
月	日	字	号		种类	号数				
1	1			上年结转						763 400

（三）总账的设置

一般来说，总账的设置是按照总账会计科目的编码顺序分别开设账户。由于总账一般都采用订本式账簿，因此，应事先为每一个账户预留若干账页。

总账通常采用的格式为三栏式，在账页中设有借方、贷方和余额三个金额栏。现以"应收账款"为例说明总账账户的开设方法，见表4-4。

（四）明细账的设置

明细账应根据各单位的实际需要，按照总分类科目的二级科目或三级科目分类设置。

明细账一般采用活页式账簿，个别的采用卡片式账簿，其账页的格式应根据各单位经济管理的需要和各明细分类账记录内容的不同，可采用三栏式、数量金额式、多栏式和横线登记式（或称平行式）等。

表4-4

总分类账

会计科目：应收账款　　　　　　　　　　　　　　　　　　　　　　　　　　　第1页

2017年		凭证		摘　要	借　方								贷　方								借或贷	余　额							
月	日	字	号		十万	千	百	十	元	角	分	十万	千	百	十	元	角	分		十万	千	百	十	元	角	分
1	1			上年结转															借		6	8	6	0	0	0	0

（1）三栏式明细账的设置。三栏式明细账的金额栏主要由借方、贷方和余额三栏组成，主要用来反映某项资金增加、减少和结余情况及结果。这种账簿应用范围较广，适用于只需要进行金额核算的经济业务。

现以"应收账款明细账"为例说明三栏式明细账的开设方法，见表4-5。

表4-5

应收账款明细账

明细科目：红星工厂　　　　　　　　　　　　　　　　　　　　　　　　　　　第1页

2017年		凭证		摘　要	对方科目	借　方								贷　方								借或贷	余　额							
月	日	字	号			十万	千	百	十	元	角	分	十万	千	百	十	元	角	分		十万	千	百	十	元	角	分
1	1			上年结转																借		1	2	6	0	0	0	0

（2）数量金额式明细账的设置。数量金额式明细账的主体结构是由"收入"、"发出"和"结存"三栏组成，并在每个栏目下再分设数量、单价和金额三个小栏。这种账簿一般适用于既要进行金额核算又要进行数量核算的财产物资账户，如"原材料明细账""库存商品明细账"等。现以"原材料明细账"为例说明数量金额式明细账的开设方法，见表4-6。

表4-6　　　　　　　　　　　　　**原材料明细账**　　　　　　　　　　存放地点：1号库
材料类别：主要材料　　　　　　　　　　　　　　　　　　　　　　　　计量单位：千克
名称和规格：甲材料　　　　　　　　　　　　　　　　　　　　　　　　第1页

| 2017年 | | 凭证 | | 摘要 | 收　入 | | | | | | | | | | 发　出 | | | | | | | | | | 结　存 | | | | | | | | | |
月	日	字	号		数量	单价	万	千	百	十	元	角	分		数量	单价	万	千	百	十	元	角	分		数量	单价	万	千	百	十	元	角	分
1	1			上年结转																					1 500	50	7	5	0	0	0	0	0

（3）多栏式明细账的设置。多栏式明细账是为了提供多项管理信息，而根据各类经济业务的内容和管理需要来设置多个栏目进行反映。这类账簿，首先将账户分为"借方"、"贷方"和"余额"三栏，其次在借（或贷）方分别按明细科目设置多个栏目，用于提供管理所需要的信息。这种账簿主要用于应记借方（或贷方）的经济业务较多，而另一方反映的经济业务较少或基本不发生的账户，如"管理费用明细账"、"生产成本明细账"、"制造费用明细账"和"应交税费——应交增值税明细账"等。以"管理费用明细账"为例说明多栏式明细账的开设方法，具体格式见表4-7。

表4-7　　　　　　　　　　　　　**管理费用明细账**　　　　　　　　　　　　第1页

| 2017年 | | 凭证 | | 摘　要 | 借　方 | | | | | | 合　计 |
月	日	字	号		办公费	水电费	修理费	差旅费	折旧费	……	

（4）横线登记式明细账的设置。横线登记式明细账的基本结构是账户从借方到贷方在同一行内，记录某一经济业务从发生到结束的所有事项，这一行登记完成，这一业务也就结束了。这种账页一般适用于需要逐笔进行结算的经济业务，这样便于监督此项经济业务

的完成情况，对应关系清楚明了。如"其他应收款明细账"就是采用该种格式。以"其他应收款——备用金明细账"为例，说明横线登记式明细账的开设方法，见表4-8。

表4-8　　　　　　　　　　　　　其他应收款——备用金明细账　　　　　　　　　　第1页

2017年		凭证		摘要	借　方			年	凭证		摘要	贷　方			余额
月	日	字	号		原借	补付	合计	月	日	字	号		报销	退还	合计	
1	1			上年结转	2 000											2 000

学习任务二　登账

一、会计账簿的登记要求

为保证账簿记录的正确性，必须根据审核无误的会计凭证及时登记账簿，并符合下列要求：

（1）准确完整。登记会计账簿时，应将会计凭证日期、编号、业务内容摘要、金额和其他有关资料逐项记入账内，做到数字准确、摘要清楚、登记及时、字迹工整。账簿登记完毕，应在记账凭证上签名或盖章，并在记账凭证的"过账"栏内注明账簿页数，或画"√"符号，表明记账完毕，避免重记、漏记。登记完毕后，记账人员要在记账凭证上签名或者盖章，以明确责任。

（2）连续登记。记账时，必须按账户的页次逐页逐行登记，不得隔页、跳行。如发生隔页、跳行现象，应在空页、空行处用红色墨水画对角线注销，或者注明"此页空白"或"此行空白"字样，并由登记人员和会计机构负责人（会计主管人员）签章。

（3）结计余额。凡需要结出余额的账户，结出余额后，应当在"借或贷"栏目内注明"借"或"贷"字样，以示余额的方向；对于没有余额的账户，应在"借或贷"栏内写"平"字，并在余额栏内用"0"表示，应当放在"元"位。

（4）过次承前。每一账页登记完毕时，应当结出本页发生额合计及余额，在该账页最末一行"摘要"栏注明"转次页"或"过次页"，并将这一金额记入下一页第一行有关金额栏内，在该行"摘要"栏注明"承前页"，以保持账簿记录的连续性，便于对账和结账。

（5）正确更正。会计人员在登记账簿过程中发生错误时，必须按规定的方法予以更正，严禁刮、擦、挖、补或使用化学药物清除字迹。一旦发现差错，必须根据差错的具体情况采用划线更正、红字更正和补充登记等方法进行更正。

（6）用笔规范。为了保证账簿记录的永久性，防止涂改，记账时必须使用碳素墨水或蓝黑墨水书写（银行的复写账簿除外），不得使用铅笔、圆珠笔书写登账。下列情况可以使用红墨水记账：①按照红字冲账的记账凭证，冲销错误记录；②在不设借贷的多栏式账页中，登记减少数；③在三栏式账页的余额栏前，如未印明余额方向的，在余额栏内登记负数余额；④根据国家统一的会计制度规定可以用红字登记的其他会计记录。

二、登记账簿

（一）日记账的格式与登记方法

（1）库存现金日记账的格式。库存现金日记账是用来核算和监督库存现金每天的收入、支出和结余情况的账簿，其格式有三栏式和多栏式两种。无论采用三栏式还是多栏式库存现金日记账，都必须使用订本账。三栏式和多栏式库存现金日记账格式见表4-9和表4-10。

表4-9　　　　　　　　**库存现金日记账（三栏式）**　　　　　　　第　页

年		凭证		摘　要	对方科目	收　入	支　出	结余
月	日	字	号					

表4-10　　　　　　　　**库存现金日记账（多栏式）**　　　　　　　第　页

年		凭证		摘　要	收　入				支　出				结余
					贷方科目				借方科目				
月	日	字	号		银行存款	营业外收入	…	合计	其他应收款	管理费用	…	合计	

（2）库存现金日记账的登记方法。库存现金日记账由出纳人员根据同现金收付有关的记账凭证，按时间顺序逐日逐笔进行登记，并根据"上日余额＋本日收入－本日支出＝本日余额"的公式，逐日结出现金余额，与库存现金实存数核对，以检查每日现金收付是否有误。

借贷方分设的多栏式库存现金日记账的登记方法是：先根据有关现金收入业务的记账凭证登记现金收入日记账，根据有关现金支出业务的记账凭证登记现金支出日记账，每日营业终了，再根据现金支出日记账结计的支出合计数，一笔转入现金收入日记账的"支出合计"栏中，并结出当日余额。

（3）银行存款日记账的格式和登记方法。银行存款日记账是用来核算和监督银行存款每日的收入、支出和结余情况的账簿。银行存款日记账应按企业在银行开立的账户和币种分别设置，每个银行账户设置一本日记账。由出纳人员根据与银行存款收付业务有关的记账凭证，接经济业务发生的时间顺序逐日逐笔进行登记，银行存款日记账的格式和登记方法与库存现金日记账基本相同，可以采用三栏式，也可采用多栏式。只是不管是三栏式还是多栏式，都应在适当位置增加一栏"结算凭证种类和号数"，以便银行核对账目。

（二）总分类账的格式和登记方法

（1）总分类账的格式。总分类账是按照总分类账户分类登记以提供总括会计信息的账簿。总分类账最常用的格式为三栏式，设置借方、贷方和余额三个基本金额栏目，格式见表4-11。

表4-11

总 分 类 账

会计科目：　　　　　　　　　　　　　　　　　　　　　　　　　　　　　　　　　　第　页

年		凭证		摘　要	借　方	贷　方	借或贷	余　额
月	日	字	号					

（2）总分类账可以根据记账凭证逐笔登记，也可以根据汇总的科目汇总表或汇总记账凭证等登记。具体方法如下：

①在总分类账户的第一行登记期初余额。

②按编号顺序根据记账凭证直接登记或经过汇总后登记总账。

③本期全部业务登记完毕后，于期末结计出各总账账户的本期发生额和期末余额。

④在"借"或"贷"栏内，填列"借"或"贷"字样，表明余额方向。

除三栏式账簿外，有的单位总账也采用多栏式账簿。多栏式总账是将所有的一级科目合设在一张表格或账页上，根据记账凭证汇总后的数据定期登记。采用多栏式总账，可以清楚地反映当月经济业务和资金运动的全貌，还可以进行全部会计科目的试算平衡。但是，这种总账格式会因所运用的会计科目较多而导致账页篇幅过大，给记账工作带来不便。

（三）明细分类账的格式和登记方法

（1）明细分类账的格式。明细分类账是根据二级账户或明细账户开设账页，分类、连续地登记经济业务以提供明细核算资料的账簿，其格式有三栏式、多栏式、数量金额式和横线登记式明细分类账等多种。

①三栏式明细分类账。三栏式明细分类账是设有借方、贷方和余额三个栏目，用以分类核算各项经济业务，提供详细核算资料的账簿，其格式与三栏式总账格式相同，适用于只进行金额核算的账户，格式见表4-12。

表4-12

明细分类账

明细科目：　　　　　　　　　　　　　　　　　　　　　　　　　　　　　　第　页

年		凭证		摘　要	借　方	贷　方	借或贷	余　额
月	日	字	号					

②多栏式明细分类账。多栏式明细分类账是将属于同一个总账科目的各个明细科目合并在一张账页上进行登记。其适用于成本费用类科目的明细核算，如管理费用明细账，格式见表4-13。

表4-13

管理费用明细账

第　页

年		凭证		摘　要	费用项目						合　计
月	日	字	号		办公费	水电费	职工薪酬	修理费	…	其他	

③数量金额式明细分类账。数量金额式明细分类账其借方（收入）、贷方（发出）和余额（结存）都分别设有"数量"、"单价"和"金额"三个专栏。其适用于既要进行金额核算又要进行数量核算的账户，格式见表4-14。

表4-14

库存商品明细账

第　页

类　　　别：库存商品　　　　　　　　　　　　　　　　　　　　　　　　编　　号：
品名或规格：　　　　　　　　　　　　　　　　　　　　　　　　　　　　　储备定额：
存 放 地 点：　　　　　　　　　　　　　　　　　　　　　　　　　　　　　计量单位：

年		凭证		摘　要	收　入			发　出			结　存		
月	日	字	号		数量	单价	金额	数量	单价	金额	数量	单价	金额

④横线登记式明细分类账。横线登记式明细分类账是采用横线登记，即将每一相关的业务登记在一行，从而可依据每行各个栏目的登记是否齐全来判断该项业务的进展情况。其适用于登记材料采购业务在途物资和一次性备用金业务，如"在途物资明细账"，格式见表4-15。

表4-15　　　　　　　　　　　在途物资明细账　　　　　　　　　　　第　页

年		凭证		摘要	借方					收料情况				摘要	贷方		
月	日	字	号		数量	买价	运杂费	其他	合计	月	日	字	号		数量	单位成本	金额

（2）明细分类账的登记方法。不同类型经济业务的明细分类账，可根据管理需要，依据记账凭证、原始凭证或汇总原始凭证逐日逐笔或定期汇总登记。固定资产、债权、债务等明细账应逐日逐笔登记；库存商品、原材料、产成品收发明细账及收入、费用明细账可以逐笔登记，也可定期汇总登记。

（四）总账与明细账的平行登记

（1）总账与明细账的关系。各会计主体在进行总分类核算的同时，还要根据管理的需要、根据提供会计信息的需要进行明细分类核算。总分类核算和明细分类核算都是以全面、分类、系统地提供核算指标为目的，但是，总分类账是根据总分类科目开设的，用以提供总括的核算指标，明细分类账是根据明细分类科目开设的，用以提供明细核算指标。因此总账与明细账之间既有联系又有区别，具体表现在：

①两者所反映的经济业务内容相同。如"原材料"总账与其所属的明细分类账户的"原料及主要材料""辅助材料"等明细分类账户都是反映材料收发业务的，两者提供相互补充的资料。

②登记账簿的原始依据相同。

③反映经济业务内容的详细程度不同。总分类账户反映会计要素各项目增减变化的总括情况，提供的是总括资料；明细分类账户反映会计要素各项目增减变化的详细情况，提供的是某一方面的详细资料，有些明细分类账户还可以提供实物数量指标和劳动量指标。

④作用不同。总分类账户提供总括性核算资料，是对有关明细分类账户资料的综合，对所属明细分类账户起着统驭的作用；明细分类账户提供详细、具体的资料，对有关总分类账户起着辅助和补充的作用。两者是控制和从属关系，共同组成完整的会计账簿体系。

（2）平行登记。在会计实务中，为了体现总账和明细账的关系，使两者之间起到统驭和补充的作用，确保核算资料的正确完整，便于核对账目，必须采用平行登记的方法在总分类账及其所属明细分类账中进行记录。所谓平行登记是指经济业务发生后，根据会计凭证，一方面登记有关的总分类账户，另一方面登记该总分类账户所属的各有关明细分类账户的一种登记方法。

具体地说，平行登记方法包括以下几个要点：

①依据相同。对于需要进行明细核算的每一项经济业务，应根据审核无误后的记账凭证，一方面记入有关的总分类账户，另一方面要记入总分类账所属的有关明细分类账户。

②期间相同。对同一经济业务，在同一会计期间（一般是一个月内），既要记入有关的总分类账户，又要记入它所属的明细分类账户。尽管在总分类账户和明细分类账户上的具体登记时间有先后，如明细分类账户一般根据记账凭证及其所附的原始凭证于平时登记，而总分类账户因会计核算组织程序不同，可能在平时登记，也可能定期登记，但登记总账与登记明细账时必须在同一会计期间内完成。

③方向相同。一般情况下，总分类账及其所属明细分类账的记账方向是一致的。总账中登记在借方，在明细账中也登记在借方；反之，总账中登记在贷方，在所属明细账中也登记在贷方。但是，有些账户的总账是按借、贷、余三栏设置，而明细账是按收入、发出、结存三栏登记，如原材料明细账；还有些明细账是按项目设专栏，因此，在总分类账及其所属明细分类账中，就不能按相同的记账符号，以相同的记账方向进行登记，而只能以相同的变动方向进行登记。

④金额相同。平行登记要求记入总分类账户的金额与记入其所属的各明细分类账户的金额相等，这种金额相等是指记入总分类账的金额与记入其所属各明细分类账户的金额之和相等。采用平行登记，总分类账户和所属明细分类账户之间就必然形成相互对应的数量关系。用公式表示如下：

总分类账户本期发生额=所属明细分类账户本期发生额合计

总分类账户期末余额=所属明细分类账户期末余额合计

在会计核算工作中，可以利用上述关系检查账簿记录的正确性。检查时，根据总分类账户与明细分类账户之间的数量关系，编制明细分类账的本期发生额和余额明细表，同其相应的总分类账户本期发生额和余额核对，以检查总分类账户与其所属的明细分类账户记录的正确性。

（五）不同账务处理程序下账簿的登记方法

1.账务处理程序的意义与要求

账务处理程序也称会计核算组织程序或会计核算形式，是会计凭证、会计账簿、会计报表相结合的方式，包括会计凭证和账簿的种类、格式，会计凭证与账簿之间的联系方法，由原始凭证到编制记账凭证、登记明细分类账和总分类账、编制会计报表的工作程序和方法等。会计凭证、会计账簿、会计报表之间的结合方式不同，就形成了不同的账务处理程序，不同的账务处理程序又有不同的方法、特点和适用范围。科学、合理地选择适用于本单位的账务处理程序，对于有效地组织会计核算具有重要意义。

①确定合理的凭证、账簿与报表之间的联系方式，有利于会计工作程序的规范化，保证会计信息加工过程的严密性，提高会计信息的质量。

②通过凭证、账簿及报表之间的牵制作用，有利于保证会计记录的完整性、正确性，增强会计信息的可靠性。

③通过井然有序的账务处理程序，有利于减少不必要的会计核算环节，提高会计工作效率，保证会计信息的及时性。

合理、科学、适用的账务处理程序，一般应符合以下几项要求：

①账务处理程序应与本单位经济业务的性质、规模大小、经济业务繁简程度，以及管理上的要求相适应。

②能够正确、及时、全面、系统地提供反映本单位财务状况、经营成果和现金流量的会计信息，以满足会计信息使用者的需要。

③在保证会计工作质量的前提下，提高会计工作的效率，节约账务处理的时间和成本。

2.账务处理程序的种类

在我国，常用的账务处理程序有：记账凭证账务处理程序、科目汇总表账务处理程序和汇总记账凭证账务处理程序。不同的账务处理程序的最根本的区别就在于登记总账的依据和方法不同。在某种账务处理程序下登记总账的依据是X的话，我们就称该账务处理程序为X账务处理程序。

（1）记账凭证账务处理程序。

记账凭证账务处理程序是指对发生的经济业务，都要以原始凭证或原始凭证汇总表编制记账凭证，根据记账凭证逐笔登记总分类账的一种账务处理程序。其基本特点是：直接根据各种记账凭证逐笔登记总分类账。记账凭证账务处理程序是最基本的一种账务处理程序，其他各种账务处理程序都是在此基础上根据经济管理的需要而发展形成的。

记账凭证账务处理程序中的记账凭证可采用通用记账凭证，也可采用收款凭证、付款凭证和转账凭证三种专用凭证。在这种账务处理程序下，设置的账簿一般有库存现金日记账、银行存款日记账、总分类账和各种明细分类账。库存现金日记账和银行存款日记账一般都采用三栏式，总分类账采用三栏式并按一级科目开设账页，明细分类账则根据各个明细账户所反映的内容分别采用三栏式、数量金额式或多栏式、横线登记式。

记账凭证账务处理程序如下：①根据原始凭证或原始凭证汇总表填制记账凭证。②根据收款凭证和付款凭证，逐笔顺序登记库存现金日记账、银行存款日记账。③根据记账凭证、原始凭证或汇总原始凭证（原始凭证汇总表），逐笔登记各种明细分类账。④根据记账凭证逐笔登记总分类账。⑤月末将总分类账与日记账、明细分类账相核对。⑥月末根据总分类账和明细分类账及其他有关资料编制会计报表。记账凭证账务处理程序如图4-1所示（图中数字为程序操作顺序示意序号）。

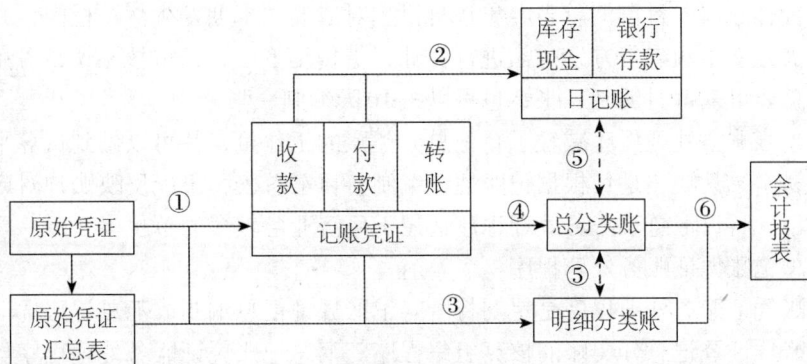

图4-1　记账凭证账务处理程序

记账凭证账务处理程序简单明了，易于理解，可以详细地反映经济业务的发生情况；其缺点是登记总分类账的工作量大，因而适用于规模较小、经济业务量较少的单位。

（2）科目汇总表账务处理程序。

科目汇总表账务处理程序是指对发生的经济业务，都要根据原始凭证或者原始凭证汇总表编制记账凭证，再根据记账凭证编制科目汇总表，根据科目汇总表登记总分类账的一种账务处理程序。其基本特点是：定期将全部记账凭证编制成科目汇总表，然后根据科目汇总表登记总分类账。

采用科目汇总表账务处理程序，所需设置的账簿种类和格式与记账凭证账务处理程序基本相同。在记账凭证的设置上，需另增设科目汇总表这一特殊的凭证类型。

科目汇总表账务处理程序如下：①根据原始凭证或原始凭证汇总表，填制记账凭证。②根据收款凭证和付款凭证，逐笔顺序登记库存现金日记账、银行存款日记账。③根据记账凭证和原始凭证或原始凭证汇总表，逐笔登记各种明细分类账。④根据记账凭证，定期编制科目汇总表。⑤根据科目汇总表登记总分类账。⑥月末将总分类账与日记账、明细分类账相核对。⑦月末根据总分类账和明细分类账及其他有关资料编制会计报表。科目汇总表账务处理程序如图4-2所示（图中数字为程序操作顺序示意序号）。

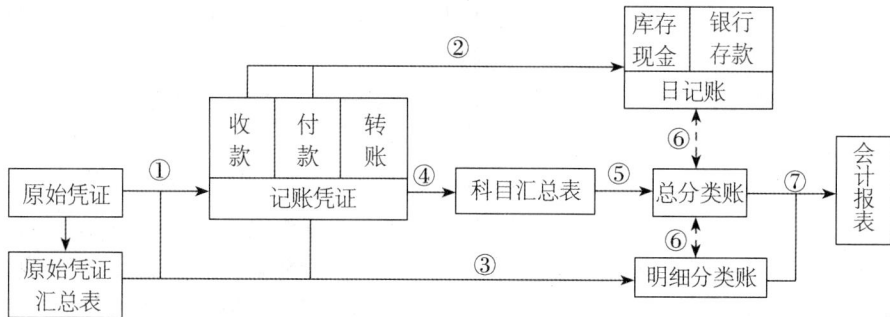

图4-2　科目汇总表账务处理程序

科目汇总表也称记账凭证汇总表，是将一定时期的全部记账凭证按会计科目（或账户）进行汇总编制的汇总记账凭证。它集中反映了一定时期经济业务的发生情况，便于进行分析和集中登记总账。科目汇总表的格式见表4-16。

编制科目汇总表，首先应根据记账凭证编制T形账户，将本期各个会计科目的发生额一一记入有关T形账户；其次计算各个账户的本期借方发生额与贷方发生额合计数；最后将此发生额合计数填入科目汇总表中与该科目相对应的"本期发生额"栏内，并将所有会计科目本期借方发生额与贷方发生额进行合计，借贷相等后，经审核无误，可用以登记总账。科目汇总表可以每月编制一张，也可以5~10天编制一张。

科目汇总表账务处理程序减轻了登记总分类账的工作量，并可以做到试算平衡、简明易懂、方便易学。其缺点是：根据记账凭证编制科目汇总表，不能反映账户对应关系，不便于查对账目。科目汇总表账务处理程序适用于经济业务较多的单位。

（3）汇总记账凭证账务处理程序。

汇总记账凭证账务处理程序是定期将所有记账凭证汇总编制成汇总记账凭证，然后再根据汇总记账凭证登记总分类账的核算组织程序。汇总记账凭证账务处理程序与科目汇总表账务处理程序基本相同，但每隔一定期间要编制汇总记账凭证。

汇总记账凭证可分为汇总收款凭证、汇总付款凭证和汇总转账凭证三种，并分别根据收款、付款和转账三种记账凭证填制。汇总记账凭证账务处理程序如下：①根据原始凭证、

表4-16

科目汇总表

年　　月　　日　　　　　　　　　　　　　　科汇字第　　号

会计科目	总账页次	本月发生额		凭证起讫号数
		借方	贷方	
合　计				

会计主管：　　　　　记账：　　　　　稽核：　　　　　制表：

原始凭证汇总表编制记账凭证。②根据收、付款凭证登记库存现金日记账和银行存款日记账。库存现金日记账和银行存款日记账通常采用三栏式日记账簿。③根据原始凭证、原始凭证汇总表和各种记账凭证登记各种明细账。明细账的格式根据各单位的实际情况及管理上的要求可分别采用多栏式、数量金额式和多栏式。④根据各种记账凭证编制汇总收款凭证、汇总付款凭证和汇总转账凭证。⑤定期或月终根据汇总记账凭证登记总账。⑥月终，按照对账的要求，将库存现金日记账、银行存款日记账和各种明细账与总分类账进行核对。⑦根据总分类账和明细分类账编制会计报表。汇总记账凭证账务处理程序如图4-3所示（图中数字为程序操作顺序示意序号）。

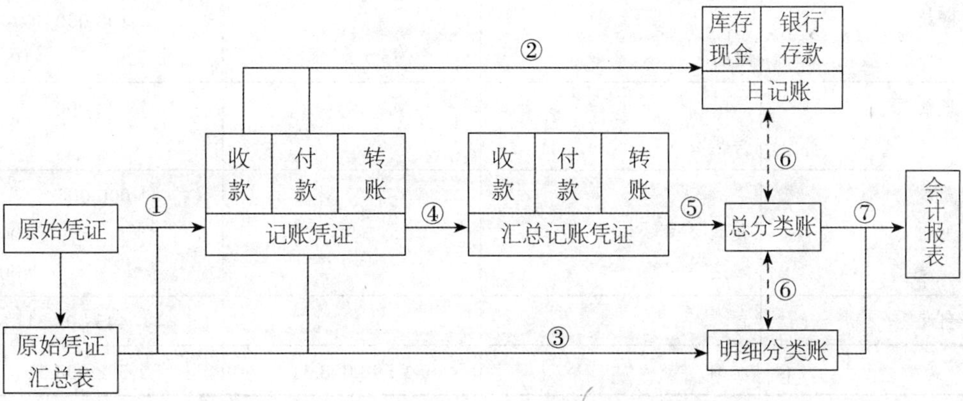

图4-3　汇总记账凭证账务处理程序

　　汇总记账凭证账务处理程序在一定程度上简化了总分类账的登记工作。汇总记账凭证是按照账户的对应关系归类汇总编制，能够明确地反映账户间的对应关系，便于经常分析检查经济活动的发生情况。但是，由于汇总记账凭证按每一个贷方科目归类汇总，不考虑经济业务的性质，不利于会计核算工作的分工，而且编制汇总记账凭证的工作量也较大。因此适用于规模较大、经济业务较多的企业。

　　3.记账凭证账务处理程序下账簿的登记方法

　　广州源发2017年12月有关总账和明细账的期初余额见表4-17至表4-19。

表4-17　　　　　　　　　　**总账和明细账的期初余额**　　　　　　　　单位：元

总账账户	明细账户	借方余额	贷方余额
库存现金		5 000	
银行存款		763 400	
应收账款		30 600	
	红星工厂	12 600	
	华胜商厦	18 000	
其他应收款		7 008.31	
	张明	7 008.31	
原材料		96 000	
	甲材料	60 000	
	乙材料	18 000	
	丁材料	18 000	
库存商品		54 000	
	B产品	54 000	
在建工程		422 000	
固定资产		220 000	
	生产用固定资产	200 000	
	非生产用固定资产	20 000	
累计折旧			30 000
短期借款			100 000
	建行		100 000
应付账款			23 000
	兴华公司		23 000
实收资本			1 000 000
	大顺公司		600 000
	宏达公司		400 000
本年利润			445 008.31
合　　计		1 598 008.31	1 598 008.31

表4-18　**原材料明细账户期初余额**　金额单位：元

名称	数量（千克）	单位成本	金额
甲材料	1 200	50	60 000
乙材料	300	60	18 000
丁材料	200	90	18 000
合计			96 000

表4-19　**库存商品明细账户期初余额**　金额单位：元

名称	数量（件）	单位成本	金额
B产品	500	108	54 000
合计			54 000

2017年12月广州源发发生的经济业务，详见模块三学习任务范例中的表3-7至表3-72。

采用记账凭证账务处理程序，步骤如下：

第一步，根据原始凭证或原始凭证汇总表填制记账凭证，见表4-20。

表4-20　**记账凭证（简化格式）**

2017年 月	日	凭证编号	摘要	账户名称 借方	账户名称 贷方	金额 借方	金额 贷方
12	2	银收1	接受货币资金投资	银行存款	实收资本	300 000	300 000
	5	转1	接受固定资产投资	固定资产	实收资本	180 000	180 000
	5	转2	接受专利权投资	无形资产	实收资本	200 000	200 000
	5	银收2	取得短期借款	银行存款	短期借款	30 000	30 000
	6	银收3	取得长期借款	银行存款	长期借款	500 000	500 000
	8	银收4	销售A产品	银行存款	主营业务收入 应交税费	91 260	78 000 13 260
	9	银付1	购买A设备	固定资产 应交税费	银行存款	51 000 8 500	59 500

续表

2017年		凭证编号	摘要	账户名称		金额	
月	日			借方	贷方	借方	贷方
	10	银付2	购买B设备	在建工程 应交税费	 银行存款	22 000 3 400	 25 400
	10	银收5	预收订购A产品款	银行存款 预收账款	 预收账款	30 000	 30 000
	11	转3	B设备安装完毕交付使用	固定资产 在建工程	 在建工程	22 000	 22 000
	15	银付3	购入材料	在途物资 应交税费	 银行存款	5 500 850	 6 350
	16	转4	结转入库甲材料的采购成本	原材料 在途物资	 在途物资	5 500	 5 500
	17	转5	购入材料并验收入库	原材料 应交税费	 应付账款	12 200 2 040	 14 240
	18	银付4	预付丙材料订购款	预付账款 银行存款	 银行存款	23 230	 23 230
	20	转6	购买丙材料并验收入库	原材料 应交税费	 预付账款	20 000 3 230	 23 230
	22	银付5	购买甲、乙材料	在途物资 ——甲材料 ——乙材料 应交税费	 银行存款	 8 250 29 750 6 035	 44 035
	26	转7	结转入库甲、乙材料的采购成本	原材料 ——甲材料 ——乙材料 在途物资 ——甲材料 ——乙材料	 	8 250 29 750	 8 250 29 750

续表

2017年		凭证编号	摘要	账 户 名 称		金 额	
月	日			借方	贷方	借方	贷方
	31	转8	领用材料	生产成本 ——A产品 ——B产品 制造费用 管理费用		26 000 52 000 4 000 10 000	
					原材料 ——甲材料 ——乙材料 ——丙材料		60 000 18 000 14 000
	31	转9	分配工资	生产成本 ——A产品 ——B产品 制造费用 管理费用		15 000 18 000 3 000 5 000	
					应付职工薪酬		41 000
	31	银付6	提现备发工资	库存现金		41 000	
					银行存款		41 000
	31	现付1	发放工资	应付职工薪酬		41 000	
					库存现金		41 000
	31	转10	计提职工福利费	生产成本 ——A产品 ——B产品 制造费用 管理费用		2 100 2 520 420 700	
					应付职工薪酬		5 740
	31	转11	计提折旧费	制造费用 管理费用		5 000 3 000	
					累计折旧		8 000
	31	银付7	支付生产车间电费	制造费用		4 300	
					银行存款		4 300

续表

2017年		凭证编号	摘要	账 户 名 称		金 额	
月	日			借方	贷方	借方	贷方
	31	银付8	支付办公费	制造费用 管理费用	 银行存款	5 120 800	 5 920
	31	转12	分配制造费用	生产成本 ——A产品 ——B产品	 制造费用	 8 800 13 040	 21 840
	31	转13	结转完工A产品成本	库存商品	 生产成本	51 900	 51 900
	31	转14	销售A产品	预收账款	 主营业务收入 应交税费	35 568	 30 400 5 168
	31	银收6	收到补付购货款	银行存款	 预收账款	5 568	 5 568
	31	转15	销售B产品	应收账款	 主营业务收入 应交税费	21 352.50	 18 250 3 102.50
	31	转16	结转已销A、B产品成本	主营业务成本 ——A产品 ——B产品	 库存商品 ——A产品 ——B产品	 51 900 5 400	 51 900 5 400
	31	转17	计提城建税及教育费附加	税金及附加	 应交税费 ——应交城建税 ——应交教育附加费	172.55	 120.79 51.76
	31	银付9	支付广告费	销售费用	 银行存款	1 500	 1 500
	31	银付10	支付销售部门电费	销售费用 ——水电费	 银行存款	3 855.20	 3 855.20

2017年		凭证编号	摘要	账户名称		金额	
月	日			借方	贷方	借方	贷方
	31	银收7	销售丙材料	银行存款		29 250	
					其他业务收入		25 000
					应交税费		4 250
	31	转18	结转已销丙材料成本	其他业务成本		18 000	
					原材料		18 000
	31	银收8	收到罚款收入	银行存款		5 000	
					营业外收入		5 000
	31	银付11	捐赠希望工程款	营业外支出		3 000	
					银行存款		3 000
	31	银收9	收到投资利润	银行存款		20 000	
					投资收益		20 000
	31	转19	结转收入	主营业务收入		126 650	
				其他业务收入		25 000	
				投资收益		20 000	
				营业外收入		5 000	
					本年利润		176 650
	31	转20	结转成本费用	本年利润		103 327.75	
					主营业务成本		57 300
					税金及附加		172.55
					销售费用		5 355.20
					管理费用		19 500
					其他业务成本		18 000
					营业外支出		3 000
	31	转21	计算应交所得税	所得税费用		18 330.56	
					应交税费		18 330.56
	31	转22	结转所得税费用	本年利润		18 330.56	
					所得税费用		18 330.56
	31	转23	结转净利润	本年利润		500 000	
					利润分配		
					——未分配利润		500 000

续表

2017年		凭证编号	摘要	账　户　名　称		金　额	
月	日			借方	贷方	借方	贷方
	31	第24	提取盈余公积	利润分配 ——提取法定盈余公积 ——提取任意盈余公积	盈余公积 ——法定盈余公积 ——任意盈余公积	50 000 25 000	50 000 25 000
	31	第25	向投资者分配现金股利	利润分配	应付股利	250 000	250 000
	31	第26	结转利润分配明细账户	利润分配 ——未分配利润	利润分配 ——提取法定盈余公积 ——提取任意盈余公积 ——应付现金股利	325 000	50 000 25 000 250 000

　　第二步，根据收款凭证、付款凭证登记库存现金日记账（见表4-21）和银行存款日记账（与库存现金日记账登记方法类似，略）。

表4-21　　　　　　　　　　　**库存现金日记账**　　　　　　　　　第1页

2017年		凭证		摘要	对方科目	收入 （借方）	支出 （贷方）	借或贷	结余 （余额）
月	日	字	号						
12	1			期初余额				借	5 000
	31	银付	6	提现备发工资	银行存款	41 000		借	46 000
	31	现付	1	发放工资	应付职工薪酬		41 000	借	5 000
				本月合计		41 000	41 000	借	5 000

　　第三步，根据记账凭证及所附的原始凭证或原始凭证汇总表登记明细分类账。以原材料明细分类账为例，见表4-22，其他明细账从略。

表 4-22   **原材料明细分类账**   第 1 页

材料类别：主要材料　　　　　　　　存放地点：1 号库
名称和规格：甲材料　　　　　　　　计量单位：千克

2017年		凭证		摘要	收　入			发　出			结　存		
月	日	字	号		数量	单价	金额	数量	单价	金额	数量	单价	金额
12	1			上月结转							1 200	50	60 000
	16	转	4	购买甲材料	100	55	5 500				1 200	50	60 000
											100	55	5 500
	26	转	7	购买甲材料	150	55	8 250				1 200	50	60 000
											100	55	5 500
											150	55	8 250
	31	转	8	领用材料				1 200	50	60 000	100	55	5 500
											150	55	8 250
				本月合计	250	55	13 750	1 200	50	60 000	100	55	5 500
											150	55	8 250

第四步，根据记账凭证登记总分类账，库存现金和银行存款两个总账账户的登记同日记账，以应收账款总分类账户的登记为例，见表 4-23，其他总账从略。

表 4-23   **总　分　类　账**   第 1 页

会计科目：应收账款

2017年		凭证		摘要	借方	贷方	借或贷	余额
月	日	字	号					
12	1			期初余额			借	30 600
	31	转	15	销售产品	21 352.50		借	51 952.50
				本月合计	21 352.50		借	51 952.50

4. 科目汇表总账务处理程序下账簿的登记方法

仍以广州源发 2017 年 12 月业务为例，说明科目汇总表账务处理程序下账簿的登记方法。

采用科目汇总表账务处理程序，步骤如下：

第一步，根据原始凭证或原始凭证汇总表填制记账凭证，见表 4-20。

第二步，根据收款凭证、付款凭证登记库存现金日记账（表 4-21）和银行存款日记账（与库存现金日记账的登记方法类似，略）。

第三步，根据记账凭证及所附的原始凭证或原始凭证汇总表登记明细分类账。本案例以原材料明细分类账为例，见表 4-22，其他明细账从略。

第四步，根据记账凭证编制科目汇总表；编制科目汇总表首先进行科目汇总，科目汇总表的编制时间，要根据各企业单位的业务量大小而定。业务量较多的单位可以每日、每旬汇总一次；业务量较小的单位可以每10天、15天或1个月汇总一次。

本案例是按照1个月汇总一次的办法进行汇总，科目汇总表的编制结果见表4-24。

表4-24

科 目 汇 总 表

2017年12月1日至12月31日　　　　　　　　　　　　单位：元

会计科目	期初余额	本期发生额		期末余额
		借方	贷方	
库存现金	5 000	41 000	41 000	5 000
银行存款	763 400	1 011 078	218 090.20	1 556 387.80
应收账款	30 600	21 352.50	—	51 952.50
原材料	96 000	75 700	110 000	61 700
库存商品	54 000	51 900	57 300	48 600
固定资产	220 000	253 000	—	473 000
无形资产	—	200 000	—	200 000
其他应收款	7 008.31	—	—	7 008.31
在建工程	422 000	22 000	22 000	422 000
在途物资	—	43 500	43 500	—
预付账款	—	23 230	23 230	—
生产成本	—	137 460	51 900	85 560
制造费用	—	21 840	21 840	—
应付账款	23 000	—	14 240	37 240
应付职工薪酬	—	41 000	46 740	5 740
应交税费	—	24 055	44 283.61	20 228.61
预收账款	—	35 568	35 568	—
累计折旧	30 000	—	8 000	38 000
实收资本	1 000 000	—	680 000	1 680 000
本年利润	445 008.31	621 658.31	176 650	0
短期借款	100 000	—	30 000	130 000
长期借款	—	—	500 000	500 000
应付股利	—	—	250 000	250 000
利润分配	—	650 000	825 000	175 000

会计科目	期初余额	本期发生额		期末余额
		借方	贷方	
盈余公积	—	—	75 000	75 000
主营业务收入	—	126 650	126 650	—
其他业务收入	—	25 000	25 000	—
投资收益	—	20 000	20 000	—
营业外收入	—	5 000	5 000	—
主营业务成本	—	57 300	57 300	—
税金及附加	—	172.55	172.55	—
销售费用	—	5 355.20	5 355.20	—
管理费用	—	19 500	19 500	—
其他业务成本	—	18 000	18 000	—
营业外支出	—	3 000	3 000	—
所得税费用	—	18 330.56	18 330.56	—
合计	借：1 598 008.31 贷：1 598 008.31	3 572 650.12	3 572 650.12	借：2 911 208.61 贷：2 911 208.61

会计主管：张斌　　　　记账：王娟　　　　审核：罗晓　　　　制表：许飞

小思考

这张科目汇总表是怎么做出来的？请同学们动手画画T形账试一试吧。

第五步，根据科目汇总表登记总分类账。本案例以库存现金、银行存款总分类账为例，见表4-25、表4-26，其他账户的登记从略。

表4-25　　　　　　　　　　　　　**总分类账**　　　　　　　　　　　　　第1页

会计科目：库存现金

2017年		凭证		摘要	借方	贷方	借或贷	余额
月	日	字	号					
12	1			期初余额			借	5 000
	31	科汇	1	1～31日汇总	41 000	41 000	借	5 000
				本月合计	41 000	41 000	借	5 000

表4-26　　　　　　　　　　　　　**总 分 类 账**　　　　　　　　　　第1页

会计科目：银行存款

2017年		凭证		摘要	借方	贷方	借或贷	余额
月	日	字	号					
12	1			期初余额			借	763 400
	31	科汇	1	1~31日汇总	1 011 078	218 090.20	借	1 556 387.80
				本月合计	1 011 078	218 090.20	借	1 556 387.80

小思考

其他总分类账怎么登记呢？请同学们动动手吧。

学习任务三　对账和结账

一、对账

对账就是核对账簿记录，即在经济业务入账以后，于平时或月末、季末、年末结账之前，对各种账簿记录所进行的核对。通过对账，可以及时发现和纠正记账及计算的差错，保证各种账簿记录的完整和正确，以便如实反映经济活动情况，并为会计报表的编制提供真实可靠的资料。然而，账簿记录的真实可靠并不完全取决于账簿本身，还要涉及账簿与会计凭证的关系，以及账簿记录与实际情况是否一致等问题。因此，记账完毕后，还应定期做好对账工作，做到账证相符、账账相符、账实相符。会计对账工作的主要内容如下：

（一）账证核对

（1）账证核对的内容。账簿是根据审核后的会计凭证登记的，但在实际工作中仍然可能发生账证不符的情况。因此，记完账后，要将账簿记录与有关会计凭证进行核对。其核对的主要内容如下：

①核对账簿记录与原始凭证、记账凭证的时间、凭证字号、内容、金额等是否相符；

②记账方向是否相符，即借贷方向是否一致。

账证相符是保证账账相符、账实相符的基础。

（2）错账更正的方法。在账簿的登记过程中，由于各种原因，难免发生记账错误，一般称之为错账。对于账簿记录中所发生的错误，不准涂改、挖补、刮擦或者用药水消除字迹，不准重新抄写，必须采用正确的方法予以更正。更正的具体方法主要有划线更正法、红字更正法和补充登记法。

①划线更正法。划线更正法是用红笔划线注销原有记录，以更正错误的一种方法。这种方法适用于每月记账时或结账前（包括结账时），发现账面记录中文字或数字有误，而记账凭证没有错误的情况。更正时，在错误的文字或数字上划一道红线注销，但原来的文字或数字应清晰可见，然后在其上端用蓝字写上正确的文字或数字，并由记账人员及相关人员在更正处盖章，以明确责任。

小提示

更正数字错误与文字错误略有不同，文字错误只需要划掉写错的文字即可，但是数字错误需要将整个数字全部划掉，不能只划掉整个数字中错误的部分。

【例4-1】　2017年1月3日，发现记账凭证正确，但"应付账款"账簿上数字登记错误，将17 600.00元误记为16 700.00元，采用划线更正法更正错账。其更正见表4-27。

表4-27　　　　　　　　　　　　　　　**总 分 类 账**　　　　　　　　　　　　　　　　第1页

账户名称：应付账款

2017年		凭证		摘　要	借　方								贷　方								借或贷	余　额							
月	日	字	号		十万	千	百	十	元	角	分	十万	千	百	十	元	角	分		十万	千	百	十	元	角	分
1	1			期初余额															贷		5	0	0	0	0	0
	3	银付	5	偿还货款		1	7	6	0	0	0	0									3	2	4	0	0	0
						~~1~~	~~6~~	~~7~~	~~0~~	~~0~~	~~0~~	~~0~~				李菲						刘重	~~3~~	~~3~~	~~3~~	~~0~~	~~0~~	~~0~~
					1	7	6	0	0	0	0										3	2	4	0	0	0

②红字更正法。红字更正法又称红字冲销法，主要用于更正以下两种错误：

第一种情况。记账以后，发现记账凭证中会计科目写错或应借应贷方向记错，从而导致会计账簿记录发生错误，具体更正做法是，首先用红字金额填写一张与原记账凭证内容完全相同的记账凭证，并在凭证的"摘要"栏内注明"冲销×月×日第×号凭证"字样，并根据这张红字凭证用红笔登记入账。然后用蓝字重新填制一张内容正确的记账凭证，并据以记账。

【例4-2】　2017年1月3日，企业开出支票600元，购买办公用品。会计员在编制记账凭证时，错用了会计科目，将"银行存款"误用为"库存现金"。发生错误的记账凭证、账簿见表4-28、表4-29（管理费用总账、明细账及库存现金总账略）。

> 用会计分录表示：
> 借：管理费用　600
> 　贷：库存现金　600

表4-28　　　　　　　　　　　　　　　**付款凭证**

贷方科目：库存现金　　　　　　2017年1月3日　　　　　　　　　　　　现付字第1号

摘　要	借方科目		金　额										记账
	总账科目	明细科目	千	百	十	万	千	百	十	元	角	分	
购买办公用品	管理费用	办公费						6	0	0	0	0	√
													附件2张
							￥	6	0	0	0	0	

会计主管：张斌　　　记账：王娟　　　复核：李刚　　　出纳：陈芳　　　制证：刘菲

表4-29　　　　　　　　　　　　　　**库存现金日记账**　　　　　　　　　　　　第1页

2017年		凭证		摘要	借方							贷方							借或贷	余额						
月	日	字	号		十万	千	百	十	元	角	分	十万	千	百	十	元	角	分		十万	千	百	十	元	角	分
1	1			期初余额															借			3	0	0	0	0
	3	现付	1	购买办公用品										6	0	0	0	0				2	4	0	0	0
				⋮																						

更正过程如下：

第一步，首先用红字金额填写一张与原记账凭证内容完全相同的记账凭证，并在凭证的"摘要"栏内注明"冲销1月3日现付字第1号凭证"字样，金额600元用红字填写，见表4-30。更正错账的记账凭证可以不附原始凭证。

> 用会计分录表示：
> 借：管理费用 600
> 贷：库存现金 600

表4-30　　　　　　　　　　　　　　**付款凭证**

贷方科目：库存现金　　　　　　　2017年1月31日　　　　　　　　现付字第9号

摘要	借方科目		金额									记账
	总账科目	明细科目	千	百	十	万	千	百	十	元	角	分	
冲销1月3日现付1号凭证	管理费用	办公费						6	0	0	0	0	√
							¥	6	0	0	0	0	

附件0张

会计主管：张斌　　记账：王娟　　复核：李刚　　出纳：陈芳　　制证：刘菲　　[金额为红字]

第二步，根据这张红字凭证分别登记入账，用以冲销原账簿中的错误记录，见表4-31。

表4-31　　　　　　　　　　　　　**库存现金日记账**　　　　　　　　　　　　第1页

2017年		凭证		摘要	借方							贷方							借或贷	余额						
月	日	字	号		十万	千	百	十	元	角	分	十万	千	百	十	元	角	分		十万	千	百	十	元	角	分
1	1			期初余额															借			3	0	0	0	0
	3	现付	1	购买办公用品										6	0	0	0	0	借			2	4	0	0	0
				⋮																						
	31	现付	9	冲销1月3日现付1号凭证										6	0	0	0	0				3	0	0	0	0

[此处为红字]

第三步，用蓝字重新填制一张内容正确的记账凭证，并据以记账，见表4-32和表4-33。

用会计分录表示：
借：管理费用　600
　　贷：银行存款　600

表4-32

付款凭证

贷方科目：银行存款　　　　　2017年1月31日　　　　　银付字第27号

摘　要	借方科目		金　额										记账
	总账科目	明细科目	千	百	十	万	千	百	十	元	角	分	
更正1月3日现付1号凭证	管理费用	办公费						6	0	0	0	0	√
							¥	6	0	0	0	0	

附件0张

会计主管：张斌　　　记账：王娟　　　复核：李刚　　　出纳：陈芳　　　制证：刘菲

表4-33

银行存款日记账

第1页

2017年		凭证		摘　要	借　方									贷　方									借或贷	余　额								
月	日	字	号		十	万	千	百	十	元	角	分	十	万	千	百	十	元	角	分		十	万	千	百	十	元	角	分	
1	1			期初余额																		借	1	9	2	0	0	0	0	0
	2	银付	1	提现备用												6	0	0	0	0	借	1	9	1	4	0	0	0	0
				┊																									
31		银付	27	更正1月3日现付1号凭证												6	0	0	0	0	借	1	9	0	8	0	0	0	0

第二种情况。记账凭证中的会计科目正确，但由于原记账凭证中记载的金额大于经济业务实际金额，从而导致会计账簿记录错误。具体更正做法是，将多记金额用红字填制一张和原来错误记账凭证应借、应贷科目完全相同的记账凭证，据以登记有关的账簿，以冲销多记的金额。

【例4-3】　在【例4-2】中，假设记账凭证科目无误，但金额误记为800元，并已登记入账，见表4-34至表4-36（管理费用明细账、库存现金日记账略）。

用会计分录表示：
借：管理费用　800
　　贷：库存现金　800

表4-34

付款凭证

贷方科目：库存现金　　　　　2017年1月3日　　　　　现付字第1号

摘　要	借方科目		金　额										记账
	总账科目	明细科目	千	百	十	万	千	百	十	元	角	分	
购买办公用品	管理费用	办公费						8	0	0	0	0	√
合　计							¥	8	0	0	0	0	

附件2张

会计主管：张斌　　　记账：王娟　　　复核：李刚　　　出纳：陈芳　　　制证：刘菲

表4-35

管理费用总账

第1页

2017年		凭证		摘要	借方								贷方								借或贷	余额							
月	日	字	号		十万	千	百	十	元	角	分		十万	千	百	十	元	角	分			十万	千	百	十	元	角	分
1	1	银付	2	支付水电费			4	0	0	0	0										借			4	0	0	0	0
	3	现付	1	购买办公用品			8	0	0	0	0												1	2	0	0	0	0
				⋮																								

表4-36

库存现金总账

第1页

2017年		凭证		摘要	借方								贷方								借或贷	余额							
月	日	字	号		十万	千	百	十	元	角	分		十万	千	百	十	元	角	分			十万	千	百	十	元	角	分
1	1			期初余额																	借		3	0	0	0	0	0
	3	现付	1	购买办公用品											8	0	0	0	0				2	2	0	0	0	0
				⋮																								

更正过程如下:

用红字编制一张多记金额200元（800-600）的记账凭证，并据以登账，见表4-37至表4-39。。

> 用会计分录表示:
> 借：管理费用 200
> 贷：库存现金 200

> 此金额为红字

表4-37

付款凭证

贷方科目：库存现金 　　　　　2017年1月31日 　　　　　现付字第11号

摘要	贷方科目		金额										记账
	总账科目	明细科目	千	百	十	万	千	百	十	元	角	分	
更正1月3日现付1号凭证	管理费用	办公费						2	0	0	0	0	√
													附件0张
合计								¥	2	0	0	0	0

会计主管：张斌　　记账：王娟　　复核：李刚　　出纳：陈芳　　制证：刘燕

表4-38　　　　　　　　　　　**管理费用总账**　　　　　　　　　　　第1页

2017年		凭证		摘要	借方								贷方								借或贷	余额							
月	日	字	号		十万	千	百	十	元	角	分	十万	千	百	十	元	角	分		十万	千	百	十	元	角	分
1	1	银付	1	支付水电费			4	0	0	0	0								借			4	0	0	0	0
	3	现付	1	购买办公用品			8	0	0	0	0								借		1	2	0	0	0	0
				...																						
	31	现付	11	更正1月3日现付1号凭证			2	0	0	0	0								借		1	0	0	0	0	0

此处为红字

表4-39　　　　　　　　　　　**库存现金总账**　　　　　　　　　　　第1页

2017年		凭证		摘要	借方								贷方								借或贷	余额							
月	日	字	号		十万	千	百	十	元	角	分	十万	千	百	十	元	角	分		十万	千	百	十	元	角	分
1	1			期初余额															借		3	0	0	0	0	0
	3	现付	1	购买办公用品										8	0	0	0	0	借		2	2	0	0	0	0
				...																						
	31	现付	11	更正1月3日现付1号凭证										2	0	0	0	0	借		2	4	0	0	0	0

此处为红字

③补充登记法。补充登记法又称补充更正法。若记账时发现记账凭证和账簿记录中应借、应贷会计科目无误，只是所记金额小于应记金额，则采用补充更正法进行更正。更正的方法是：按少记的金额用蓝字编制一张与原记账凭证应借、应贷科目完全相同的记账凭证，以补充少记的金额，并据以记账。

【例4-4】　在【例4-2】中，假设记账凭证科目无误，但金额误记为500元，并已登记入账，见表4-40至表4-42（管理费用明细账、库存现金日记账略）。

> 用会计分录表示：
> 借：管理费用　500
> 　　贷：库存现金　500

表4-40　　　　　　　　　　　**付款凭证**

贷方科目：库存现金　　　　　　　2017年1月3日　　　　　　　现付字第1号

摘要	贷方科目		金额										记账
	总账科目	明细科目	千	百	十	万	千	百	十	元	角	分	
购买办公用品	管理费用	办公费						5	0	0	0	0	√
合计						￥		5	0	0	0	0	

附件2张

会计主管：张斌　　　记账：王娟　　　复核：李刚　　　出纳：陈芳　　　制证：刘菲

表4-41　　　　　　　　　　　　　　**管理费用总账**　　　　　　　　　　　　第1页

2017年 月	日	凭证 字	号	摘要	借方 十万	千	百	十	元	角	分	贷方 十万	千	百	十	元	角	分	借或贷	余额 十万	千	百	十	元	角	分
1	1	银付	1	支付水电费			4	0	0	0	0								借			4	0	0	0	0
	3	现付	1	购买办公用品			5	0	0	0	0											9	0	0	0	0
				……																						

表4-42　　　　　　　　　　　　　　**库存现金总账**　　　　　　　　　　　　第1页

2017年 月	日	凭证 字	号	摘要	借方 十万	千	百	十	元	角	分	贷方 十万	千	百	十	元	角	分	借或贷	余额 十万	千	百	十	元	角	分
1	1			期初余额															借		3	0	0	0	0	0
	3	现付	1	购买办公用品										5	0	0	0	0			2	5	0	0	0	0
				……																						

更正过程如下：

用蓝字编制一张少记金额100元（600-500）的记账凭证，并据以登账，见表4-43至表4-45。

> 用会计分录表示：
> 借：管理费用　100
> 　　贷：库存现金　100

表4-43　　　　　　　　　　　　　**付款凭证**

贷方科目：库存现金　　　　　　　　2017年1月3日　　　　　　　　现付字第1号

摘要	借方科目 总账科目	明细科目	金额 千	百	十	万	千	百	十	元	角	分	记账
更正1月3日现付1号凭证	管理费用	办公费						1	0	0	0	0	√
合　计							¥	1	0	0	0	0	

附件0张

会计主管：张斌　　记账：王娟　　复核：李刚　　出纳：陈芳　　制证：刘燕

表4-44　　　　　　　　　　　　**管理费用总账**　　　　　　　　　　　　第1页

2017年		凭证		摘要	借　方							贷　方							借或贷	余　额						
月	日	字	号		十万	千	百	十	元	角	分	十万	千	百	十	元	角	分		十万	千	百	十	元	角	分
1	1	银付	1	支付水电费			4	0	0	0	0								借			4	0	0	0	0
	3	现付	1	购买办公用品			5	0	0	0	0								借			9	0	0	0	0
				...																						
	31	现付	11	更正1月3日现付1号凭证			1	0	0	0	0								借			1	0	0	0	0

表4-45　　　　　　　　　　　　**库存现金总账**　　　　　　　　　　　　第1页

2017年		凭证		摘要	借　方							贷　方							借或贷	余　额						
月	日	字	号		十万	千	百	十	元	角	分	十万	千	百	十	元	角	分		十万	千	百	十	元	角	分
1	1			期初余额															借		3	0	0	0	0	0
	3	现付	1	购买办公用品										5	0	0	0	0	借		2	5	0	0	0	0
				...																						
	31	现付	11	更正1月3日现付1号凭证										1	0	0	0	0	借		2	4	0	0	0	0

（二）账账核对

各个会计账簿是一个有机整体，既有分工，又有衔接，总的目的就是为了全面、系统、综合地反映企事业单位的经济活动与财务收支情况。各种账簿之间的这种衔接依存关系就是常说的勾稽关系。利用这种关系，可以通过账簿的相互核对发现记账工作是否有误。一旦发现错误，就应立即更正，做到账账相符。账簿之间的核对包括以下内容：

（1）总分类账簿有关账户的余额核对。按照"资产＝负债＋所有者权益"这一会计等式和"有借必有贷，借贷必相等"的记账规则，总分类账户的期初余额、本期发生额和期末余额之间存在对应的平衡关系，各账户的期末借方余额合计和贷方余额合计也存在平衡关系。通过这种等式和平衡关系，可以检查总账记录是否正确、完整。这项核对工作通常采用编制"总分类账户本期发生额及余额试算平衡表"（简称"试算平衡表"）来完成。试算平衡表的格式见表4-46。

表 4-46 　　　　　　**总分类账户本期发生额及余额试算平衡表**

年　月　日

账户名称	期初余额		本期发生额		期末余额	
	借方	贷方	借方	贷方	借方	贷方
库存现金 银行存款 应收账款 库存商品 ⋮						
合计						

（2）总分类账簿与所属明细分类账簿核对。在总分类账中，各账户的期末余额应与所属明细分类账的期末余额之和核对相符。

（3）总分类账簿与序时账簿核对。如前所述，我国企事业单位必须设置库存现金日记账和银行存款日记账。库存现金日记账必须每天与库存现金核对相符，银行存款日记账也必须定期与银行对账。在此基础上，还应检查库存现金总账期末余额与库存现金日记账期末余额是否相符；银行存款总账期末余额与银行存款日记账期末余额是否相符。

（4）明细分类账之间的核对。会计部门有关实物资产的明细账与财产物资保管部门或使用部门的明细账定期核对，以检查其余额是否相符。核对的方法一般由财产物资保管部门或使用部门定期编制收发结存汇总表报会计部门核对。

（三）账实核对

账实核对是指将各项财产物资、债权债务等账面余额与实有数额进行的核对。一般在年终财产清查时进行核对，平时也可以通过盘点进行核对。

（1）账实核对的内容。

①库存库存现金日记账的余额应与实际库存现金核对相符；

②银行存款日记账账面余额应与银行对账单的余额核对；

③有关债权债务明细账账面余额与对方单位的账面记录核对；

④各种税金、应交款账户的余额，应与监交机关核对相符；

⑤各项财产物资明细账的账面余额，应与清查盘点的财产物资实存数核对相符。

账实核对主要是通过财产清查的方法来完成。

（2）财产清查的方法。

①库存现金的清查。库存现金的清查，通常采用实地盘点的方法，即通过点票数来确定现金的实存数，然后以实存数与库存现金日记账的账面余额进行核对，以查明账实是否相符、确定盈亏情况。

库存现金的盘点，应由清查人员和出纳人员共同负责。不准坐支现金，现金库存量不准超过银行核定的限额，并且不允许以借条、收据抵充现金。盘点完毕，根据盘点的结果编制"库存现金盘点报告表"，并由盘点人员和出纳人员共同签章方能生效，见表 4-47。

"库存现金盘点报告表"兼有盘存单和实存账存对比表的作用，是反映现金实有数和调整账簿记录的重要原始凭证。

表4-47

库存现金盘点报告表

单位名称：　　　　　　　　　　年　月　日　　　　　　　　　单位：

实存金额	账存金额	实存账存对比		备注
		盘 盈	盘 亏	

盘点人（签章）：　　　　　　　出纳员（签章）：

②银行存款的清查。银行存款的清查，通常通过定期与开户银行核对账目的方法进行，即将本单位的银行存款日记账与开户行对账单进行逐笔核对，以查明账实是否相符。

当银行存款日记账余额与对账单余额不一致时，可能是由于以下两种原因：一是双方记账有错误，这要求本单位或银行核查更正；二是存在未达账项，这是由于办理结算手续和凭证传递的时间不一致，即使本单位和银行的账都没有记错，银行对账单的余额与本单位银行存款日记账账面余额往往也不一致。

未达账项，是指企业与银行之间记账时间不一致而发生的一方已登记入账，另一方尚未取得结算凭证而未入账的款项。未达账项主要有以下四种情况：

第一，企业已收，而银行未收的款项。如企业将款项送存银行，企业已经登记入账，而银行尚未登记入账的事项。

第二，企业已付，而银行未付的款项。如企业开出支票付款时，企业已经根据支票存根、发票登记付款，而银行尚未收到付款凭证而未入账。

第三，银行已收，而企业未收的款项。如外地购货单位给企业的汇款，银行已经登记入账，而企业由于未收到汇款凭证尚未登记入账。

第四，银行已付，而企业未付的款项。如银行代企业支付水电费、贷款利息等。

当存在上述未达账项时，企业应编制银行存款余额调节表，对未达账项进行调整。调整后，再对双方的余额进行核对，看是否相符。

编制银行存款余额调节表的方法主要是余额调节法。所谓余额调节法，是以开户银行和企业双方账面余额为基础，分别加上对方已收款入账而本方尚未入账的数额，减去对方已付款入账而本方尚未入账的数额的方法。调节公式如下：

$$\text{企业银行存款日记账余额} + \text{银行已收而企业未收的款项} - \text{银行已付而企业未付的款项} = \text{银行对账单余额} + \text{企业已收而银行未收的款项} - \text{企业已付而银行未付的款项}$$

现举例说明银行存款余额调节表的编制方法。

【例4-5】　2017年6月30日广州源发银行存款日记账的账面余额为31 000元，银行对账单的余额为36 000元，经逐笔核对，发现有下列未达账项：

（1）6月29日，企业销售产品收到转账支票一张，计2 000元，将支票存入银行，银行尚未办理入账手续。

（2）6月29日，企业采购原材料开出转账支票一张，计1 250元，企业已作银行存款付出，银行尚未收到支票而未入账。

（3）6月30日，银行代企业收回货款8 000元，收款通知尚未到达企业，企业尚未入账。

（4）6月30日，银行代付电费2 250元，付款通知尚未到达企业，企业尚未入账。

根据以上资料编制银行存款余额调节表，见表4-48。

表4-48

银行存款余额调节表

单位名称：广州源发　　　　　　　2017年6月30日　　　　　　　　　　单位：元

项　目	全　额	项　目	全　额
企业银行存款账面余额	31 000	银行对账单账面余额	36 000
加：银行已记增加企业未记增加的款项 1.银行代收货款 2.	 8 000	加：企业已记增加银行未记增加的款项 1.企业存入的支票 2.	 2 000
减：银行已记减少企业未记减少的款项 1.银行代付电费 2.	2 250	减：企业已记减少银行未记减少的款项 1.开出转账支票 2.	1 250
调节后存款余额	36 750	调节后存款余额	36 750

从上述编制的"银行存款余额调节表"可以看出，在双方记账都无错误的前提下，调节后的存款余额应该相等，若双方余额仍然不一致，说明双方记账存在错误，应查明原因并予以更正。调整后的余额既不是企业银行存款日记账余额，也不是银行对账单余额，而是企业当时实际可以动用的银行存款实有数。

值得注意的是，由于未达账项不是错账、漏账，因此，"银行存款余额调节表"只起到对账作用，不能作为调节账面余额的原始凭证。银行存款日记账的登记，还应等收到原始凭证后才能进行。

上述银行存款的清查方法，也适用于各种银行借款的清查。但在清查银行借款时，还应检查借款是否按规定的用途使用，是否按期归还。

③实物的清查方法。实物的清查方法主要有实地盘点法和技术推算法两种。实地盘点法是指对财产物资进行逐一清点数量或用计量仪器来确定实存数的一种方法。这种方法一般适用于机器设备、包装物、原材料、产成品和库存商品等的清查。技术推算法是通过量方计尺，按一定的标准对实物财产的实存数量进行技术推算的一种方法。这种方法适用于大量堆放、散装、难以逐一清点的财产物资，如大量堆放的原煤、沙、石、化肥、饲料等。

为了明确经济责任，在进行财产物资清查时，有关财产物资的保管人员必须在场，并参加清查盘点工作。例如，盘点财产物资实物时，其保管人员必须到场；盘点现金时，出纳人员必须到场等。对各项财产物资的盘点结果，应由清查人员逐一如实地登记在"盘存单"上，并由盘点人员和实物保管人员签章生效。"盘存单"既是各项财产物资盘点结果的原始凭证，也是各项财产物资实存数的书面证明，见表4-49。

盘点完毕，将"盘存单"中记录的各项财产物资实存数额与账面结存余额相核对，如果账实不符，应填制"实存账存对比表"，确定财产物资盘盈、盘亏数额。"实存账存对比表"是财产清查的重要原始凭证，也是分析盈亏原因、明确经济责任的重要依据，见表4-50。

表4-49

盘存单

单位名称：　　　　　　　　　　盘点时间：　年　月　日　　　　　　　　编号：

财产类别：　　　　　　　　　　存放地点：　　　　　　　　　　　　　　金额单位：

编号	名称	计量单位	数量	单价	金额	备注

盘点人（签章）：　　　　　　　　　　　　　保管人：

表4-50

实存账存对比表

单位名称：　　　　　　　　　　　年　月　日　　　　　　　　　金额单位：

编号	名称	规格型号	计量单位	单价	实存		账存		实存账存对比				备注
					数量	金额	数量	金额	盘盈		盘亏		
									数量	金额	数量	金额	

④往来结算款项的清查方法。往来结算款项主要包括应收账款、其他应收款、应付账款和其他应付款等。

企业在清查各项债权、债务等往来结算款项时，一般应通过发函询证的方式进行查对。

企业一般编制一式两联的"往来款项对账单"送给各经济往来单位。如对方核对相符，则可在回联单上加盖公章退回；如对方核对不符，应在回联单上注明不符原因后，退回发出单位或另抄对账单退回，发出单位需进一步查明原因，按规定的手续和方法予以更正。最后根据清查结果编制"往来款项清查报告单"。由于债权人的原因而造成长期应付而无法支付的款项，在批准前不作会计账务处理，经批准之后将应付款项转入"营业外收入"账户。

（3）账实核对结果的账务处理。

账实核对的主要任务之一就是为了保证账实相符，财会部门对于财产清查中所发现的差异必须及时地进行账簿记录的调整。由于财产清查结果的处理要报请有关领导和部门审批，因此在账务处理上通常分两步进行：第一步，将财产清查中发现的盘盈、盘亏或毁损数，通过"待处理财产损溢"账户登记有关账簿，以调整有关账面记录，使账存数和实存数相一致；第二步，在审批后，应根据批准的处理意见，再从"待处理财产损溢"账户转入有关账户。

①账户设置。"待处理财产损溢"账户属于资产类，用来核算企业在清查财产过程中查明的各种除固定资产以外的财产的盘盈、各种财产的盘亏与毁损的价值和物资在运输途中发生的非正常短缺与损耗的价值。其借方登记待处理财产的盘亏、毁损金额及运输途中发生的非正常短缺与损耗的物资价值及转销的盘盈金额；贷方登记待处理财产（除固定资产外）的盘盈金额及转销的盘亏金额。期末，该账户若有借方余额，则表示待处理的财产

物资净损失；若有贷方余额，则表示待处理的财产物资净溢余，如果清查结果全部处理完毕，该账户无余额。该账户可按盘盈、盘亏的资产种类和项目进行明细核算，设置"待处理流动资产损溢"和"待处理固定资产损溢"两个明细账户。

"待处理财产损溢"账户的结构如下：

借方（＋）	待处理财产损溢	贷方（－）
期初余额：待处理财产物资净损失		期初余额：待处理财产物资净溢余
发生额：待处理财产的盘亏、毁损金额及运输途中发生的非正常短缺与损耗的物资价值及转销的盘盈金额		发生额：待处理财产(除固定资产外)的盘盈金额及转销的盘亏金额
期末余额：待处理财产物资净损失		期末余额：待处理财产物资净溢余

②财产物资盘盈的账务处理。发现财产物资盘盈时，应借记"原材料""库存商品""库存现金"等科目，贷记"待处理财产损溢"科目。经查明原因并报经批准处理时，借记"待处理财产损溢"科目，贷记"管理费用""营业外收入"等科目。

【例4-6】　广州源发2017年6月30日在账实核对中，盘盈甲材料6吨，价值18 000元。

报经批准前，根据实存账存对比表的记录，编制会计分录如下：

借：原材料　　　　　　　　　　　　　　　　　　　　　　　　18 000
　　贷：待处理财产损溢——待处理流动资产损溢　　　　　　　　　　　18 000

经查明，这项盘盈材料是因计量仪器不准造成生产领用少发多计，经批准冲减本月管理费用，编制会计分录如下：

借：待处理财产损溢——待处理流动资产损溢　　　　　　　　　18 000
　　贷：管理费用　　　　　　　　　　　　　　　　　　　　　　　　18 000

③财产物资盘亏的账务处理。发现原材料、完工产品、现金等财产物资盘亏时，借记"待处理财产损溢——待处理流动资产损溢"科目，贷记"原材料""库存商品""库存现金""消耗性生物资产"等科目。经查明原因并报经批准处理时，借记"管理费用""其他应收款""营业外支出"等科目，贷记"待处理财产损溢"科目。

【例4-7】　广州源发2017年6月30日在账实核对中，乙材料盘亏1 000元，该批材料的进项税额为170元。

报经批准前，先调整账面余额，编制会计分录如下：

借：待处理财产损溢——待处理流动资产损溢　　　　　　　　　1 170
　　贷：原材料——乙材料　　　　　　　　　　　　　　　　　　　　1 000
　　　　应交税费——应交增值税（进项税额转出）　　　　　　　　　　170

报经批准，如属于定额内的自然损耗，则应作为管理费用，计入本期损益，编制会计分录如下：

借：管理费用　　　　　　　　　　　　　　　　　　　　　　　1 170
　　贷：待处理财产损溢——待处理流动资产损溢　　　　　　　　　　1 170

如果经查实，上述盘亏材料属于管理人员王华过失造成，应由过失人赔偿，编制会计分录如下：

借：其他应收款——王华　　　　　　　　　　　　　　　　　　1 170

贷：待处理财产损溢——待处理流动资产损溢　　　　　　　　　　　1 170

如果属于非常事故造成的损失，经批准列作营业外支出，编制会计分录如下：

借：营业外支出　　　　　　　　　　　　　　　　　　　　　1 170

　　贷：待处理财产损溢——待处理流动资产损溢　　　　　　　　　1 170

二、结账

所谓结账，就是在把一定时期内所发生的经济业务全部登记入账的基础上，结计出所有账户的本期发生额和期末余额，并做出结账标记，表示本期账簿登记已经结束的一项会计工作。结账的内容通常包括两个方面：一是结清各种损益类账户，并据以计算确定本期利润；二是结清各资产、负债和所有者权益账户，分别结计出本期发生额合计和余额。

（一）结账的程序

第一步，检查账簿记录的完整性和正确性。结账前应检查本期内发生的所有经济业务是否均已填制或取得了会计凭证，并据以登记入账。有无错记和漏记，若发现登记工作有错误，要及时按照规定的方法进行更正。

第二步，根据权责发生制的要求，调整有关账项，合理确定本期应计的收入和应计的费用。即本期实现的收入应当计入本期，本期应负担的费用也应计入本期，以便正确计算本期收入、成本费用，真实反映企业财务成果。

第三步，结清各种损益类账户，编制结账分录。

（1）期末将损益收入（损益支出）类账户的贷方（或借方）发生额反方向结转到“本年利润”账户的贷方（或借方），以结平所有损益类账户。

（2）年末将“本年利润”账户的贷方（或借方）差额反方向转入“利润分配——未分配利润”账户的贷方（或借方），以结平“本年利润”账户。

（3）年末将“利润分配”账户的借方发生额反方向转入“未分配利润”账户的借方，以结平“利润分配”账户。

（4）年末通过“利润分配——未分配利润”账户来确定是本年度的未分配利润（贷方余额），还是留待以后年度利润弥补的亏损（借方余额）。

第四步，结算出资产、负债和所有者权益科目的本期发生额和余额，并结转下期。

（二）结账的方法

结账按其结算时期不同，主要有月结、季结和年结三种。

（1）月结。按月计算登记各种账簿的本期发生额和期末余额，称为月结。办理月结时，应考虑各账户的特点分别采用不同的方法具体如下：

①日记账。库存现金日记账、银行存款日记账和需要按月结计发生额的收入、费用等明细账，每月结账时，要在最后一笔经济业务记录下面通栏划单红线，结出本月发生额和余额，在摘要栏内注明“本月合计”字样，在下面通栏划单红线。

②明细账。

a.本月没有发生额的账户，不必进行月结，不划结账红线。

b.对不需要按月结计本期发生额而只求余额的明细账每次记账以后，都要随时结出余额。如结算类、资本类、财产物资类明细账，月末结账时，只需在最后一笔经济业务记录行的下一行并紧靠上线通栏划单红线（称为“结账线”），不需要再结计一次余额。划线的目的，是为了突出有关数字，表示本期的会计记录已经截止或者结束，并将本期与下期的记录明显分开。

c.对需要按月结计发生额和期末余额的账户，月末结账时，要加计本月的发生额并计算出余额。如应交税费、生产成本、制造费用和各种损益类等明细账，月末结账时，要在最后一笔经济业务记录行的下一行（月结行）并紧靠上线划通栏单红线，并在其行内结出本月发生额和余额，在摘要栏内注明"本月合计"字样，再在"月结行"的下一行并紧靠上线通栏划单红线。

d.对需要结计本年累计发生额的账户，既要进行本月发生额的月结，又要进行年度累计发生额的月结。如"本年利润"和"利润分配"总账及所属明细账、采用"表结法"下的损益类账户。

每月结账时，先在该月最后一笔经济业务记录的下一行（月结行）并紧靠上线通栏划单红线，进行月结；然后再在"月结行"的下一行（本年累计行）结出自年初始至本月末止的累计发生额和月末余额，在摘要栏内注明"本年累计"字样，并在本年累计行的下一行紧靠上线通栏划单红线。

③总账。采用"记账凭证账务处理程序"所登记的总账，需要按月结计发生额和期末余额，要在最后一笔经济业务记录行的下一行（月结行）并紧靠上线划通栏单红线，并在其行内结出本月发生额和余额，在摘要栏内注明"本月合计"字样，再在"月结行"的下一行并紧靠上线划通栏单红线。

采用科目汇总表账务处理程序所登记的总账（除"本年利润"和"利润分配"账户），平时只需结出月末余额，即只需要在最后一笔经济业务记录之下通栏划单红线。

（2）季结。季度结账一般是总账才需要，由于总账在年终结账时要将所有总账结出全年发生额和年末余额，以便于总括反映本年全年各项资金运动情况的全貌并核对账目，而总账在各月只结余额而不结发生额，为减少年终结账的工作量而把工作做在平时，对于总账就要进行季结。即在每季度结束时，应在季末月份月结后，分别结算出本季度借方、贷方本期发生额合计数和期末余额，在"摘要"栏内注明"本季度累计"字样，并在该行下面通栏划单红线。

（3）年结。

①年末没有余额的情况。如果总账年末没有余额，将总账在第四季度季结"本季度累计"行下一行的"摘要"栏内注明"本年合计"字样，加计1~4季度的"本季度累计"，填在该行的"借方""贷方"栏内，并在"借或贷"栏写"平"字和在"余额栏"画" "θ符号，然后在"本年合计"行下通栏划双红线（称为"封账线"，下同），封账即可。

如果明细账年末没有余额，对于只需结计余额的，在12月最后一笔经济业务记录之下通栏划双红线，封账即可；对于需要按月结计发生额和结计本年累计发生额的某些明细账，则需在12月末的"本月合计"或"本年累计"行下通栏划双红线，封账即可。

②年末有余额的情况。对于总账，应分借、贷方加计1~4季度的"本季度累计"，并将其发生额和年末余额（12月月末的余额）填在第四季度季结"本季度累计"行下一行的相关栏内，同时在该行的"摘要"栏内注明"本年合计"字样。

对于明细账，如果是只需结计期末余额和结计本年累计发生额，12月份的月结就是年结。而需要按月结计发生额的，还需要在12月月结的基础上分借、贷方加计全年的发生额，并将其发生额和年末余额（12月月末的余额）填在12月份月结行的下一行相关栏内，同时在该行的摘要栏内注明"本年合计"字样。

③结转下年。年度终了结账时，有余额的账户，要将余额结转下年，并在摘要栏内注明"结转下年"字样；在下一个会计年度新建有关账户的第一行余额栏内填写上年结转的余额，并在摘要栏内注明"上年结转"字样。即将有余额的账户的余额直接记入新账余额栏内，不需要编制记账凭证，也不必将余额再记入本年账户的借方或贷方，使本年有余额的账户的余额变为零。因为既然年末是有余额的账户，其余额应当如实地在账户中加以反映，否则容易混淆有余额的账户和没有余额的账户之间的区别。

（三）更换新账的方法

会计账簿的更换通常在新会计年度建账时进行。具体方法如下：

（1）总账、日记账和大部分的明细账，要每年更换一次。年初，将旧账簿中的各账户的余额直接记入新账簿中有关账户新账页的第一行"余额"栏内；同时，在"摘要"栏内注明"上年结转"字样，在旧账页最后一行"摘要"栏内注明"结转下年"字样，并将旧账页最后一行数字下的空格划一条斜红线以示注销。

（2）部分明细账，如固定资产明细账，因年度内变动不多，年初可不必更换账簿；又如材料明细账和债权债务明细账，由于材料品种、规格和往来单位较多，更换新账重抄一遍工作量较大，因此，可以跨年度使用，不必每年更换新账。备查账簿可以连续使用。

帮你记忆

错账更正方法	适用范围	具体更正方法
划线更正法	账错证未错	账上错误划红线注销更正
红字更正法	证错账也错	红字金额冲销错，正确金额重新写
补充登记法	证错账也错，只是金额少计	蓝字补充记

本模块小结

★ 本模块主要阐述会计账簿的设置和登记方法，对账与结账，错账的更正方法，账簿的更换等内容。

★ 会计账簿，简称账簿，是由具有一定格式、互有联系的若干账页所组成，以会计凭证为依据，用以全面、系统、序时、分类连续地记录各项经济业务的簿记。设置和登记账簿是会计核算的专门方法之一。

★ 账簿分类的方法主要有以下三种：按用途不同分类，可以分为序时账簿、分类账簿和备查账簿；按外表形式不同分类，可以分为订本式账簿、活页式账簿和卡片式账簿；按账页格式不同分类，可分为三栏式账簿、多栏式账簿、数量金额式账簿和横线登记式账簿。

★ 在账簿设置的基础上，会计人员应依据审核无误的会计凭证，按照账簿登记规则登记各种账簿。为保证账簿记录的真实、可靠，还要进行对账，期末办理结账。结账按其结算时期不同，主要有月结、季结和年结。

★ 发生错账应采用相应的方法进行更正。错账更正方法包括划线更正法、红字更正法和补充登记法。

★ 更换新账。每年都应更换账簿，但有些特殊的、次要的账簿也可以不更换，如固定资产的明细账。

重要名词中英文对照

会计账簿	Account book
日记账	Journal
对账	Checking
平行登记	Parallel record
结账	Closing
明细分类账	Subsidiary ledger
总分类账	General ledger

知识点理论训练

一、单项选择题

1.下列说法正确的是（　　）。

A.总分类账的登记方法取决于所采用的账务处理程序

B.三栏式明细账中只包括三个栏目

C.总分类账最常用的格式为多栏式

D.明细分类账的格式主要有三种：三栏式、多栏式和数量金额式

2.下列适合采用多栏式明细账格式核算的是（　　）。

A.原材料　　　　　　B.制造费用　　　　　　C.应付账款　　　　　　D.库存商品

3.更正错账时，划线更正法的适用范围是（　　）。

A.记账凭证上会计科目或记账方向错误，导致账簿记录错误

B.记账凭证正确，在记账时发生错误，导致账簿记录错误

C.记账凭证上会计科目或记账方向正确，所记金额大于应记金额，导致账簿记录错误

D.记账凭证上会计科目或记账方向正确，所记金额小于应记金额，导致账簿记录错误

4.登记账簿时，错误的做法是（　　）。

A.文字和数字的书写占格距的1/2　　　　　　B.使用圆珠笔书写

C.用红字冲销错误记录　　　　　　D.在发生的空页上注明"此页空白"

5.下列做法错误的是（　　）。

A.库存现金日记账采用三栏式账簿　　　　　　B.产成品明细账采用数量金额式账簿

C.生产成本明细账采用三栏式账簿　　　　　　D.制造费用明细账采用多栏式账簿

6.对账时，账账核对不包括（　　）。

A.总账各账户的余额核对　　　　　　B.总账与明细账之间的核对

C.总账与备查账之间的核对　　　　　　D.总账与日记账的核对

7.采用补充登记法，是因为（　　）导致账簿记录错误。

A.记账凭证上会计科目错误

B.记账凭证上记账方向错误

C.记账凭证上会计科目或记账方向正确，所记金额大于应记金额，导致账簿记录错误

D.记账凭证上会计科目或记账方向正确，所记金额小于应记金额，导致账簿记录错误

8.能够总括反映企业某一经济业务增减变动的会计账簿是（   ）。

A.总分类账　　　　B.两栏式账　　　　C.备查账　　　　D.序时账

9.在下列项目中，（   ）是连接会计凭证和会计报表的中间环节。

A.复式记账　　　　　　　　B.设置会计科目和账户

C.设置和登记账簿　　　　　D.编制会计分录

10.在我国，总分类账要选用（   ）。

A.活页式账簿　　　　　　　B.自己认为合适的账簿

C.片式账簿　　　　　　　　D.订本式账簿

11.启用账簿时，不能在扉页上书写的是（   ）。

A.单位名称　　　B.账簿名称　　　C.账户名称　　　D.启用日期

12.下列明细账应该采用数量金额式的是（   ）。

A.库存商品——A产品　　　　　B.银行存款日记账

C.应付账款——A公司　　　　　D.应收账款——M公司

13.在下列选项中，（   ）不属于总分类账与明细分类账的平行登记要求。

A.依据相同　　　B.方向相同　　　C.时间相同　　　D.金额相同

14.银行存款日记账是根据（   ）逐日逐笔登记的。

A.银行存款收付款凭证　　　　B.转账凭证

C.现金收款凭证　　　　　　　D.银行对账单

15.收回货款1 500元存入银行，记账凭证误填为15 000元，并已入账。正确的更正方法是（   ）。

A.采用划线更正法

B.用蓝字借记"银行存款"，贷记"应收账款"

C.用蓝字借记"应收账款"，贷记"银行存款"

D.用红字借记"银行存款"，贷记"应收账款"

16.对账的内容不包括（   ）。

A.账实核对　　　B.账账核对　　　C.账证核对　　　D.表表核对

17.（   ）是会计核算的中心环节。

A.填制和审核会计凭证　　　　B.进行成本计算

C.设置和登记账簿　　　　　　D.编制财务会计报告

18.下列各账簿中，必须逐日逐笔登记的是（   ）。

A.库存现金日记账　　　　　　B.银行存款日记账

C.应收账款明细账　　　　　　D.应付票据登记簿

19.下列说法正确的是（   ）。

A.现金付款凭证不能用来作为登记银行存款日记账的依据

B.登记各种账簿的直接依据只能是记账凭证

C.库存现金及银行存款日记账的外表形式应采用订本式

D.总分类账发生额及余额试算平衡表中本期借方发生额合计等于本期贷方发生额合计，说明账户发生额记录肯定没有错误

20.企业开出转账支票1790元购买办公用品，编制记账凭证时，全额误记为1970元，科目及方向无误并已记账，应采用的更正方法是（　　　）。

A.补充登记180元　　　　　　　　　　B.红字冲销180元

C.在凭证中划线更正　　　　　　　　　D.把错误凭证撕掉重编

21.下列明细分类账一般不适宜采用三栏式账页格式的是（　　　）。

A.应收账款明细账　　　　　　　　　　B.应付账款明细账

C.实收资本明细账　　　　　　　　　　D.原材料明细账

22.根据记账凭证登账，误将1000元记为100元，应采用（　　　）进行更正。

A.红字更正法　　　B.补充登记法　　　C.划线更正法　　　D.平行登记法

23.下列说法正确的是（　　　）。

A.企业应收应付账款明细账与对方单位账户记录核对属于账账核对

B.所有账簿，每年必须更换新账

C.除结账和更正错账外，一律不得用红色墨水登记账簿

D.账簿记录正确并不一定保证账实相符

24.下列无须设置明细账户进行核算的是（　　　）。

A.应付账款　　　B.实收资本　　　C.累计折旧　　　D.原材料

25.财产清查是对（　　　）进行盘点和核对，确定其实存数，并检查其账存数和实存数是否相符的一种专门方法。

A.存货　　　　　　B.固定资产　　　　C.货币资金　　　　D.各项财产

26.下列属于实物资产清查范围的是（　　　）。

A.库存现金　　　　B.存货　　　　　　C.银行存款　　　　D.应收账款

27.企业在遭受自然灾害后，对其受损的财产物资进行的清查，属于（　　　）。

A.局部清查和定期清查　　　　　　　　B.全面清查和定期清查

C.局部清查和不定期清查　　　　　　　D.全面清查和不定期清查

28.对库存现金的清查应采用的方法是（　　　）。

A.实地盘点法　　　　　　　　　　　　B.检查库存现金日记账

C.倒挤法　　　　　　　　　　　　　　D.抽查现金

29.对应收账款进行清查时，应采用的方法是（　　　）。

A.与记账凭证核对　　　　　　　　　　B.函证法

C.实地盘点法　　　　　　　　　　　　D.技术推算法

二、多项选择题

1.会计账簿的基本内容包括（　　　）。

A.封面　　　　　　B.扉页　　　　　　C.账页　　　　　　D.账簿名称

2.账页是会计账簿的主体，会计账簿由若干账页组成，下列各项属于账页内容的

有（ ）。

A.账户的名称

B.登记账簿的日期栏

C.摘要栏

D.总页次和分页次栏

3.下列情况可以用红色墨水记账的有（ ）。

A.按照红字冲账的记账凭证，冲销错误记录

B.在不设借贷等栏的多栏式账页中，登记减少数

C.在三栏式账户的余额栏前，印明余额方向的，在余额栏内登记负数余额

D.在三栏式账户的余额栏前，未印明余额方向的，在余额栏内登记负数余额

4.下列说法正确的有（ ）。

A.凡需要结出余额的账户，结出余额后，应当在"借或贷"栏内注明"借"或"贷"字样

B.没有余额的账户，应当在"借或贷"栏内写"—"

C.库存现金日记账必须逐日结出余额

D.银行存款日记账必须逐日结出余额

5.按照用途的不同，会计账簿分为（ ）。

A.序时账簿

B.分类账簿

C.备查账簿

D.数量金额式账簿

6.下列适于建立备查账的有（ ）。

A.租入的固定资产

B.应收票据

C.委托加工材料

D.购入的固定资产

7.下列属于序时账的有（ ）。

A.库存现金日记账

B.银行存款日记账

C.应收账款明细账

D.主营业务收入明细账

8.下列应该使用多栏式账簿的有（ ）。

A.主营业务收入明细账

B.管理费用明细账

C.库存商品

D.原材料

9.下列可以用三栏式账簿登记的有（ ）。

A.总账

B.库存现金日记账

C.应收账款

D.实收资本

10.订本账一般适用于（ ）。

A.总分类账

B.库存现金日记账

C.银行存款日记账

D.固定资产明细账

11.下列可以作为库存现金日记账借方登记依据的有（ ）。

A.现金收款凭证

B.现金付款凭证

C.银行存款收款凭证

D.银行存款付款凭证

12.下列可以作为总分类账登记依据的有（ ）。

A.记账凭证

B.科目汇总表

C.汇总记账凭证

D.明细账

13.下列说法正确的有（ ）。

A.应收账款明细账可以采用三栏式格式

B.原材料明细账可以采用数量金额式格式

C.生产成本明细账可以采用数量金额式格式

D.应收票据业务可以采用横线登记式格式

14.不同类型经济业务的明细分类账，可根据管理需要，依据（　　）逐日逐笔登记或定期登记。

A.记账凭证　　　　　　B.科目汇总表　　　　　　C.原始凭证

D.汇总原始凭证　　　　E.汇总记账凭证

15.对账的内容一般包括（　　）。

A.账证核对　　　　B.账账核对　　　　C.账实核对　　　　D.账表核对

16.财产清查的正确分类方法有（　　）。

A.全面清查和局部清查　　　　　　B.全面清查和定期清查

C.定期清查和不定期清查　　　　　D.定期清查和局部清查

17.下列可以进行全面清查的有（　　）。

A.银行存款　　　　B.固定资产　　　　C.应收账款　　　　D.库存商品

18.进行局部财产清查时，正确的做法有（　　）。

A.现金每月清点一次　　　　　　　B.银行存款每月至少同银行核对一次

C.贵重物品每月盘点一次　　　　　D.债权债务每年至少核对一两次

19.下列适于采用实地盘点法清查的有（　　）。

A.原材料

C.露天堆放的沙石　　　　　　　　B.固定资产

　　　　　　　　　　　　　　　　D.包装完整的大件

20.造成账实不符的原因主要有（　　）。

A.财产物资的自然损耗　　　　　　B.财产物资收发计量错误

C.财产物资的毁损、被盗　　　　　D.会计账簿漏记、重记、错记

三、判断题

1.会计账簿是指由一定格式账页组成的，以会计凭证为依据，全面、系统、连续地记录各项经济业务的簿籍。　　　　　　　　　　　　　　　　　　　　　　（　　）

2.在登记账簿时如果发生隔页、跳行，可以在空页、空行处用蓝色墨水画对角线注销。　　　　　　　　　　　　　　　　　　　　　　　　　　　　　　　　　　（　　）

3.登记账簿必须使用蓝黑墨水或者碳素墨水并用钢笔书写，绝对不得使用圆珠笔或者铅笔书写。　　　　　　　　　　　　　　　　　　　　　　　　　　　　　　（　　）

4.新旧账有关账户之间转记余额，不必编制记账凭证。　　　　　　　　　（　　）

5.所有的明细账，年末时都必须更换。　　　　　　　　　　　　　　　　（　　）

6.登记账簿时，发生的空行、空页一定要补充书写，不得注销。　　　　（　　）

7.由于编制的记账凭证会计科目错误，导致账簿记录错误，更正时，可以将错误的会计科目划红线注销，然后，在划线上方填写正确的会计科目。　　　　　　　（　　）

8.期末对账时，也包括账证核对，即会计账簿与原始凭证、记账凭证核对。（　　）

9.企业的序时账簿和分类账簿必须采用订本账。　　　　　　　　　　　　（　　）

10.结账时，没有余额的账户，应当在"借或贷"栏内用"0"表示。　　　（　　）

11.为便于管理，"应收账款""应付账款"的明细账必须采用多栏式明细分类账格式。　　　　　　　　　　　　　　　　　　　　　　　　　　　　（　　）

12.账户存在于账簿之中，账簿记载经济业务是在个别账户中完成的。　（　　）

13.账簿中的每一账页是账户的存在形式和载体，而账户是账簿的具体内容，因此账户与账簿的关系是形式与内容的关系。　　　　　　　　　　　　　（　　）

14.序时账和分类账所提供的核算信息是编制会计报表的主要依据。　（　　）

15.对各种明细账除可采用活页账外表形式外，还可采用卡片账外表形式。（　　）

16.不定期清查，可以是全面清查，也可以是局部清查。　　　　　　　（　　）

17.在进行现金和存货清查时，出纳人员和实物保管人员不得在场。　（　　）

18.在企业撤销或合并时，要对企业的部分财产进行重点清查。　　　（　　）

19."银行存款余额调节表"编制完成后，可以作为调整企业银行存款余额的原始凭证。　　　　　　　　　　　　　　　　　　　　　　　　　　　（　　）

20.未达账项只有在企业与开户银行之间发生，企业与其他单位之间不会发生未达账项。　　　　　　　　　　　　　　　　　　　　　　　　　　（　　）

📖知识点操作训练

训练一

目的：掌握银行存款余额调节表的编制。

内容：某企业2017年5月30日银行存款日记账余额238 000元，银行对账单余额243 000元。经逐笔核对，发现有几笔未达账项：

（1）企业偿还A公司货款25 000元已登记入账，但银行尚未登记入账。

（2）企业收到销售商品款35 100元已登记入账，但银行尚未登记入账。

（3）银行已划转电费4 900元登记入账，但企业尚未收到付款通知单，未登记入账。

（4）银行已收到外地汇入货款20 000元登记入账，但企业尚未收到收款通知单，未登记入账。

要求：编制银行存款余额调节表。

训练二

目的：掌握财产清查的账务处理。

内容：某工厂2017年年终进行财产清查，在账实清查中发现以下问题：

（1）账外盘盈旧机器一台，原值为4 800元，重新估价，估计已提折旧3 300元。

（2）账外盘盈乙种材料260千克，每千克为15元。

（3）盘亏A型旧设备1台，账面原值1 700元，已提折旧920元。

（4）盘亏甲种材料350千克，每千克单价为18元。

（5）盘亏乙种材料400千克，每千克20元。

（6）盘亏#01产成品6件，每件35元。

要求：根据以上在账实清查中发现的问题，编制审批前的会计分录（要反映明细科目）。

✖课堂外延拓展

试用Excel应用程序设计一套日记账账页和一套数量金额账账页。

课外阅读平台

一、财产清查

1.财产清查的内容

财产清查主要是对固定资产、流动资产、对外投资、无形资产、其他资产及负债的清查。财产清查的具体内容如下：

（1）结算款项，包括应收款项、应付款项、应交税费等是否存在，与债务、债权单位的相应债务、债权金额是否一致。

（2）原材料、在产品、自制半成品、库存商品等各项存货的实存数量与账面数量是否一致，是否有报废损失和积压物资等。

（3）各项投资是否存在，投资收益是否按照国家统一的会计制度规定进行确认和计量。

（4）房屋建筑物、机器设备、运输工具等各项固定资产的实存数量和账面数量是否一致。

（5）在建工程的实际发生额与账面记录是否一致。

（6）需要清查核实的其他内容。

2.财产物资的盘存制度

（1）永续盘存制。永续盘存制又称账面盘存制，是指对财产物资的增减进行逐日逐笔地登记，并随时结出账面余额的一种方法。这种方法要求平时应根据审核无误的会计凭证，连续地登记各项财产物资的增加或减少，并随时结出余额。在永续盘存制下，账面期末余额的计算公式为：

账面期末余额＝账面期初余额＋本期增加额－本期减少额

永续盘存制平时对财产物资的增减变动都有严密的手续，能及时反映财产物资的收入、发出、结存情况，有利于加强财产物资管理。同时，它也存在一些不足之处：如核算工作量大，由于财产物资的增减变动都是根据有关会计凭证登记的，有可能发生账实不符的情况。因而，采用永续盘存制也要对各项财产物资进行清查，将实存数与账存数核对，以查明账实是否相符以及账实不符的原因。

（2）实地盘存制。实地盘存制是指会计期末通过对全部财产物资进行实地盘点，确定期末财产物资的结存数量，进而推算出本期财产物资的减少数。采用实地盘存制，平时只需根据审核无误的会计凭证在账簿中登记财产物资的增加数，不登记减少数，期末对各项财产物资进行实地盘点，确定实存数，然后根据"账面期初余额＋本期增加额－期末实地盘点的实存数＝本期减少数"，倒算出本期各项财产物资的减少数。

由于实地盘存制平时对财产物资的减少不做账簿记录，这简化了日常核算工作，但是相对加大了期末的工作量。同时，核算手续不严密，不能随时反映财产物资的增减变动和结存情况，不易发现财产物资管理中的问题，容易掩盖自然损失和人为损失现象，从而不利于财产物资的管理。实地盘存制只适用于价值较低、品种复杂、变动频繁、平时难以计算耗费数量的物资。

综上所述，无论采用哪种盘存制度，都必须定期或不定期地对财产物资进行清查盘点。

3.财产清查的种类

财产清查可按下列不同的标准进行分类：

（1）按清查范围不同分类。财产清查按其清查范围的不同，分为全面清查和局部清查。

①全面清查。全面清查是对本单位所有的财产物资进行全面的盘点与核对。全面清查范围大、内容多、时间长、参与人员多。需要进行全面清查的情况通常主要有：年终决算之前；单位撤销、合并或改变隶属关系前；中外合资、国内合资前；企业股份制改制前；开展全面的资产评估、清产核资前；单位主要领导调离工作前。

②局部清查。局部清查是根据需要对部分财产物资进行盘点与核对，主要是对货币资金、存货等流动性较大的财产的清查。局部清查范围小、内容少、时间短、参与人员少，但专业性较强。局部清查一般包括下列清查内容：现金应每日清点一次，银行存款每月至少同银行核对一次，债权债务每年至少核对一两次，各项存货应有计划、有重点地抽查，贵重物品每月清查一次等。通过局部清查，可以做到对重要物资、货币资金进行重点管理，对流动性大的物资进行经常管理，以确保企业财产的安全完整。

（2）按清查的时间不同分类。财产清查按其清查的时间不同，分为定期清查和不定期清查。

①定期清查。定期清查是根据管理制度的规定或预先计划安排的时间对财产物资进行的清查。这种清查的对象不定，可以是全面清查，也可以是局部清查。其清查的目的在于保证会计核算资料的真实、正确，定期清查一般是在年末、季末或月末结账时进行。

②不定期清查。不定期清查是根据实际需要对财产物资所进行的临时性清查。不定期清查多数情况下是局部清查，如改换财产物资保管人员进行的有关财产物资的清查、发生意外灾害等非常损失进行的损失情况的清查、有关部门进行的临时性检查等，也可以是全面清查，如单位撤销、合并或改变隶属关系而进行的资产、债权债务的清查。企业在编制年度财务会计报告前，应当全面清查财产，核实债务。各单位应当定期将会计账簿记录与实物、款项及有关资料互相核对，保证会计账簿记录与实物及款项的实有数额相符。

二、错账的查找方法

查找错账的方法有很多，现将常用的几种方法介绍如下：

1.顺查法（亦称正查法）

顺查法是按照账务处理的顺序，从原始凭证、账簿、会计报表的过程进行查找的一种方法。其具体步骤如下：

首先检查记账凭证是否正确，其次将记账凭证、原始凭证同有关账簿记录一笔一笔地进行核对，最后检查有关账户的发生额和余额。这种检查方法，可以发现重记、漏记、错记科目、错记金额等。这种方法的优点是查找范围大，不易遗漏；缺点是工作量大，需要的时间比较长。所以在实际工作中，一般是在采用其他方法查找不到错误的情况下采用这种方法。

2.逆查法（亦称反查法）

逆查法与顺查法相反，是按照账务处理的顺序，从会计报表、账簿、原始凭证的过程进行查找的一种方法。其具体步骤如下：

首先检查各有关账户的余额是否正确，其次将有关账簿按照记录的顺序由后向前同有关记账凭证或原始凭证进行逐笔核对，最后检查有关记账凭证的填制是否正确。这种方法的优缺点与顺查法相同。

3.抽查法

抽查法是对整个账簿记账记录抽取其中某部分进行局部检查的一种方法。当出现差错时，可根据具体情况分段、重点查找。将某一部分账簿记录同有关的记账凭证或原始凭证进行核对。还可以根据差错发生的位数有针对性地查找。如果差错是角、分，只要查找元以下尾数即可；如果差错是整数的千位、万位，只需查找千位、万位数即可，其他的位数就不用逐项或逐笔地查找了。这种方法的优点是范围小，可以节省时间，减少工作量。

4.偶合法

偶合法是根据账簿记录差错中经常遇见的规律，推测与差错有关的记录而进行查找的一种方法。这种方法主要适用于漏记、重记、记反账、错记账的查找。

（1）漏记的查找。

①总账一方漏记。在试算平衡时，借贷双方发生额不平衡，出现差错，在总账与明细账核对时，会发现某一总账所属明细账的借（或贷）方发生额合计数大于总账的借（或贷）方发生额，也出现一个差额，这两个差额正好相等。而且在总账与明细账中有与这个差额相等的发生额，这说明总账一方的借（或贷）方漏记，借（或贷）方哪一方的数额小，漏记就在哪一方。

②明细账一方漏记。如果明细账一方漏记，则在总账与明细账核对时可以发现。总账已经试算平衡，但在进行总账与明细账核对时，发现某一总账借（或贷）方发生额大于其所属各明细账借（或贷）方发生额之和，说明明细账一方可能漏记，可对该明细账的有关凭证进行查对。

③凭证漏记。如果整张的记账凭证漏记，则没有明显的错误特征，只有通过顺查法或逆查法逐笔查找。

（2）重记的查找。

①总账一方重记。在试算平衡时，借贷双方发生额不平衡，出现差错，在总账与明细账核对时，会发现某一总账所属明细账的借（或贷）方发生额合计数小于该总账的借（或贷）方发生额，也出现一个差额，这两个差额正好相等，而且在总账与明细账中有与这个差额相等的发生额记录，说明总账借（或贷）方重记，借（或贷）方哪一方的数额大，重记就在哪一方。

②明细账一方重记。如果明细账一方重记，在总账与明细账核对时可以发现。总账已经试算平衡，与明细账核对时，某一总账借（或贷）方发生额小于其所属明细账借（或贷）方发生额之和，则可能是明细账一方重记，可对与该明细账有关的记账凭证查对。

③凭证重记。如果整张的记账凭证重记，则没有明显的错误特征，只能用顺查法或逆查法逐笔查找。

（3）记反账的查找。记反账是指在记账时把发生额的方向弄错，将借方发生额记入贷方，或者将贷方发生额记入借方。总账一方记反账，则在试算平衡时发现借贷双方发生不平衡，出现差额。这个差额是偶数，能被2整除，所得的商数则在账簿上有记录，如果借方大于贷方，则说明将贷方错记为借方；反之，则说明将借方错记为贷方。如果明细账记反了，而总账记录正确，则总账发生额试算是正确的，可用总账与明细账核对的方法查找。

（4）错记账的查找。在实际工作中，错记账是指把数字写错，常见的有以下两种：

第一种，数字错位。数字错位即应记的位数不是前移就是后移，也就是小记大或大记小。例如，把千位数变成了百位数（大变小），把1 600记成160（大变小）；或把个位数变成百位数（小变大），把2.43记成243（小变大）。如果是大变小，在试算平衡或者总账与明细账核对时，正确数字与错误数字的差额是一个正数，这个差额除以9后所得的商与账上错误的数额正好相等。查账时如果差额能够除以9，所得商刚好是账上的数，可能记错了位。如果是小变大，在试算平衡或者总账与明细账核对时，正确数与错误数的差额是一个负数，这个差额除以9后所得商数再乘以10，得到的绝对数与账上错误数恰好相等。查账时应遵循：差额负数除以9、商数乘以10的数账上有，可能记错了位。

第二种，数字错记。错记是在登记账簿过程中的数字误写。对于错记的查找，可根据由于错记而形成的差数，分别确定查找方法，查找时不仅要查找发生额，同时也要查找余额。一般情况下，同时错记而形成的差数有以下几种情况：

①邻数颠倒。邻数颠倒是指在登记账簿时把相邻的两个数字互换了位置。如43错记成34，或把34错记成43。如果前大后小颠倒为后大前小，在试算平衡时，正确数与错误数的差额是一个正数，这个差额除以9后所得商数中的有效数字正好与相邻颠倒两数的差额相等，并且不大于9。可以根据这个特征在差值相同的两个邻数范围内查找。如果前小后大颠倒为前大后小，在试算平衡或者总账与明细账核算时，正确数与错误数的差额是一负数，其他特征同上。在上述情况下，查账时，差额能除以9，有效数字不过9，可能记账数颠倒，根据差值确定查找。

②隔位数字倒置。如425记成524，701记成107等，这种倒置所产生的差数的有效数字是三位以上，而且中间数字必然是9，差数以9除之所得的商数必须是两位相同的数，如22，33，44，…。商数中的1个数又正好是两个隔位倒置数字之差。如802错记成208，差数是594，以9除之则商数为66，两个倒置数8与2的差也是6。于是可采用就近邻位数字倒置差错的查找方法去查找账簿记录中百位和个位两数之差为6的数字，即600与006、701与107、802与208、903与309四组数，便可查到隔位数字倒置差错。

采用上述方法时，要注意：一是正确选择作为对比标准的基数；二是保证对比指标口径的可比性；三是同时分析相对数和绝对数的变化，并计算其对总量的影响。出纳人员在日常填制会计凭证和登记账簿过程中，可能出现一些差错，切忌生搬硬套，要从具体的实际工作出发，灵活运用查找的方法，有时还要几种方法结合起来并用，通过反复核实，一定会得出正确的结果。

三、账簿保管知识

账簿是企业中很重要的历史资料，它在清理贪污盗窃、保护财产安全完整和加强经济管理中有着极为重要的作用。因此，企业要加强对账簿的保管。保管主要有以下内容：

（1）在平时，账簿的保管同会计凭证一样，由会计人员负责保管。由于活页账和卡片账容易散失，因此，每天下班时，应加锁保存，保证它们的安全完整。

（2）年终装订成册的账簿，应造册归档保管，并由专人负责。造册归档时，要在各种账簿封面上注明单位名称、账簿名称、会计年度、账簿册数、第几册、页数和会计主管、经办人员签章，并编制"会计账簿归档登记表"。

（3）根据《会计档案管理办法》的规定，总分类账、明细分类账、备查账均应保存15年，库存现金日记账、银行存款日记账要保存25年。保管期满后，应按照规定的审批程序报经批准后才能销毁。

模块五
编制财务会计报表

知识目标 ◀

★ 了解财务会计报表的基本概念和基本构成。

★ 理解财务报表的编制要求。

★ 了解资产负债表、利润表的概念和作用。

★ 熟悉资产负债表、利润表的结构和内容。

★ 掌握资产负债表、利润表的编制方法。

★ 了解现金流量表的概念、作用、结构和编制原理。

技能目标 ◀

★ 能熟练地编制资产负债表。

★ 能熟练地编制利润表。

▶ 情境导入 ◀

李刚是广州源发公司的一名会计人员，他在该公司工作近一年，到了年末，会计主管分配给李刚一项新任务——编制资产负债表和利润表。

如果你是该公司的会计李刚，在编制会计报表前应做好哪些准备工作？资产负债表和利润表应如何编制？

会计报表是通过整理、汇总日常会计核算资料而定期编制的用来记账、总括地反映企业单位在某一特定日期的财务状况以及某一特定时期的经营成果和现金流量等的书面报告。会计报表主要包括资产负债表、利润表、现金流量表和所有者权益变动表等。会计报表是企业会计核算的重要组成部分，编制会计报表是会计核算专门方法之一。

学习任务一　编制资产负债表

一、资产负债表的内容与结构

（一）资产负债表的内容

资产负债表是反映企业在某一特定日期（月末、季末、年末）财务状况的报表。它是根据"资产=负债+所有者权益"的基本会计等式编制，属于静态报表，主要反映以下三个方面的内容：

（1）在某一特定日期企业所拥有的经济资源，即某一特定日期企业所拥有或控制的各项资产的余额及其分布情况，包括流动资产和非流动资产。

（2）在某一特定日期企业所承担的负债总额及其结构，表明企业未来需要用多少资产或劳务清偿债务及清偿期限长短，包括各项流动负债和非流动负债。

（3）企业所有者在某一特定日期所拥有的权益，据以判断资本保值、增值的情况及对负债的保障程度，包括投资者投入的资本、资本公积、其他综合收益、盈余公积和未分配利润。

（二）资产负债表的结构

资产负债表一般由表首、表体和表尾三部分组成。表首部分主要包括报表名称、编制单位名称、编制日期、报表编号和货币计量单位等内容；表体则列出企业的资产、负债和所有者权益各项目的期初数和期末数，是资产负债表的主要部分；表尾主要包括补充说明及有关人员签章。

资产负债表表体的格式分为账户式和报告式两种，我国的资产负债表采用账户式。账户式资产负债表将资产负债表分为左方和右方，左方列出资产各项目，右方列出负债和所有者权益各项目。不管哪一种结构，资产负债表的资产总计总是等于负债及所有者权益总计。在资产负债表中，资产按照其流动性大小分类分项列示，流动性大的排在前面，流动性小的排在后面，包括流动资产和非流动资产。负债按照其偿还期限分类分项列示，包括流动负债和非流动负债等；所有者权益按照实收资本（或股本）、资本公积、盈余公积和未分配利润等项目分项列示。

我国账户式资产负债表的格式见表5-1。

二、资产负债表的编制方法

（一）资产负债表的"年初余额"和"期末余额"

资产负债表主体部分的各项都列有"年初余额"和"期末余额"两个栏目，是一种比较资产负债表。其中"年初余额"栏内各项数字，应根据上年年末资产负债表的"期末余额"栏内所列数字填列。如果本年度资产负债表规定的各个项目的名称和内容同上年度不相一致，应对上年年末资产负债表各项目的名称和内容按照本年度的规定进行调整，填入本表"年初余额"栏内。各项目"期末余额"栏内的数字可以通过以下几种方式取得：

（1）根据总账余额直接填列。例如，"固定资产清理""长期待摊费用""递延所得税资产""短期借款""应付票据""应付职工薪酬""应交税费""应付股利""应付利息""递延所得税负债""其他应付款""长期借款""实收资本""资本公积""盈余公积"等项目。

表 5-1　　　　　　　　　　**资 产 负 债 表**　　　　　　　　　　会企 01 表

编制单位：　　　　　　　　　　　　　　年　月　日　　　　　　　　　　　　单位：元

资　产	期末余额	年初余额	负债和所有者权益 （或股东权益）	期末余额	年初余额
流动资产：			流动负债：		
货币资金			短期借款		
以公允价值计量且其变动计 　入当期损益的金融资产			以公允价值计量且其变动计入 　当期损益的金融负债		
应收票据			应付票据		
应收账款			应付账款		
预付款项			预收款项		
应收利息			应付职工薪酬		
应收股利			应交税费		
其他应收款			应付利息		
存货			应付股利		
一年内到期的非流动资产			其他应付款		
其他流动资产			一年内到期的非流动负债		
流动资产合计			其他流动负债		
非流动资产：			流动负债合计		
可供出售金融资产			非流动负债：		
持有至到期投资			长期借款		
长期应收款			应付债券		
长期股权投资			长期应付款		
投资性房地产			专项应付款		
固定资产			预计负债		
在建工程			递延所得税负债		
工程物资			其他非流动负债		
固定资产清理			非流动负债合计		
生产性生物资产			负债合计		
油气资产			所有者权益(或股东权益)：		
无形资产			实收资本(或股本)		
开发支出			资本公积		
商誉			减：库存股		
长期待摊费用			其他综合收益		
递延所得税资产			盈余公积		
其他非流动资产			未分配利润		
非流动资产合计			所有者权益（或股东权益）合计		
资产总计			负债和所有者权益 　　（或股东权益）总计		

单位负责人：　　　　　财会负责人：　　　　　复核：　　　　　制表：

（2）根据若干个总账账户的期末余额分析计算后填列。例如：

①"货币资金"项目="库存现金"+"银行存款"+"其他货币资金"；

②"存货"项目="材料采购（在途物资）"+"原材料"+"库存商品"+"周转材料"+"委托加工物资"+"生产成本"+"商品进销差价"+"委托代销商品"-"存货跌价准备"等。

（3）根据有关明细账账户的期末余额分析填列。"应收账款""预收款项""应付账款""预付款项"等项目应根据明细账余额资料按以下方法计算填列：

①"应收账款"项目="应收账款"明细账（借余）+"预收账款"明细账（借余）-"坏账准备"科目中有关应收账款计提的坏账准备余额；

②"预收款项"项目="应收账款"明细账（贷余）+"预收账款"明细账（贷余）；

③"应付账款"项目="应付账款"明细账（贷余）+"预付账款"明细账（贷余）；

④"预付款项"项目="应付账款"明细账（借余）+"预付账款"明细账（借余）-"坏账准备"科目中有关预付款项计提的坏账准备额。

例如，某企业 2017 年 12 月 31 日结账后有关账户余额，见表 5-2。

表 5-2　　　　**某企业 2017 年 12 月 31 日结账后有关账户余额**　　　单位：万元

总账科目	明细科目	总账余额		明细科目余额	
		借方余额	贷方余额	借方余额	贷方余额
应收账款		800			
	A公司			1 000	
	B公司				200
预收账款			5 000		
	C公司				7 000
	D公司			2 000	
坏账准备					100

"应收账款"项目金额 = 1 000 + 2 000-100 = 2 900（万元）

"预收款项"项目金额 = 200 + 7 000 = 7 200（万元）

例如，某企业 2017 年 12 月 31 日结账后有关科目余额，见表 5-3。

表 5-3　　　　**某企业 2017 年 12 月 31 日结账后有关科目余额**　　　单位：万元

总账科目	明细科目	总账余额		明细科目余额	
		借方余额	贷方余额	借方余额	贷方余额
应付账款			6 000		
	A公司				8 000
	B公司			2 000	
预付账款		3 000			
	C公司			4 000	
	D公司				1 000

"预付款项"项目金额＝2 000＋4 000＝6 000（万元）

"应付账款"项目金额＝8 000＋1 000＝9 000（万元）

（4）根据总账和明细账余额分析计算填列。如"长期借款"项目，需要根据"长期借款"总账期末余额，扣除"长期借款"总账所属明细账中将在一年内到期的长期借款部分，分析计算填列。

（5）根据有关账户余额减去其备抵账户余额后的净额填列。如资产负债表中的"应收票据""应收账款""长期股权投资""在建工程"等项目，应当根据"应收票据""应收账款""长期股权投资""在建工程"等账户的期末余额，减去"坏账准备""长期股权投资减值准备""在建工程减值准备"等账户余额后的净额填列。

"固定资产"项目，应当根据"固定资产"账户的期末余额减去"累计折旧""固定资产减值准备"备抵账户余额后的净额填列；"无形资产"项目，应当根据"无形资产"账户的期末余额，减去"累计摊销""无形资产减值准备"备抵账户余额后的净额填列。

（6）报表中合计与总计的填列。报表中的合计与总计应根据报表项目之间的关系计算填列，例如：

①"流动资产合计"＋"非流动资产合计"＝"资产总计"；

②"流动负债合计"＋"非流动负债合计"＝"负债合计"；

③"所有者权益（或股东权益）合计"＋"负债合计"＝"负债和所有者权益（或股东权益）总计"。

（二）资产负债表中各项目的填列方法

（1）资产项目的填列方法。

①"货币资金"项目，反映企业库存现金、银行存款、外埠存款、银行汇票存款、银行本票存款、信用卡存款、信用证保证金存款等的合计数。本项目应根据"库存现金""银行存款""其他货币资金"账户期末余额的合计数填列。

②"以公允价值计量且其变动计入当期损益的金融资产"项目，反映企业持有的、以公允价值计量且其变动计入当期损益的、为交易目的所持有的债券投资、股票投资、基金投资等金融资产。本项目应根据"交易性金融资产"账户和在初始确认时指定为以公允价值计量且其变动计入当期损益的金融资产账户的期末余额填列。

③"应收票据"项目，反映企业因销售商品、提供劳务等而收到的商业汇票，包括银行承兑汇票和商业承兑汇票。本项目应根据"应收票据"账户的期末余额，减去"坏账准备"账户中有关应收票据计提的坏账准备期末余额后的金额填列。

④"应收账款"项目，反映企业因销售商品、提供劳务等经营活动应收取的款项。本项目应根据"应收账款"和"预收账款"账户所属各明细科目的期末借方余额合计数，减去"坏账准备"账户中有关应收账款计提的坏账准备期末余额后的金额填列。如"应收账款"账户所属明细科目期末有贷方余额的，应在资产负债表"预收款项"项目内填列。

⑤"预付款项"项目，反映企业按照购货合同规定预付给供应单位的款项等。本项目应根据"预付账款"和"应付账款"账户所属各明细科目的期末借方余额合计数，减去"坏账准备"科目中有关预付款项计提的坏账准备期末余额后的金额填列。如"预付账款"账户所属各明细科目期末有贷方余额的，应在资产负债表"应付账款"项目内填列。

⑥"应收利息"项目，反映企业应收取的债券投资等的利息。本项目应根据"应收利

息"账户的期末余额，减去"坏账准备"账户中有关应收利息计提的坏账准备期末余额后的金额填列。

⑦"应收股利"项目，反映企业应收取的现金股利和应收取其他单位分配的利润。本项目应根据"应收股利"账户的期末余额，减去"坏账准备"账户中有关应收股利计提的坏账准备期末余额后的金额填列。

⑧"其他应收款"项目，反映企业除应收票据、应收账款、预付账款、应收股利、应收利息等经营活动以外的其他各种应收、暂付的款项。本项目应根据"其他应收款"账户的期末余额，减去"坏账准备"账户中有关其他应收款计提的坏账准备期末余额后的金额填列。

⑨"存货"项目，反映企业期末在库、在途和在加工中的各种存货的可变现净值。本项目应根据"材料采购""原材料""低值易耗品""库存商品""周转材料""委托加工物资""委托代销商品""生产成本"等账户的期末余额合计，减去"受托代销商品款""存货跌价准备"账户期末余额后的金额填列。材料采用计划成本核算以及库存商品采用计划成本核算或售价核算的企业，还应按加或减材料成本差异、商品进销差价后的金额填列。

⑩"一年内到期的非流动资产"项目，反映企业将于一年内到期的非流动资产项目金额。本项目应根据有关账户的期末余额填列。

⑪"其他流动资产"项目，反映企业除货币资金、交易性金融资产、应收票据、应收账款、存货等流动资产以外的其他流动资产。本项目应根据有关账户的期末余额填列。

⑫"可供出售金融资产"项目，反映企业持有的、以公允价值计量的可供出售的股票投资、债券投资等金融资产。本项目应根据"可供出售金融资产"账户的期末余额，减去"可供出售金融资产减值准备"账户期末余额后的金额填列。

⑬"持有至到期投资"项目，反映企业持有的以摊余成本计量的持有至到期投资。本项目应根据"持有至到期投资"账户的期末余额，减去"持有至到期投资减值准备"账户期末余额后的金额填列。

⑭"长期应收款"项目，反映企业融资租赁产生的应收款项、采用递延方式具有融资性质的销售商品和提供劳务等产生的长期应收款项等。本项目应根据"长期应收款"账户的期末余额，减去相应的"未实现融资收益"账户和"坏账准备"账户所属相关明细科目期末余额后的金额填列。

⑮"长期股权投资"项目，反映企业持有的对子公司、联营企业和合营企业的长期股权投资。本项目应根据"长期股权投资"科目的期末余额，减去"长期股权投资减值准备"科目期末余额后的金额填列。

⑯"投资性房地产"项目，反映企业持有的投资性房地产。企业采用成本模式计量投资性房地产的，本项目应根据"投资性房地产"科目的期末余额，减去"投资性房地产累计折旧（或累计摊销）"和"投资性房地产减值准备"科目期末余额后的金额填列；企业采用公允价值模式计量投资性房地产的，本项目应根据"投资性房地产"科目的期末余额填列。

⑰"固定资产"项目，反映企业各种固定资产原价减去累计折旧和累计减值准备后的净额。本项目应根据"固定资产"科目的期末余额，减去"累计折旧"和"固定资产减值准备"科目期末余额后的金额填列。

⑱ "在建工程"项目，反映企业期末各项未完工程的实际支出，包括交付安装的设备价值、未完建筑安装工程已经耗用的材料、工资和费用支出、预付出包工程的价款、已经建筑安装完毕但尚未交付使用的工程等的可收回金额。本项目应根据"在建工程"科目的期末余额，减去"在建工程减值准备"科目期末余额后的金额填列。

⑲ "工程物资"项目，反映企业为在建工程准备的各种物资的价值，包括工程用材料、尚未安装的设备及为生产准备的工器具等。本项目应根据"工程物资"科目的期末余额填列。

⑳ "固定资产清理"项目，反映企业因出售、毁损、报废等原因转入清理但尚未清理完毕的固定资产的净值，以及固定资产清理过程中所发生的清理费用和变价收入等各项金额的差额。本项目应根据"固定资产清理"科目的期末借方余额填列；如"固定资产清理"科目期末为贷方余额，以"-"号填列。

㉑ "生产性生物资产"项目，反映企业持有的生产性生物资产。本项目应根据"生产性生物资产"科目的期末余额，减去"生产性生物资产累计折旧"和"生产性生物资产减值准备"科目期末余额后的金额填列。

㉒ "油气资产"项目，反映企业持有的矿区权益和油气井及相关设施的原价减去累计折耗和累计减值准备后的净额。本项目应根据"油气资产"科目的期末余额，减去"累计折耗"科目期末余额和相应减值准备后的金额填列。

㉓ "无形资产"项目，反映企业持有的无形资产，包括专利权、非专利技术、商标权、著作权、土地使用权等。本项目应根据"无形资产"科目的期末余额，减去"累计摊销"和"无形资产减值准备"科目期末余额后的金额填列。

㉔ "开发支出"项目，反映企业开发无形资产过程中能够资本化形成无形资产成本的支出部分。本项目应根据"开发支出"科目中所属的"资本化支出"明细科目期末余额填列。

㉕ "商誉"项目，反映企业合并中形成的商誉的价值。本项目应根据"商誉"科目的期末余额，减去相应减值准备后的金额填列。

㉖ "长期待摊费用"项目，反映企业已经发生但应由本期和以后各期负担的分摊期限在一年以上的各项费用。长期待摊费用中在一年内（含一年）摊销的部分，在资产负债表"一年内到期的非流动资产"项目填列。本项目应根据"长期待摊费用"科目的期末余额减去将于一年内（含一年）摊销的数额后的金额填列。

㉗ "递延所得税资产"项目，反映企业确认的可抵扣暂时性差异产生的递延所得税资产。本项目应根据"递延所得税资产"科目的期末余额填列。

㉘ "其他非流动资产"项目，反映企业除长期股权投资、固定资产、在建工程、工程物资、无形资产等资产以外的其他非流动资产。本项目应根据有关科目的期末余额填列。如其他非流动资产价值较大的，应在会计报表附注中披露其内容和金额。

（2）负债项目的填列方法。

① "短期借款"项目，反映企业向银行或其他金融机构等借入的期限在一年以下（含一年）的借款。本项目应根据"短期借款"科目的期末余额填列。

② "以公允价值计量且其变动计入当期损益的金融负债"项目，反映企业发行短期债券等所形成的以公允价值计量且其变动给计入当期损益的金融负债价值。本项目应根据

"交易性金融负债"等账户的期末余额填列。

③"应付票据"项目，反映企业购买材料、商品和接受劳务供应等而开出、承兑的商业汇票，包括银行承兑汇票和商业承兑汇票。本项目应根据"应付票据"科目的期末余额填列。

④"应付账款"项目，反映企业因购买材料、商品和接受劳务供应等经营活动应支付的款项。本项目应根据"应付账款"和"预付账款"科目所属各明细科目的期末贷方余额合计数填列；如"应付账款"科目所属明细科目期末有借方余额的，应在资产负债表"预付款项"项目内填列。

⑤"预收款项"项目，反映企业按照购货合同规定预付给供应单位的款项。本项目应根据"预收账款"和"应收账款"科目所属各明细科目的期末贷方余额合计数填列。如"预收账款"科目所属各明细科目期末有借方余额，应在资产负债表"应收账款"项目内填列。

⑥"应付职工薪酬"项目，反映企业为获得职工提供的服务或解除劳动关系而给予的各种形式的报酬或补偿。职工薪酬主要包括短期薪酬、离职后福利、辞退福利、其他长期职工福利。本项目应根据"应付职工薪酬"账户的期末贷方余额填列。

⑦"应交税费"项目，反映企业按照税法规定计算应交纳的各种税费，包括增值税、消费税、所得税、资源税、土地增值税、城市维护建设税、房产税、城镇土地使用税、车船税等。企业代扣代缴的个人所得税，也通过本项目列示。企业所交纳的税金不需要预计应交数的，如印花税、耕地占用税等，不在本项目列示。本项目应根据"应交税费"科目的期末贷方余额填列；如"应交税费"科目期末为借方余额，应以"-"号填列。

⑧"应付利息"项目，反映企业按照规定应当支付的利息，包括分期付息到期还本的长期借款应支付的利息、企业发行的企业债券应支付的利息等。本项目应当根据"应付利息"科目的期末余额填列。

⑨"应付股利"项目，反映企业分配的现金股利或利润。企业分配的股票股利，不通过本项目列示。本项目应根据"应付股利"科目的期末余额填列。

⑩"其他应付款"项目，反映企业除应付票据、应付账款、预收款项、应付职工薪酬、应付股利、应付利息、应交税费等经营活动以外的其他各项应付、暂收的款项。本项目应根据"其他应付款"科目的期末余额填列。

⑪"一年内到期的非流动负债"项目，反映企业非流动负债中将于资产负债表日后一年内到期部分的金额，如将于一年内偿还的长期借款。本项目应根据有关科目的期末余额填列。

⑫"其他流动负债"项目，反映企业除短期借款、交易性金融负债、应付票据、应付账款、应付职工薪酬、应交税费等流动负债以外的其他流动负债。本项目应根据有关科目的期末余额填列。

⑬"长期借款"项目，反映企业向银行或其他金融机构借入的期限在一年以上（不含一年）的各项借款。本项目应根据"长期借款"科目的期末余额填列。

⑭"应付债券"项目，反映企业为筹集资金而发行的尚未归还的一年期以上（不含一年）的借款本息。本项目应根据"应付债券"科目的期末余额填列。

⑮"长期应付款"项目，反映企业除长期借款和应付债券以外的其他各种长期应付款

项。本项目应根据"长期应付款"科目的期末余额，减去相应的"未确认融资费用"科目期末余额后的金额填列。

⑯"专项应付款"项目，反映企业取得政府作为企业所有者投入的具有专项或特定用途的款项。本项目应根据"专项应付款"科目的期末余额填列。

⑰"预计负债"项目，反映企业确认的对外提供担保、未决诉讼、产品质量保证、重组义务、亏损性合同等预计负债。本项目应根据"预计负债"科目的期末余额填列。

⑱"递延所得税负债"项目，反映企业确认的应纳税暂时性差异产生的所得税负债。本项目应根据"递延所得税负债"科目的期末余额填列。

⑲"其他非流动负债"项目，反映企业除长期借款、应付债券等负债以外的其他非流动负债。本项目应根据有关科目的期末余额减去将于一年内（含一年）到期偿还数后的余额填列。非流动负债各项目中将于一年内（含一年）到期的非流动负债，应在"一年内到期的非流动负债"项目内单独反映。

（3）所有者权益项目的填列方法。

①"实收资本（或股本）"项目，反映企业各投资者实际投入的资本（或股本）总额。本项目应根据"实收资本"（或"股本"）科目的期末余额填列。

②"资本公积"项目，反映企业资本公积的期末余额。本项目应根据"资本公积"账户的期末余额填列。

③"库存股"项目，反映企业收购、转让或注销的本公司股份金额。本项目应根据"库存股"账户的期末借方余额填列。

④"其他综合收益"项目，反映企业其他综合收益的期末余额。本项目应根据"其他综合收益"账户的期末贷方余额填列。

④"盈余公积"项目，反映企业盈余公积的期末余额。本项目应根据"盈余公积"账户的期末余额填列。

⑤"未分配利润"项目，反映企业尚未分配的利润。本项目应根据"本年利润"账户和"利润分配"账户的期末余额计算填列。未弥补的亏损，在本项目内以"—"号填列。

三、资产负债表的编制实例

从模块四中广州源发 2017 年 12 月份的账簿资料，可知各账户总账余额。

根据账簿资料，编制 2017 年 12 月 31 日资产负债表，见表 5-4。

表 5-4

资产负债表

会企 01 表

编制单位：广州源发有限责任公司　　　　2017 年 12 月 31 日　　　　　　单位：元

资　产	期末余额	年初余额（略）	负债和所有者权益（或股东权益）	期末余额	年初余额（略）
流动资产：			流动负债：		
货币资金	1 561 387.80		短期借款	130 000.00	
公允价值计量且其变动计入当期损益的金融资产			公允价值计量且其变动计入当期损益的金融负债		
应收票据			应付票据		

续表

资　产	期末余额	年初余额（略）	负债和所有者权益（或股东权益）	期末余额	年初余额（略）
应收账款	51 952.50		应付账款	37 240.00	
存货	195 860.00		预收款项		
应收利息			应付职工薪酬	5 740.00	
应收股利			应交税费	20 228.61	
其他应收款	7 008.31		应付利息		
预付款项			应付股利	250 000.00	
一年内到期的非流动资产			其他应付款		
其他流动资产			一年内到期的非流动负债		
流动资产合计	1 816 208.61		其他流动负债		
非流动资产：			流动负债合计	443 208.61	
可供出售金融资产			非流动负债：		
持有至到期投资			长期借款	500 000.00	
长期应收款			应付债券		
长期股权投资			长期应付款		
投资性房地产			专项应付款		
固定资产	435 000.00		预计负债		
工程物资			递延所得税负债		
在建工程	422 000.00		其他非流动负债		
固定资产清理			非流动负债合计	500 000.00	
生产性生物资产			负债合计	943 208.61	
油气资产			所有者权益（或股东权益）：		
无形资产	200 000.00		实收资本（或股本）	1 680 000.00	
开发支出			资本公积		
商誉			减：库存股		
长期待摊费用			其他综合收益	75 000.00	
递延所得税资产			盈余公积	175 000.00	
其他非流动资产			未分配利润	1 930 000.00	
非流动资产合计	1 057 000.00		所有者权益（或股东权益）合计		
资产总计	2 873 208.61		负债和所有者权益（或股东权益）总计	2 873 208.61	

单位负责人：朱峰印　　财会负责人：洪亮　　复核：吴冠　　制表：李刚

学习任务二　编制利润表

一、利润表的内容与结构

（一）利润表的内容

利润表又称损益表，是反映企业在一定会计期间经营成果的报表，属于动态报表。它是以"利润=收入-费用"会计等式为依据，反映企业一定会计期间经营成果构成的会计报表。

通过利润表可以反映企业一定会计期间的收入实现情况、成本费用的发生情况以及净利润的实现情况。据以判断资本保值、增值情况，分析企业未来的获利能力及发展趋势。作为一种动态会计报表，利润表是考核和评价企业经营管理人员经营业绩和经营管理水平的一个重要依据，也可为会计信息使用者全面了解企业的经营业绩、进行相关经济决策提供依据。

（二）利润表的结构

利润表包括表首、表体、表尾三部分。表首与表尾的内容与资产负债表类似。

利润表表体的格式一般有两种，即单步式利润表和多步式利润表。我国企业会计准则明确规定利润表应采用多步式结构。

（1）单步式利润表的基本特点是：集中列示收入要素项目、费用要素项目，根据收入总额与费用总额直接计算列示利润总额。这种格式比较简单，便于编制，但是缺少利润构成情况的详细资料，不利于企业不同时期利润表与行业之间利润表的纵向和横向的比较、分析。

（2）多步式利润表的基本特点是：将收入项目与费用项目按不同性质归类后，分步计算营业利润、利润总额和税后净利润。这种格式注重收入与成本费用配比的层次性，从而得出一些中间性的利润信息，与单步式利润表相比，能够提供更加丰富的信息，有利于报表使用者进行纵向和横向的比较。

（3）多步式利润表，按照利润形成中的利润指标，即营业利润、利润总额和净利润分步计算列示。其计算步骤通常分如下几步：

第一步：$\dfrac{营业}{利润}=\dfrac{营业}{收入}-\dfrac{营业}{成本}-\dfrac{税金}{及附加}-\dfrac{销售}{费用}-\dfrac{管理}{费用}-\dfrac{财务}{费用}-\dfrac{资产减值}{损失}+\dfrac{公允价值变动}{收益（减：损失）}+\dfrac{投资收益}{（减：损失）}$

第二步：利润总额=营业利润+营业外收入-营业外支出

第三步：净利润=利润总额-所得税费用

我国多步式利润表的格式见表5-5。

二、利润表的编制方法

（一）利润表各栏目的填列方法

年度利润表包括"本期金额"和"上期金额"两栏数字。"本期金额"栏反映各项目的本年度实际发生数，"上期金额"反映各项目的上年度实际发生数。月度利润表包括"本月数"和"本年累计数"两栏数字，"本月数"栏反映各项目的本月实际发生数，"本年累计数"反映反映各项目自年初起至本月末止的累计实际发生数。

表5-5　　　　　　　　　　　　　　**利 润 表**　　　　　　　　　会企02表

编制单位：　　　　　　　　　　　_____年度　　　　　　　　　单位：元

项　目	本期金额	上期金额
一、营业收入		
减：营业成本		
税金及附加		
销售费用		
管理费用		
财务费用		
资产减值损失		
加：公允价值变动收益（损失以"-"号填列）		
投资收益（损失以"-"号填列）		
其中：对联营企业和合营企业的投资收益		
二、营业利润（亏损以"-"填列）		
加：营业外收入		
减：营业外支出		
其中：非流动资产处置损失		
三、利润总额（亏损总额以"-"号填列）		
减：所得税费用		
四、净利润（净亏损以"-"号填列）		
五、其他综合收益的税后净额		
六、综合收益总额		
七、每股收益		
（一）基本每股收益		
（二）稀释每股收益		

单位负责人：　　　　　　财会负责人：　　　　　复核：　　　　　制表：

（二）利润表各项目的填列方法

（1）"营业收入"项目，反映企业经营主要业务和其他业务所取得的收入总额。本项目应根据"主营业务收入"和"其他业务收入"账户的发生额分析填列。

（2）"营业成本"项目，反映企业经营主要业务和其他业务所发生的实际成本总额。本项目应根据"主营业务成本"和"其他业务成本"账户的发生额分析填列。

（3）"税金及附加"项目，反映企业经营业务应负担的消费税、城市维护建设税、资源税、土地增值税、房产税、车船税、印花税、城镇土地使用税等。本项目应根据"税金及附加"账户的发生额分析填列。

（4）"销售费用"项目，反映企业在销售商品和商品流通企业在购入商品等过程中发生的费用。本项目应根据"销售费用"账户的发生额分析填列。

（5）"管理费用"项目，反映企业发生的各项管理费用。本项目应根据"管理费用"账户的发生额分析填列。

（6）"财务费用"项目，反映企业发生的各项财务费用。本项目应根据"财务费用"账户的发生额分析填列。

（7）"资产减值损失"项目，反映企业因资产减值而发生的损失。本项目应根据"资产减值损失"账户的发生额分析填列。

（8）"公允价值变动收益"项目，反映企业应当计入当期损益的资产或负债公允价值变动收益。本项目应根据"公允价值变动损益"账户的发生额分析填列；如为公允价值变动损失，则以"－"号填列。

（9）"投资收益"项目，反映企业以各种方式对外投资所取得的收益，其中包括分得的投资利润、债券投资的利息收入、收回投资时发生的收益或损失以及认购的股票应得的股利等。本项目应根据"投资收益"账户的发生额分析填列；如为投资损失，则以"－"号填列。

（10）"营业外收入"和"营业外支出"项目，反映企业发生的与其生产经营无直接关系的各项收入和支出。这两个项目应分别根据"营业外收入"账户和"营业外支出"账户的发生额分析填列。

（11）"利润总额"项目，反映企业实现的利润总额。如为亏损总额，则以"－"号填列。

（12）"所得税费用"项目，反映企业按规定从本期损益中扣除的所得税额。本项目应根据"所得税费用"账户的发生额分析填列。

（13）"净利润"项目，反映企业实现的净利润。如为净亏损，则以"－"号填列。

（14）"其他综合收益的税后净额"项目，反映企业根据企业会计准则规定未在当期损益中确认的各项利得和损失扣除所得税影响后的净额。

（15）"综合收益总额"项目，反映企业在某一期间除与所有者以其所有者身份进行的交易之外的其他交易或事项所引起所有者权益变动。"综合收益总额"项目反映净利润和其他综合收益扣除所得税影响后的净额相加后的合计金额。

三、利润表的编制实例

从模块四中广州源发 2017 年 12 月份的账簿资料，可知本期发生数，见表 5-6。

表5-6　　　　　　　　　　　　**损益类账户资料**　　　　　　　　　　　　单位：元

账户名称	借方发生额	货方发生额
主营业务收入		126 650
其他业务收入		25 000
投资收益		20 000
营业外收入		5 000
主营业务成本	57 300	

续表

账户名称	借方发生额	货方发生额
税金及附加	172.55	
销售费用	5 355.20	
管理费用	19 500	
其他业务成本	18 000	
营业外支出	3 000	
所得税费用	18 330.56	

根据账簿资料，编制2017年12月份的利润表，见表5-7。

表5-7　　　　　　　　　　　**利 润 表**　　　　　　　　　　会企02表

编制单位：广州源发有限责任公司　　　2017年12月　　　　　　　　单位：元

项　目	本月数	本年累计数
一、营业收入	151 650.00	略
减：营业成本	75 300.00	
税金及附加	172.55	
销售费用	5 355.20	
管理费用	19 500.00	
财务费用	—	
资产减值损失	—	
加：公允价值变动收益（损失以"－"号填列）	—	
投资收益（损失以"－"号填列）	20 000.00	
其中：对联营企业和合营企业的投资收益	—	
二、营业利润（亏损以"－"填列）	71 322.25	
加：营业外收入	5 000.00	
减：营业外支出	3 000.00	
其中：非流动资产处置损失	—	
三、利润总额（亏损总额以"－"号填列）	73 322.25	
减：所得税费用	18 330.56	
四、净利润（净亏损以"－"号填列）	54 991.69	
五、其他综合收益的税后净额	—	
六、综合收益总额	—	
七、每股收益	—	
（一）基本每股收益	—	
（二）稀释每股收益	—	

单位负责人：朱峰　　财会负责人：洪亮　　复核：吴冠　　制表：李刚

学习任务三　编制现金流量表

一、现金流量表的内容及作用

现金流量表是反映企业在一定会计期间现金和现金等价物流入和流出的报表。从编制原则上看，现金流量表按照收付实现制原则编制，将权责发生制下的盈利信息调整为收付实现制下的现金流量信息，便于信息使用者了解企业净利润的质量。从内容上看，现金流量表被划分为经营活动、投资活动和筹资活动三个部分，每类活动又分为各具体项目，这些项目从不同角度反映企业业务活动的现金流入与流出，弥补了资产负债表和利润表提供信息的不足。通过现金流量表，报表使用者能够了解现金流量的影响因素，评价企业的支付能力、偿债能力和周转能力，预测企业未来现金流量，为其决策提供有力依据。

二、现金流量表的基本结构及格式

（一）现金流量表的基本结构

现金流量表的基本结构由表首、表体和表尾三个部分组成。表首部分应标明企业的名称、现金流量的会计期间、金额单位和报表编号；表体部分是现金流量表的主体部分，主要反映经营活动的现金流量、投资活动的现金流量、筹资活动的现金流量；表尾包括不涉及现金收支的投资和筹资活动；将净利润调节为经营活动现金流量；现金和现金等价物的净增加情况。

（二）现金流量表的格式

我国企业现金流量表采用报告式结构，分类反映经营活动产生的现金流量、投资活动产生的现金流量和筹资活动产生的现金流量，最后汇总反映企业某一期间现金及现金等价物的净增加额。现金流量表的具体格式见表5-8。

表5-8

现金流量表

会企03表

编制单位：　　　　　　　　_____年度　　　　　　　　单位：元

项　目	本期金额	上期金额
一、经营活动产生的现金流量		
销售商品、提供劳务收到的现金		
收到的税费返还		
收到其他与经营活动有关的现金		
经营活动现金流入小计		
购买商品、接受劳务支付的现金		
支付给职工以及为职工支付的现金		
支付的各项税费		
支付其他与经营活动有关的现金		
经营活动现金流出小计		
经营活动产生的现金流量净额		

项　目	本期金额	上期金额
二、投资活动产生的现金流量		
收回投资收到的现金		
取得投资收益收到的现金		
处置固定资产、无形资产和其他长期资产收回的现金净额		
处置子公司及其他营业单位收到的现金净额		
收到其他与投资活动有关的现金		
投资活动现金流入小计		
购建固定资产、无形资产和其他长期资产支付的现金		
投资支付的现金		
取得子公司及其他营业单位支付的现金净额		
支付其他与投资活动有关的现金		
投资活动现金流出小计		
投资活动产生的现金流量净额		
三、筹资活动产生的现金流量		
吸收投资收到的现金		
取得借款收到的现金		
收到其他与筹资活动有关的现金		
筹资活动现金流入小计		
偿还债务支付的现金		
分配股利、利润或偿付利息支付的现金		
支付其他与筹资活动有关的现金		
筹资活动现金流出小计		
筹资活动产生的现金流量净额		
四、汇率变动对现金及现金等价物的影响		
五、现金及现金等价物净增加额		
加：期初现金及现金等价物余额		
六、期末现金及现金等价物余额		
补充资料：	（略）	（略）

单位负责人：　　　　　　财会负责人：　　　　　　复核：　　　　　　制表：

三、现金流量表的编制方法

现金流量表的编制基础是收付实现制。

现金流量表的编制方法有两种：一种称为直接法；另一种称为间接法。这两种方法对投资活动的现金流量和筹资活动的现金流量的编制方法是一样的，而经营活动的现金流量的编制方法又有所不同。

经营活动产生的现金流量要求按现金制（即收付实现制）反映企业经营业务所引起的现金流入和流出。因此，在计算经营活动现金流量时，应将按权责发生制所确认的净利润（或亏损）转换成现金制基础下的净利润。其计算方法有以下两种：

（1）直接法。直接法是通过现金流入和流出的主要类别直接反映企业经营活动产生的现金流量。一般是以利润表中各收支项目，按现金制的要求，直接分项调整为实际的现金收入和现金支出，计算出经营活动产生的现金流量。直接法的计算公式如下：

$$\frac{经营活动现金}{净流量} = \frac{营业收入}{收现} - \frac{营业成本}{付现} + \frac{其他收入}{收现} - \frac{销售费用}{付现} - \frac{销售税金}{付现} - \frac{管理费用}{付现} - \frac{所得税}{付现}$$

（2）间接法。间接法是以利润表中的本期净利润（或亏损）为起算点，调整不影响现金的收入、费用、营业外收支，以及与经营活动有关的流动资产和流动负债的增减变动来计算经营活动的现金流量。实际上就是将按权责发生制确定的净利润调整为现金净收入，并除去投资活动和筹资活动对现金流量的影响。

在我国，现金流量表的正表中经营活动产生的现金流量采用直接法填列。补充资料采用间接法反映经营活动产生的现金流量情况，以对直接法反映的经营活动现金流量进行核对和补充说明。

帮你记忆

> 资产负债表中"应收账款""预收款项"项目的填列方法：
> **两收合一收**
> 应收余额在借方，若为贷余入预收，
> 预收余额在贷方，若为借余入应收。
> 资产负债表中"应付账款""预付款项"项目的填列方法：
> **两付合一付**
> 应付余额在贷方，若为借余入预付，
> 预付余额在借方，若为贷余入应付。

本模块小结

★ 本模块主要介绍资产负债表和利润表的编制方法。

★ 财务报表是通过整理、汇总日常会计核算资料而定期编制的用来记账、总括地反映企业单位在某一特定日期的财务状况以及某一特定时期的经营成果和现金流量等的书面报告。会计报表主要包括资产负债表、利润表、现金流量表和所有者权益变动表等。会计报表是企业会计核算的重要组成部分，编制会计报表是会计核算专门方法之一。

★ 资产负债表是反映企业某一特定日期的全部资产、负债和所有者权益及其构成情况的报表，属于静态报表。我国资产负债表的格式采用账户式，其基本结构是左方反映资产情况，右方反映负债和所有者权益情况。它的编制有的根据总分类账户的期末余额填列，有的根据明细账户的余额填列；有的可以直接填列，有的需要整理、汇总、计算分析后填列。

★ 利润表是反映企业在某一时期内经营成果的会计报表，属于动态报表。我国利润表的格式采用多步式，根据收入、费用类账户的净发生额和其他有关资料填列。

★ 现金流量表是反映企业在某一时期内现金流入和流出情况的财务报表，也属于动态报表。现金流量表的基本内容分为三部分：经营活动产生的现金流量、投资活动产生的现金流量和筹资活动产生的现金流量。它的编制根据资产负债表、利润表及其他有关账簿资料分析、汇总后填列。

重要名词中英文对照

资产负债表	Balance sheet
利润表	Income statement
现金流量	Cash flow
现金流量表	Statement of cash flows
财务报表	Financial statement
所有者权益变动表	Statement of owners'equity

知识点理论训练

一、单项选择题

1.下列各项中，不影响企业"营业利润"项目的是（　　　）。

A.投资收益　　　　　　　　　　B.所得税费用

C.税金及附加　　　　　　　　　D.销售费用

2.编制资产负债表所依据的会计等式是（　　　）。

A.收入－费用＝利润

B.资产＝负债＋所有者权益

C.借方发生额＝贷方发生额

D.期初余额＋本期借方发生额－本期贷方发生额＝期末余额

3.资产负债表中资产的排列顺序是按（　　　）。

A.项目收益性　　　B.项目重要性　　　C.项目流动性　　　D.项目时间性

4.下列资产项目中属于非流动资产项目的是（　　　）。

A.应收票据　　　B.长期股权投资　　　C.预付款项　　　D.存货

5.下列项目属于非流动负债项目的是（　　　）。

A.应付票据　　　B.长期借款　　　C.应付股利　　　D.应付职工薪酬

6.资产负债表中所有者权益的排列顺序是（　　　）。

A.未分配利润—盈余公积—资本公积—实收资本

B.实收资本—资本公积—盈余公积—未分配利润

C.实收资本—盈余公积—资本公积—未分配利润

D.资本公积—盈余公积—未分配利润—实收资本

7.（　　　）是反映企业财务状况的会计报表。

A.资产负债表　　　　　B.利润表　　　　　　　C.现金流量表　　　　　D.会计报表附注

8.我国的利润表采用（　　　）。

A.单步式　　　　　　　B.多步式　　　　　　　C.账户式　　　　　　　D.报告式

9.资产负债表是反映企业在（　　　）财务状况的报表。

A.某一特定时期　　　　　　　　　　　B.某一特定会计期间

C.一定时间　　　　　　　　　　　　　D.某一特定日期

10.根据"资产＝负债＋所有者权益"填列的会计报表是（　　　）。

A.所有者权益变动表　　　　　　　　　B.利润表

C.资产负债表　　　　　　　　　　　　D.现金流量表

11.根据"收入－费用＝利润"填列的会计报表是（　　　）。

A.所有者权益变动表　　　　　　　　　B.资产负债表

C.现金流量表　　　　　　　　　　　　D.利润表

12.反映企业经营成果的会计报表是（　　　）。

A.资产负债表　　　　　B.利润表　　　　　　　C.现金流量表　　　　　D.增值税明细表

13.月度报表应在月份终了后（　　　）日内报出。

A.3　　　　　　　　　　B.5　　　　　　　　　　C.3～5　　　　　　　　D.6

14.资产负债表编制中，可以根据有关账簿记录直接填列的项目有（　　　）。

A.货币资金　　　　　　B.存货　　　　　　　　C.短期借款　　　　　　D.未分配利润

15.下列各项中，属于我国资产负债表采用的格式的是（　　　）。

A.报告式　　　　　　　B.多步式　　　　　　　C.账户式　　　　　　　D.数量金额式

16.下列项目中属于会计科目的是（　　　）。

A.货币资金　　　　　　B.存货　　　　　　　　C.未分配利润　　　　　D.固定资产

17.企业年报应当在年度终了后（　　　）内报出。

A.30日　　　　　　　　B.4个月　　　　　　　　C.60日　　　　　　　　D.3个月

18.企业对外报送的报表不包括（　　　）。

A.资产负债表　　　　　　　　　　　　B.利润表

C.所有者权益变动表　　　　　　　　　D.销售费用表

19.下列项目中不应列为流动资产项目的是（　　　）。

A.货币资金　　　　　　B.预收款项　　　　　　C.预付款项　　　　　　D.应收账款

20.处置无形资产的现金流量属于（　　　）产生的现金流量。

A.经营活动　　　　　　B.投资活动　　　　　　C.筹资活动　　　　　　D.汇率变动

二、多项选择题

1.中期财务会计报告包括（　　　）。

A.月度财务会计报告　　　　　　　　　B.半年度财务会计报告

C.季度财务会计报告　　　　　　　　　D.年度财务会计报告

2.年度、半年度财务会计报告应当包括（　　　）。

A.会计报表　　　　　　　　　　　　　B.会计报表附注

C.财务情况说明书　　　　　　　　　　D.现金流量表

3.下列属于对财务会计报告编制的要求的有（　　　）。

A.真实可靠　　　　　　B.相互可比　　　　　　C.全面完整　　　　　　D.便于理解

4.资产负债表中的所有者权益项目包括（　　　）。

A.实收资本　　　　　　B.资本公积　　　　　　C.盈余公积　　　　　　D.未分配利润

5.下列等式正确的有（　　　）。

A.主营业务利润＝主营业务收入－主营业务成本－主营业务税金及附加

B.营业利润＝主营业务利润＋其他业务利润－期间费用

C.利润总额＝营业利润＋公允价值变动收益＋营业外收支净额

D.净利润＝利润总额－所得税费用

6.多步式利润表可以反映企业的（　　　）等利润要素。

A.主营业务利润　　　B.营业利润　　　　　C.利润总额　　　　　D.净利润

7.会计报表按其编报时间不同，分为（　　　）。

A.中期会计报表　　　B.月份报表　　　　　C.季度报表　　　　　D.年度报表

8.资产负债表左方包括（　　　）等项目。

A.流动资产和非流动资产　　　　　　　　B.流动资产和流动负债

C.长期股权投资和无形资产　　　　　　　D.长期股权投资和非流动负债

9.下列利润表项目中，无法直接根据有关账户发生额填列的有（　　　）。

A.营业收入　　　　　B.营业成本　　　　　C.营业外收入　　　D.财务费用

10.资产负债表中，根据若干总账账户期末余额计算填列的项目有（　　　）。

A.货币资金　　　　　B.存货　　　　　　　C.应付债券　　　D.资本公积

11.应当在企业财务会计报告封面上签名或盖章的有（　　　）。

A.企业领导　　　　　B.总会计师　　　　　C.注册会计师　　　D.会计主管人员

12.企业吸收投资者出资时，下列会计科目的余额可能发生变化的有（　　　）。

A.盈余公积　　　　　B.资本公积　　　　　C.实收资本　　　D.利润分配

13.下列资产负债表各项目中，属于流动负债的有（　　　）。

A.预收账款　　　　　　　　　　　　　　B.其他应付款

C.预付账款　　　　　　　　　　　　　　D.一年内到期的长期借款

14.资产负债表中"存货"项目的金额，应根据（　　　）账户的余额分析填列。

A.物资采购　　　　B.材料成本差异　　　C.发出商品　　　D.生产成本

15.下列各项属于经营活动现金流量的有（　　　）。

A.销售商品收到的现金　　　　　　　　　B.购买固定资产支付的现金

C.吸收投资收到的现金　　　　　　　　　D.偿还应付账款支付的现金

三、判断题

1.编制财务会计报告的主要目的就是为会计报表使用者提供信息。　　　　　　（　　　）

2.季度、月度财务会计报告通常仅指会计报表，至少应该包括资产负债表、利润表和现金流量表。　　　　　　　　　　　　　　　　　　　　　　　　　（　　　）

3.资产负债表是反映企业某一特定时期财务状况的会计报表。　　　　　（　　　）

4.资产负债表的格式主要有账户式和报告式两种。我国采用的是报告式，因此才出现财务会计报告这个名词。　　　　　　　　　　　　　　　　　　（　　　）

5.利润表是反映企业在一定会计期间经营成果的报表，属于静态报表。　（　　　）

6.资产负债表是以"资产=负债+所有者权益"的平衡式为依据的。 （ ）

7.企业的利润总额反映的是企业一定时期实现的营业利润。 （ ）

8.企业的资产负债表是一张需要按年编制的报表。 （ ）

9.资产负债表是反映企业某一特定日期财务状况的报表。 （ ）

10.中期会计报表指企业于年度中期末、季末和月末编报的会计报表，主要有资产负债表和利润表。 （ ）

11.企业主管部门审核报表时发现问题应在报表上及时进行纠正。 （ ）

12.我国企业利润表一般采用多步报告式结构。 （ ）

13.企业的年报即决算报表。 （ ）

14.会计报表的使用人主要是企业内部管理部门。 （ ）

知识点操作训练

训练一

目的：资产负债表的编制。

内容：南星公司为增值税一般纳税人，适用的增值税税率为17%。原材料和库存商品均按实际成本核算，商品售价不含增值税，其销售成本随销售同时结转。2017年1月1日总分类账户期初余额资料见表5-9。

表5-9

期初余额表

2017年1月1日 单位：万元

会计科目	年初余额（借方余额）	会计科目	年初余额（贷方余额）
库存现金	20.40	短期借款	200
银行存款	300	应付账款	84
交易性金融资产	0	应付票据	40
应收票据	24	预收账款	60
应收账款	159.20	应付职工薪酬	4
预付账款	0.16	应交税费	9.60
原材料	68	应付利息	40
库存商品	300	长期借款	1 008
长期股权投资	480	实收资本	1 600
固定资产	1 480	盈余公积	96
累计折旧	38	未分配利润	6.16
在建工程	100		
无形资产	204		
长期待摊费用	50		

2017年度南星公司发生如下交易或事项：

（1）以商业承兑汇票支付方式购入材料一批，发票账单已经收到，增值税专用发票上注明的货款为30万元，增值税为5.1万元。材料已验收入库。

（2）委托证券公司购入公允价值为100万元的股票，作为交易性金融资产核算。期末交易性金融资产公允价值仍为100万元。

（3）计算并确认短期借款利息5万元。

（4）计算并确认坏账准备8万元。

（5）计提行政管理部门用固定资产折旧20万元；摊销管理用无形资产成本10万元。

（6）销售库存商品一批，该批商品售价为100万元，增值税为17万元，实际成本为65万元，商品已发出。南星公司已于上年预收货款60万元，其余款项尚未结清。

（7）分配工资费用，其中，企业行政管理人员工资15万元，在建工程人员工资5万元。

（8）计提应计入在建工程成本的长期借款利息20万元。

（9）确认对联营企业的长期投资收益50万元。

（10）计算并确认应交城市维护建设税3万元（教育费附加略）。

（11）转销无法支付的应付账款30万元。

（12）本年度实现利润总额54万元，所得税费用和应交所得税均为18万元（不考虑其他因素）；提取盈余公积3.6万元。

要求：利用上述资料编制资产负债表。

训练二

目的：利润表的编制。

内容：瑜乐公司2017年12月份有关损益类账户发生额资料，见表5-10。

表5-10 　　　　　　**瑜乐公司损益类账户发生额资料**

2017年12月份　　　　　　　　　　　　　　　　单位：元

账户名称	本期借方发生额	本期贷方发生额
主营业务收入	960 000	960 000
主营业务成本	470 000	470 000
销售费用	110 000	110 000
税金及附加	98 000	98 000
其他业务收入	11 800	11 800
其他业务成本	7 900	7 900
管理费用	85 800	85 800
财务费用	14 000	14 000
投资收益	0	0
营业外收入	34 000	34 000
营业外支出	18 000	18 000
所得税费用	66 693	0

要求：根据瑜乐公司上述资料，编制利润表。

✖课堂外延拓展

请到各大财经网站查阅上市公司的财务会计报告。

☶课外阅读平台

一、财务会计报告的构成、分类及编制要求

财务会计报告是指企业对外提供的反映企业某一特定日期财务状况和某一会计期间的经营成果、现金流量等会计信息的文件。根据《企业会计准则——基本准则》的规定，企业财务会计报告包括会计报表、会计报表附注和财务情况说明书。会计报表是财务会计报告的主体部分。会计报表至少包括资产负债表、利润表、现金流量表、所有者权益（或股东权益）变动表。会计报表附注是对资产负债表、利润表、现金流量表、所有者权益变动表等报表中列示项目的文字描述或明细资料，以及未能在这些报表中列示项目的补充说明。财务情况说明书是对企业一定会计期间生产经营以及财务、成本进行分析说明的书面文字报告。

财务会计报告是企业根据日常会计核算资料归集、加工和汇总后形成的结果。编制财务会计报告是会计核算过程的最后一个重要环节。在会计工作中，通过编制会计报表，提供反映会计主体财务状况、经营成果和现金流量等的各项指标，为会计主体内部经营管理、为企业的外部利益关系人了解企业的信息提供总括的会计资料。其主要作用体现在以下几个方面：①为评价企业经营业绩和改善企业经营管理提供信息；②为国家经济管理机构进行宏观调控和管理监督提供信息；③为与企业有经济利益关系的外部单位和个人提供经济信息，并据此做出决策。

会计报表可以依据不同的标准进行分类：

（1）按会计报表所反映的经济内容不同，可分为静态会计报表和动态会计报表。静态会计报表是指反映企业某一特定日期资产、负债和所有者权益状况的会计报表，如资产负债表；动态会计报表是指反映企业在一定时期的经营成果或现金流量情况的会计报表，如利润表或现金流量表。

（2）按报送对象不同分为对外会计报表和对内会计报表。对外会计报表是向单位外部使用者报送的报表，包括资产负债表、利润表、现金流量表；对内会计报表是为了满足内部管理需要而编制的报表，如各种成本报表。

（3）按会计报表编报期间的不同，可分为中期会计报表和年度会计报表。

中期会计报表是指以短于一个完整的会计年度的报告期间为基础编制的会计报表，包括月报、季报和半年报。中期会计报表至少应包括资产负债表、利润表、现金流量表和附注。其中，中期资产负债表、利润表和现金流量表应当是完整的报表，中期会计报表的附注相对于年度会计报表来说可以适当简化。

年度会计报表简称年报，是以一个完整的会计年度为报告期总括反映企业年终财务状况和经营成果的报表。年报应当是完整的财务报表，包括资产负债表、利润表、现金流量表、所有者权益变动表和附注。

（4）按编报会计主体不同，会计报表可分为个别会计报表和合并会计报表。个别会计报表是指只反映企业本身的财务状况、经营成果和现金流量的会计报表；合并会计报表是以母公司和子公司组成的企业集团为会计主体，根据母公司和子公司编制的个别会计报表

为基础，由母公司编制的反映整个企业集团财务状况、经营成果和现金流量的会计报表。

为了使财务会计报告能够最大限度地满足各个方面的需要，实现财务会计报告的基本目的，充分发挥财务会计报告的作用，在编制财务会计报告时，必须严格遵循以下几条基本原则：

（1）全面完整。企业财务会计报告应当全面地披露企业的财务状况、经营成果和现金流量情况，完整地反映企业财务活动的过程和结果，以满足各有关方面对财务会计信息资料的需要。因此，在编制财务会计报告时，必须按规定编写，会计报表中的项目不得漏填或少填，应报的会计报表不得缺报，对会计报表项目需要说明的事项要有附注，以及报送会计报表时附送财务情况说明书等。

（2）真实可靠。企业财务会计报告各项的数据必须建立在真实可靠的基础之上，使企业财务会计报告能够如实地反映企业的财务状况、经营成果和现金流量等情况。因此，财务会计报告必须根据核实无误的账簿及相关资料编制，不得以任何方式弄虚作假。如果财务会计报告所提供的资料不真实或可靠性很差，则不仅不能发挥财务会计报告的应有作用，而且还会由于错误的信息，导致财务会计报告使用者对单位的财务状况、经营成果和现金流量情况做出错误的评价与判断，致使报告使用者做出错误的决策。

（3）相互可比。企业财务会计报告所提供的会计信息必须满足报表使用者决策的需要，会计报表各项目的数据应当口径一致、相互可比，以便于报表使用者在不同企业之间及同一企业的前后各期之间进行比较。

（4）便于理解。企业对外提供的财务会计报告是会计信息使用者进行正确决策的重要依据。因此，财务会计报告的可理解性是信息使用者做出准确判断，以及发挥会计服务于经济建设这一重要作用的根本保证。因此，编制的财务会计报告应当清晰明了，便于理解和使用。如果提供的财务会计报告晦涩难懂，使用者就不能做出准确的判断，所提供的财务会计报告的作用也会大打折扣。当然，财务会计报告的可理解性是建立在信息使用者具有一定的会计基础知识和财务报表阅读能力基础上的。

（5）编报及时。企业财务会计报告披露的信息具有很强的时效性，因此，对于需要报送的财务会计报告应按照规定的期限及时编报，及时报送。这就要求企业应做好日常会计核算工作，做好编报前的各项准备事项。否则即使最真实、最可靠的财务会计报告也会因编报不及时，而失去其应有的价值。

二、所有者权益（或股东权益）变动表

所有者权益（或股东权益）变动表是反映构成所有者权益（或股东权益）各组成部分当期增减变动情况的报表。通过该表，可以了解企业某一会计年度所有者权益的各项目，如实收资本（或股本）、资本公积、盈余公积和未分配利润等的增加、减少及其余额等情况，分析其变动原因及预测未来的变动趋势。

在所有者权益变动表上，企业至少应当单独列示反映下列信息的项目：

（1）综合收益总额（如果是净亏损以"－"号列示）；

（2）会计政策变更和差错更正的累积影响金额；

（3）所有者投入资本和向所有者分配利润等；

（4）提取的盈余公积；

（5）实收资本、资本公积、盈余公积、未分配利润的期初、期末余额及其调节情况。

三、会计报表附注

1.会计报表附注的概念及作用

会计报表附注是对资产负债表、利润表、现金流量表和所有者权益变动表等报表中列示项目的文字描述或明细资料，以及对未能在这些报表中列示项目的说明等。会计报表附注是财务报表的重要组成部分。

企业编制会计报表附注，可以提高会计信息的可比性，增强会计信息的可理解性，促使会计信息充分披露，从而提高会计信息的质量，使报表使用者对企业的财务状况、经营成果和现金流动情况获得更充分的了解和认识，并有利于报表使用者做出正确的决策。

2.会计报表附注的内容

按照我国《企业会计准则第30号——财务报表列报》的规定，财务报表附注应当披露财务报表的编制基础，相关信息应当与资产负债表、利润表、现金流量表和所有者权益变动表等报表中列示的项目相互参照。财务报表附注应当按照下列顺序至少披露：

（1）企业的基本情况。包括企业注册地、组织形式和总部地址；企业的业务性质和主要经营活动；母公司以及集团最终母公司的名称；财务报告的批准报出者和财务报告批准报出日，或者以签字人及其签字日期为准；营业期限有限的企业，还应当披露有关其营业期限的信息。

（2）财务报表的编制基础。

（3）遵循企业会计准则的声明。企业应当声明编制的财务报表符合企业会计准则的要求，真实、完整地反映了企业的财务状况、经营成果和现金流量等有关信息。

（4）重要会计政策和会计估计。重要会计政策的说明，包括财务报表项目的计量基础和在运用会计政策过程中所进行的重要判断等。重要会计估计的说明，包括可能导致下一个会计期间内资产、负债账面价值重大调整的会计估计的确定依据等。

企业应当披露采用的重要会计政策和会计估计，并结合企业的具体实际披露其重要会计政策的确定依据和财务报表项目的计量基础，及其会计估计所采用的关键假设和不确定因素。

（5）会计政策和会计估计变更以及差错更正的说明。企业应当按照《企业会计准则第28号——会计政策、会计估计变更和差错更正》的规定，披露会计政策和会计估计变更以及差错更正的情况。

（6）报表重要项目的说明。企业应当按照资产负债表、利润表、现金流量表、所有者权益变动表及其项目列示的顺序，对报表重要项目的说明采用文字和数字描述相结合的方式进行披露。报表重要项目的明细金额合计，应当与报表项目金额相衔接。

企业应当在附注中披露费用按照性质分类的利润表补充资料，可将费用分为耗用的原材料、职工薪酬费用、折旧费用、摊销费用等。

（7）或有和承诺事项、资产负债表日后非调整事项、关联方关系及其交易等需要说明的事项。

（8）有助于财务报表使用者评价企业管理资本的目标、政策及程序的信息。

（9）关于其他综合收益各项目的信息，包括其他综合收益各项目及其所得税影响；其他综合收益各项目原计入其他综合收益、当期转出计入当期损益的金额；其他综合收益各项目的期初和期末余额及其调节情况。

模块六
再认识会计

知识目标 ◄┄┄

★ 理解会计核算方法体系。

★ 理解会计核算基本前提的内容。

★ 理解会计核算的基础。

★ 初步理解会计核算的一般原则要求。

★ 理解会计的含义。

★ 理解会计的职能及其发展。

★ 了解会计与环境的关系。

技能目标 ◄┄┄

★ 熟练运用各种会计核算方法。

★ 认知会计核算的基本前提、基础与一般原则。

★ 认知会计、会计的职能与环境。

情境导入

通过近一个学期的学习，我们对会计有了一定的了解，本模块主要帮助大家跳出前面介绍的具体操作，站在一个比较高的角度，形成对会计全面、整体的认识。

子模块一　会计方法与会计循环

一、会计方法

方法是人们为了完成一定的工作任务而采用的手段，会计方法就是为了完成一定的会计工作而采用的手段。会计方法可以分为会计工作方法、会计研究方法和会计教育方法。会计工作方法又可以分为会计核算方法、会计分析方法、会计预测方法、会计决策方法和会计控制方法等。

在上述会计工作方法中，会计核算方法是最基本的方法，离开会计核算方法所提供的基本会计信息，其他会计方法将成为无源之水、无本之木，而其他的会计方法又是会计核算方法的延伸和运用。

二、会计核算方法

会计核算方法是对会计对象进行连续、系统、全面、综合的确认、计量、记录、报告和日常监督所采用的方法，具体包括：设置会计科目与账户、复式记账、填制和审核会计凭证、登记账簿、成本计算、财产清查和编制会计报表。

（1）设置会计科目与账户。会计科目和账户是对会计对象的具体内容进行的分类，是记录会计对象的工具。通过会计科目和账户，可以有序、系统、分类地将会计对象各项经济业务增减变动的数据记入账户，从而分门别类地提供各种会计信息，供国家、投资者、债权人等有关各方使用。所以，设置会计科目和账户是会计核算最基本的方法。

（2）复式记账。复式记账是相对于单式记账而言的，是指对任何一项经济业务都要从两个方面在两个或两个以上的账户中相互联系地进行记录。采用复式记账不仅能够全面、系统地反映经济业务的发生情况，而且能够检查会计记录是否正确。复式记账法是一种科学的记账方法。

（3）填制和审核会计凭证。会计凭证是记录经济业务、明确经济责任的书面证明，是登记账簿的依据。填制和审核会计凭证，是指经济业务发生后，借助设置的会计科目和账户、复式记账方法，按照有关要求，进行会计凭证填制，并由有关机构和人员进行审核，保证会计记录真实、正确、合理、合法的一种专门方法。

（4）登记账簿。账簿是指由具有专门格式的账页所组成的簿籍。登记账簿，是运用复式记账原理，根据审核无误的会计凭证，在账簿上连续、完整、系统地记录经济业务的一种专门方法。会计凭证填制、审核无误后，应据此进行账簿登记，为企业单位经营管理和编制会计报表提供连续、系统的数据资料。账簿登记后，要定期进行账目核对、结账，使得账证相符、账账相符、账实相符。

（5）成本计算。成本计算是把企业在生产经营过程中发生的各种费用，按照各种不同的成本计算对象进行归集和分配，借以确定各该对象总成本和单位成本的一种专门方法。企业单位在产品生产、劳务提供过程中，会发生各种各样的耗费，因此，应采用一定的成本计算方法，以产品、劳务为对象，归集分配费用，计算特定对象的总成本和单位成本。通过成本计算，不仅为产品劳务定价、生产耗费补偿提供依据，而且可为成本管理提供核算资料。

（6）财产清查。财产清查是指通过实地盘点、核对账目，在查明各项财产物资的实有数后，与账面数进行核对，以确定账实是否相符的一种专门方法。账实如有不符，则须对账簿记录进行调整。所以，财产清查是会计核算过程中不可缺少的一个环节，相应地，财产清查方法也是一种重要的会计核算方法。

（7）编制会计报表。会计报表是反映企业单位财务状况和经营成果的报告文件。编制会计报表包括将账簿中的数据资料进行加工整理和综合汇总，并填入相关报表中等一系列方法。同时，会计报表的格式、编制要求、表内各项目的填制方法等，都有统一的要求，使得提供的会计信息具有相关性，满足有关各方对会计信息的需求。

上述七种会计核算方法相辅相成、密切相关，构成完整的会计核算方法体系。设置会计科目和账户是编制会计报表的前提、基础，借助于复式记账方法进行会计凭证的填制和审核，根据审核无误的会计凭证登记账簿，将成本计算和财产清查的结果填制在凭证、登记在账簿中，根据核对无误的会计账簿进行会计报表的编制。

三、会计循环

会计循环是指从会计确认、会计计量、会计记录到会计报告四个周而复始的过程。

任何交易、事项从其发生或完成，到其作为会计信息的一部分对外披露，都需要经过一系列的工作程序。首先要确定该交易、事项是否应该计入会计程序，如果肯定的话，计入的金额是多少，应记入哪些会计科目，在对外披露时在哪一张会计报表中的哪一个项目中披露。这就构成了会计核算中的会计确认、会计计量、会计记录和会计报告等基本环节，而随着一个会计期间的结束，又会开始下一个会计期间的上述循环，由此周而复始，往复无穷。因此，上述会计核算中的四个基本环节也称为会计循环，如图6-1所示。

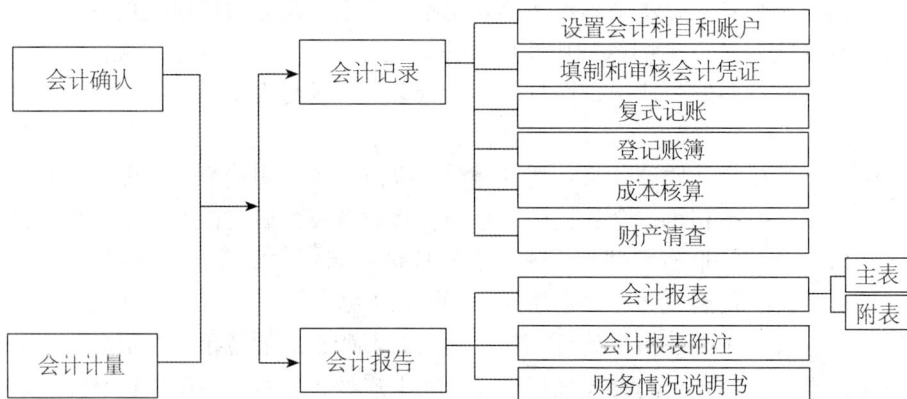

图6-1　会计核算方法体系与会计循环

四、会计计量属性

企业应当按照规定的会计计量属性对会计要素进行计量，确定其金额。2007年1月1日开始实施的企业会计准则中，财政部明确规定会计计量属性包括历史成本、重置成本、可变现净值、现值和公允价值五种。

（1）历史成本。在历史成本计量下，资产按照购买时支付的现金或者现金等价物的金额，或者按照购买资产时所付出的对价的公允价值计量。负债按照因承担现时义务而实际收到的款项或者资产的金额，或者承担现时义务的合同金额，或者日常活动中为偿还负债预期需要支付的现金或者现金等价物的金额计量。

（2）重置成本。在重置成本计量下，资产按照现在购买相同或者相似资产所需支付的现金或者现金等价物的金额计量，负债按照现在偿付该项债务所需支付的现金或者现金等价物的金额计量。

（3）可变现净值。在可变现净值计量下，资产按照其正常对外销售所能收到现金或者现金等价物的金额扣减该资产至完工时估计将要发生的成本、估计的销售费用以及相关税费后的金额计量。

（4）现值。在现值计量下，资产按照预计从其持续使用和最终处置中所产生的未来净现金流入量的折现金额计量，负债按照预计期限内需要偿还的未来净现金流出量的折现金额计量。

（5）公允价值。公允价值是指市场参与者在计量日发生的有序交易中，出售一项资产所能收到或者转移一项负债所需支付的价格。

企业在对会计要素进行计量时，一般应当采用历史成本，采用重置成本、可变现净值、现值和公允价值计量的，应当保证所确定的会计要素金额能够取得并可靠计量。

子模块二　会计核算的基本前提、基础与一般原则

一、会计核算的基本前提

会计核算的基本前提又称为会计假定或会计假设，是指在会计实践的基础上对某些不确定因素、某些未被确切认识的事物和进行会计工作必不可少的先决条件所做出的合乎逻辑的推理、判断和假定。会计假设虽有人为"假定"的一面，但并不因此而影响其客观性。事实上，作为进行会计活动的必要前提条件，会计假设是会计人员在长期的会计实践中逐步认识、总结而形成的，绝不是毫无根据的猜想或简单武断的规定。离开了会计假设，会计活动就失去了确认、计量、记录、报告的基础，会计工作就会陷于混乱，甚至难以进行。我国《企业会计准则》中规定了国内外已形成共识的四个基本会计假设，即会计主体、持续经营、会计期间、货币计量。

（1）会计主体假设。会计主体假设对会计对象做了空间范围的限定，要求"会计核算应当以企业发生的各项经济业务为对象，记录和反映企业本身的各项生产经营活动"。即要求特定的会计主体与其所有者以及其他会计主体划清界限，必须从特定的会计主体出发来考虑和处理各项经济业务。会计主体可以是在经济上具有独立性或相对独立性的企业、组织、行政事业单位，也可以是某个企业事业单位的一个独立部分，如分厂、分所、分公司等。这里的经济独立性具体可理解为财务会计上的独立性。有必要指出，会计主体有别于法律主体。法律主体是指由出资人出资组建，在政府指定部门注册登记，拥有法人财产权，具有独立民事行为能力的单位。某些法律主体不一定是会计主体，如某些企业集团下属子公司虽具备法律主体地位，但在企业集团编制合并报表时，这些子公司就不能看作是一个会计主体。也有另一种情形，即某些会计主体不具备法律主体的地位，例如，个人独资企业和合伙企业是会计主体，但因其不能独立承担民事责任，故不是法律主体。

（2）持续经营假设。我国《企业会计准则》中明确规定："会计核算应当以企业持续、正常的生产经营活动为前提。"这一假设的含义是：尽管市场经济条件下竞争异常激烈，停业、破产不可能完全避免，但为了划定会计核算的时间范围，同时也给日常的会计处理提供一个稳定的基础，会计上仍假定在可以预见的未来，企业将以目前的形式和既定

目标继续经营下去而不致破产清算。有了持续经营假设，会计中许多业务的处理才有了依据，如债权、债务关系的处理、财产计价、费用的分摊、收益的确认等。同时，持续经营假设还是会计期间假设和货币计量假设存在的基础和前提。然而，如果企业的财务状况已经恶化到必须清算的程度，也即企业破产的法律条件已经成立且即将进入清算状态，持续经营假设已严重背离了该特定企业的现实，就需要借助于一些特殊方法来处理清算过程中的会计业务，此时，就不应该再恪守持续经营这一假设。

（3）会计期间假设。我国《企业会计准则》第六条规定："会计核算应当划分会计期间，分期结算账目和编制会计报表。会计期间分为年度、季度和月份；年度、季度和月份的起讫日期采用公历日期。"会计主体在持续经营过程中，其生产经营活动是连续的，在时间上具有不间断性，但为了及时发现企业经营中的问题，不断改善经营管理，更为了及时满足会计信息使用者的需要，就有必要将企业连续不断的经济活动过程，人为划分为一定等长的时间段落（年、季、月），分阶段考核、报告其经营活动成果，这便是会计期间假设的重要性所在。不仅如此，会计期间假设还对完善会计核算方法有重要意义，如解决费用的跨期摊配问题等。

会计期间假设是对会计对象时间范围方面的进一步限定，它与持续经营假设的联系表现在：只有假定一个会计主体无限持续经营下去才有必要进行会计分期，而会计期间假设的运用又从另一个方面保证了会计主体可以持续经营下去。还应指出，作为会计期间的一种，会计年度可以是日历年度，也可以是任何一个等长的年度。如我国以日历年度作为年度，美国则从本年7月1日至翌年6月30日为一个会计年度。

（4）货币计量假设。该假设的基本含义是：会计核算中，必须假定以货币作为基本计量单位且假定货币本身的价值是稳定不变的。市场经济条件下，要实现对会计主体的经济活动的综合反映，以货币为计量单位是恰当的选择。假定货币本身价值不变，则使得会计核算中对不同时期的经济业务做出一致记录并进行比较有了理论依据。坚持货币计量与币值不变假设，需要面对这样一个现实，即作为特殊商品的货币，其本身的价值不可能不变，即使如此，在该假设下，会计核算中一般也不进行币值调整。事实上，币值每发生一次变动，就对会计记录调整一次，几乎是做不到的。从这个意义上说，币值不变假设有利于会计提供一贯的信息，也有利于会计工作的组织。

二、会计核算的基础

小思考

支出的钱都是费用吗？收到的钱都是收入吗？

为了更真实、公允地反映特定会计期间的财务状况和经营成果，《企业会计准则——基本准则》规定，企业会计的确认、计量、记录和报告应当以权责发生制为基础。权责发生制基础要求，凡是当期已经实现的收入和已经发生或应当负担的费用，不论款项是否收付，都应当作为当期的收入和费用，计入利润表；凡是不属于当期的收入和费用，即使款项已经在当期收付，都不应当作为当期的收入和费用。

权责发生制原则主要是从时间上规定会计确认的基础，其核心是根据权责关系的实际发生期间来确认收入和费用。根据权责发生制进行收入和费用的核算，能够更加准确地反映特定会计期间真实的财务状况和经营成果。

收付实现制是与权责发生制相对应的一种会计基础，它是以收到或支付现金作为确认收入和费用的依据。

三、会计核算的一般原则

会计核算的一般原则也可以理解为会计信息质量要求，是指企业进行会计核算所必须遵循的基本规则和要求。会计的基本目标是"提供信息，满足需要"，会计信息质量直接决定着会计目标的实现程度。因此，会计所提供的信息资料必须符合一定的质量标准，在财政部 2006 年颁布的《企业会计准则》中，它主要包括可靠性、相关性、可理解性、可比性、实质重于形式、重要性、谨慎性和及时性等。

（1）可靠性原则。可靠性又称客观性，要求会计核算应当以实际发生的交易或事项为依据，如实反映企业的财务状况、经营成果和现金流量。因此，企业不得虚构、歪曲和隐瞒经济业务事项，这是防止会计信息失真的基本前提。首先，必须如实反映每项经济业务，即要反映经济事项的本来面目，不能加以粉饰和歪曲；其次，必须注重经济业务的客观证据，即每笔会计记录必须证据确凿；再次，必须坚持科学的分析方法，即要客观判断，防止主观臆断。可靠性原则能使会计资料正确反映客观存在的情况，有利于会计资料使用者的正确判断和决策。

（2）相关性原则。相关性原则要求企业提供的会计信息能够反映企业的财务状况、经营成果和现金流量，以满足会计信息使用者的要求。会计核算资料是进行经济决策必不可少的信息，因此，要求会计信息应与使用者的经济决策相关，对使用者有用。会计信息的使用者包括投资者、债权人、政府、职工、其他利益主体乃至社会公众，不同的使用者使用会计信息的目的不同，因为他们各自进行的是不同的经济决策，企业的会计信息正是为这些与企业相关的各种经济决策提供信息支持，因而要求与这些经济决策相关。为满足相关性的要求，必须严格按照国家统一会计制度的要求进行会计核算，编制会计报告，只有这样，所提供的会计信息才是有用的。

（3）可理解性原则。可理解性又称明晰性，要求企业提供的会计信息应当清晰明了，便于报表使用者理解和利用。会计核算是运用会计的专门方法把企业的经济业务事项逐步抽象、加工、整理成有用的会计信息的过程。如果生成的会计信息不能清晰明了地反映企业的财务状况、经营成果和库存现金流量，就会影响会计信息的作用。

（4）可比性原则。可比性原则要求企业的会计核算应当相互可比。主要包括两层含义：

①同一企业不同时期可比。可比性原则要求企业的会计核算方法前后各期应当保持一致，不得随意变更。如有必要变更，应在会计报表附注中予以说明。

在对企业会计核算信息进行利用时，经常需要进行纵向的历史比较，如果前后期的会计核算方法不一致，就会出现会计核算的信息因口径不一致而缺乏可比性。因此，企业的会计核算方法应当保持一贯性。当然，可比性并不是绝对禁止会计核算方法做出必要的变更。如果确有必要变更，则应变更，但须加以说明。

可比性原则的目的在于保持会计数据前后各期的可比性，以利于提高会计信息的使用价值；同时可以制约和防止会计核算与会计报表资料的失真，为国家进行宏观调控和管理、为投资者正确做出决策提供可靠的依据。

②不同企业相同会计期间可比。为了便于投资者等财务报告使用者评价不同企业的

财务状况、经营成果和现金流量及其变动情况，会计信息质量的可比性要求不同企业同一会计期间发生的相同或相似的交易或事项，应当采用相同的会计政策，确保会计信息口径一致、相互可比，以使不同企业按照一致的确认、计量和报告要求提供有关会计信息。

（5）实质重于形式原则。实质重于形式原则要求企业应当按照交易或事项的经济实质进行会计核算，而不应当仅仅按照它们的法律形式作为会计核算的依据。在会计核算过程中，可能会碰到一些经济实质与法律形式不吻合的业务或事项，例如，融资租入的固定资产，在租期未满以前，从法律形式上讲，所有权并没有转移给承租人，承租人实际上也能行使对该项固定资产的控制，因此，承租人应该将其视同自有的固定资产，一并计提折旧。遵循实质重于形式原则，体现了对经济实质的尊重，能够保证会计核算信息与客观经济事实相符。

（6）重要性原则。重要性原则要求企业在会计核算中对交易或事项应当区别其重要程度，采用不同的核算方式。对资产、负债、损益等有较大影响，并进而影响财务会计报告使用者据以做出合理判断的重要会计事项，必须按照规定的会计方法和程序进行处理，并在财务会计报告中予以充分、准确地披露；对于次要的会计事项，在不影响会计信息真实性和不至于误导财务会计报告使用者做出正确判断的前提下，可适当简化处理。

重要性原则是会计核算本身进行成本效益权衡的体现。这里需要强调的是，对于某一会计事项是否重要，除了严格参照有关会计法规的规定之外，更重要的是依赖于会计人员结合本企业具体情况所做出的专业判断。

（7）谨慎性原则。谨慎性原则要求企业在进行会计核算时，不得多计资产或收益、少计负债或费用，不得计提秘密准备。谨慎性原则突出表现在计量各项财产减值准备、关注和反映或有负债、固定资产的加速折旧等。谨慎性原则的目的在于避免虚夸资产和收益，抑制由此给企业生产经营带来的风险。但是谨慎性原则并不能与蓄意隐瞒利润、逃避纳税等画上等号，因而会计制度中明令禁止提取各项不符合规定的秘密准备。

（8）及时性原则。及时性原则要求企业的会计核算应当及时进行，不得提前或延后。会计核算如果不及时，就很难准确地反映企业在一定时点上的财务状况和一定期间的经营成果和现金流量。个别企业甚至通过提前或延后确认收入、费用来人为地调节利润，造成会计信息失真，这是应该严厉禁止的。

子模块三　会计的职能与环境

一、会计的职能

会计职能是指会计在管理经济活动中所具有的功能。会计的基本职能包括进行会计核算和实施会计监督两个方面。

（1）会计核算职能。会计的核算职能也称会计反映职能，是指会计通过确认、计量、记录和报告从数量方面反映企事业单位已经发生或完成的各项经济活动，是会计最基本的职能。记账、算账、报账则是会计执行核算职能的主要形式。作为核算（或反映）职能，在时间上除过去发生的经济活动外，还可包括对未来经济活动进行的事前反映和规划。

（2）会计监督职能。对经济活动进行会计核算的过程，也是实施会计监督的过程。会计的监督职能是指会计人员在进行会计核算的同时，对特定主体经济活动的真实性、合法性和合理性进行审查。

从时间上看，会计监督贯穿于经济活动的全过程，包括事前监督、事中监督和事后监督。其中，事前监督主要表现为对计划和预算的审查；事中监督主要表现为对日常经济活动的适时限制和调整；事后监督主要表现为对已完成经济活动的合理性、合法性和有效性进行的检查、分析、评价以及必要的纠正活动。

会计的核算职能与监督职能密切相关。二者统一于会计核算过程中。换言之，会计核算的过程也是实行会计监督的过程。会计核算是会计监督的前提条件，离开会计核算，会计监督就成为无源之水、无本之木。会计监督则是会计核算的质量保证，离开了会计监督，纯粹的会计核算就会逐渐失去其存在的意义。

随着生产力水平的逐渐提高，社会经济关系的日益复杂，会计所发挥的作用越发重要，其职能也在不断丰富和发展。除上述基本职能外，会计还具有预测经济前景、参与经济决策、评价经营业绩等功能。

二、会计的环境

社会存在决定社会意识。这里的社会存在就是环境，"时势造英雄"就是对环境巨大力量的真实写照。会计也是特定环境的产物，并随着环境的变化而不断调整和完善。各国的会计差异以及同一国家不同时期会计规范和内容的差异，均源于会计环境的不同。影响会计的环境主要有政治、经济、科技、文化、法律、教育六个方面。

（1）政治环境。政治环境指一个国家在一定时期的各项路线、方针、政策和整个社会的政治观念。政治因素是社会生活的主要决定力量，它对会计的影响都是直接和具体的。一个国家政治制度的发展变化和不断完善，大大推动其经济制度的发展和完善，并直接影响到会计管理的完善和整个会计水平的提高。

（2）经济环境。在一个政治相对稳定的环境中，会计的发展变化主要源于经济因素的不断变化。经济发展的水平，特别是市场化的程度对会计准则有着十分重要的影响。随着企业管理体制及组织形式的变革，会计活动范围早已由传统的经营方式逐步涉及承包、租赁、股份、联营、兼并、破产等领域；会计业务内容也不断扩大到投资、无形资产、债务重组、非货币性交易、或有事项、关联方交易等。

随着科学技术的进步和国际工商业的发展，世界各国相互交往不断扩大，但各国的会计准则和会计制度还存在着某些差异，也带来很多不便。增强会计信息可比性，已成为各国会计组织和国际会计组织的重要任务。我国应建立与国际会计接轨的统一的企业会计制度，这是世界经济发展一体化的趋势，也必将导致会计国际化。

（3）科技水平。科学技术水平也是会计环境的一个重要组成部分，它对会计的发展所产生的影响不仅是直接的、重要的，而且是日益突出的。科学技术可以转化为生产力，强有力地推动着经济的发展，进而推动着会计的发展。科学技术会为会计理论研究提供必备的相关学科知识和科学的思维方式。会计理论研究必须建立在一定的科学（如演绎法、归纳法、实证研究、社会学法和经济学法等）基础上。近年来科学技术发展对会计的重大影响是：改进了会计实务工作、会计研究和会计教育的工具、方法、手段、方式，促进会计不断吸收新的科学技术成果，促进会计学科不断地向新的领域进行开拓，进而使会计的地位不断提高。近年来出现的固定资产折旧、电算化会计、实证会计研究等都是与科学技术的发展分不开的，尤其是电子计算机的应用，会计核算手段也从手工操作发展到全面机械化和电子化。在世界潮流的冲击下，我国的会计技术也发生了巨大的变化，会计电算化软件日趋商品化，大多数企业已经基本实现电算化，使会计信息系统变得更加灵敏、及时和准确。

（4）文化环境。文化环境是指对会计发展具有制约和影响作用的各种文化因素的总和，包括思想观念、价值取向、思维方式、行为准则以及语言文字、风俗习惯等。会计与文化历来就有着千丝万缕的联系。任何一个国家的会计发展都不可能脱离其文化环境的氛围。

我国会计人员一般习惯按部就班地执行法规制度，对法规制度的完整性和具体性要求较高，不善于进行专业判断和政策选择。而在美国，会计人员善于独立思考和职业判断，能够比较灵活地执行会计法规制度，对法规制度的灵活性要求较高。我国从1993年起出台了基本会计准则规范，1997年起又陆续发布了若干具体会计准则，但这些准则仍由财政部制定、发布和组织实施，同样体现了我国的文化特征。随着我国对外开放进程的不断深化，外国文化对我国传统文化产生了一定的冲击，会计制度中需要会计职业判断的内容在增加，中西方文化的融合，也使得中国会计的国际协调成为可能。

（5）法律环境。法律环境指会计所处于国内外各种法律的境况。世界各国都在一定程度上对会计立法，许多国家的商法、税法、公司法是会计实务的依据和理由，其作用及规则在法律中有详细的规定，对某些会计思想和技术具有强烈效力。我国属于立法会计的国家，比如，我国制定了《会计法》、《企业会计准则》等一系列法律、法规。这些法律、法规与制度不仅约束了会计主体的会计行为，而且也规范了会计人员的会计职业行为。

（6）教育水平。任何制度的制定、颁布都在于该制度的实施；而任何制度的有效实施都有赖于相关人员的协助与支持，这当然与相关人员的受教育水平密切相关。会计制度实施的有效性，同样受到执行者素质的制约，这里主要涉及会计人员和单位管理人员的受教育水平和职业道德水平。会计人员的受教育水平决定了其会计职业判断水平和对会计制度的理解能力，以及处理新交易事项的创新能力；单位管理人员的教育水平决定了他们对会计制度的认识水平和支持程度。《会计法》中所做出的"单位负责人对本单位的会计工作和会计资料的真实性、完整性负责"的规定，突出表现了单位管理人员在会计制度实施过程中的重要作用，也反映了其受教育水平对会计制度有效实施的影响。

综上所述，一部会计发展史，充分说明了客观环境对会计的影响。会计的兴衰，无不受到一定历史时期的政治、经济、科技、文化、法律、教育水平等各方面因素的制约，并与之相互适应而存在。所以，会计发展水平如何，就是一定时期客观环境的写照。

帮你记忆

> 核算方法共有七，设置科目数第一。
> 复式记账要牢记，填审凭证要仔细。
> 依据凭证登账簿，成本计算讲效益。
> 财产清查对账实，编制报表工作齐。

🧍 本模块小结

★ 会计方法就是为了完成一定的会计工作而采用的手段。会计方法可以分为会计工作方法、会计研究方法和会计教育方法。会计工作方法又可以分为会计核算方法、会计分析方法、会计预测方法、会计决策方法和会计控制方法等。在上述会计工作方法中，会计核算方法是最基本的方法。

★ 会计核算方法是对会计对象进行连续、系统、全面、综合的确认、计量、记录、报告和日常监督所采用的方法，具体包括：设备会计科目与账户、复式记账、填制和审核会计凭证、登记账簿、成本计算、财产清查和编制会计报表。

★ 会计循环是指从会计确认、会计计量、会计记录到会计报告四个周而复始的过程。

★ 企业应当按照规定的会计计量属性对会计要素进行计量，确定其金额。会计计量属性包括历史成本、重置成本、可变现净值、现值和公允价值五种。

★ 会计核算的基本前提又称为会计假定或会计假设。会计基本假设有四个，即会计主体、持续经营、会计期间、货币计量。

★ 企业会计的确认、计量、记录和报告应当以权责发生制为基础。权责发生制基础要求，凡是当期已经实现的收入和已经发生或应当负担的费用，不论款项是否收付，都应当作为当期的收入和费用，计入利润表；凡是不属于当期的收入和费用，即使款项已经在当期收付，都不应当作为当期的收入和费用。

★ 会计核算的一般原则也可以理解为会计信息质量要求，是指企业进行会计核算所必须遵循的基本规则和要求。它主要包括可靠性、相关性、可理解性、可比性、实质重于形式、重要性、谨慎性和及时性等。

📖 重要名词中英文对照

会计主体假设	Accounting Entity Assumption
相关性	Relevance
持续经营假设	Going Concern Assumption
可比性	Consistency
会计分期假设	Periodicity Assumption
重要性	Materialism practice
权责发生制	Accrual Basis
谨慎性	Conservatism
收付实现制	Cash Basis
及时性	Timeliness
可靠性	Reliance

✏️ 知识点理论训练

一、单项选择题

1.固定资产折旧应作为折旧费用计入产品成本或期间费用，是遵循了（   ）原则。

A.历史成本

B.权责发生制

C.划分收益性支出与资本性支出

D.及时性

2.会计的基本职能是（　　　）。

A.会计预测　　　　　B.管理和控制　　　　　C.核算和监督　　　　　D.分析和考核

3.会计核算采用的主要计量单位是（　　　）。

A.劳动计量单位　　　B.时间计量单位　　　　C.货币计量单位　　　　D.实物计量单位

二、判断题

1.会计以货币作为唯一的计量工具。　　　　　　　　　　　　　　　　　　　（　　）

2.会计核算是会计监督的基础；会计监督是会计核算质量的保障。　　　　　（　　）

3.企业发生的全部经济活动均是会计反映和监督的对象。　　　　　　　　　（　　）

4.把融资租入的固定资产作为企业的固定资产核算，是依据实质重于形式原则。

（　　）

5.会计主体就是法律主体。　　　　　　　　　　　　　　　　　　　　　　（　　）

知识点操作训练

目的：练习权责发生制与收付实现制。

内容：宏福公司本月与收入有关的业务如下：

（1）销售产品并收到货款100 000元；

（2）本月应计收入但未收到货款60 000元；

（3）收到上月应计收入的款项30 000元；

（4）预收销货款4 000元；

（5）实现以前月份预收货款的销售收入40 000元。

宏福公司本月与费用有关的业务如下：

（1）本月支付并负担的费用40 000元；

（2）本月负担但需在下月支付的费用3 000元；

（3）支付上月应负担的费用2 000元；

（4）预付下月应负担的费用4 000元；

（5）本月负担以前月份已预付的费用12 000元。

要求：计算权责发生制与收付实现制对收入、费用和盈亏的影响，理解两者的含义。

课堂外延拓展

本学期即将结束，希望同学们利用假期时间到企业实践，感受真实的会计工作，加深对会计的认识和理解。

课外阅读平台

一、会计是一种国际商业语言

在当前的全球化背景下，为了更好地融入统一的世界市场体系，中国的各种制度要按照国际规则来进行修改变化，会计行业也不例外。2007年1月1日，中国正式执行新企业会计准则，2008年12月12日欧盟正式认同中国新企业会计准则与国际财务报告准则等效，这表明中国的企业会计准则正式与国际接轨。

以前在计划经济时期，中国的会计制度曾经学过苏联，改革开放初期又学过美国，之后又根据中国的国情制定了一系列的会计制度，形成了具有中国特色的会计制度体系，在国际上可以说是自成一派，与国际财务报告准则是断裂的。行内人对此有个形象的说法："外国人看不懂中国企业的会计报表，同样中国人也看不懂外国企业的会计报表。"

当时中国的会计制度应当说存在不少弊端，比如在资产计价标准、风险揭示程度等会计理念上，政治色彩较浓，严重影响了外国投资者对中国企业财务状况和经营成果的评价，也在很大程度上影响了外国投资者的投资决策，进而大大降低了中国大型企业在国际资本市场上的融资力度。

事实上，会计是一种重要的商业语言，它汇集了商业活动所有经济元素，国际财务报告准则是世界经济活动的公共商业语言，不懂得国际财务报告准则也就是不懂得国际商业语言，就不能很好地参与国际商业活动和竞争。从这个意义上说，中国正式执行新企业会计准则，与国际接轨是中国会计界的里程碑。而中国的会计行业也越来越开放。

如今，中国新企业会计准则在很大程度上已与国际财务报告准则接轨，而新企业会计准则的执行对中国经济发展产生的正面影响是显而易见的。首先，国内上市公司的年报将更加合理、规范、公正，从而在更大程度上保护了投资者的利益，中国企业到海外上市也不需要进行太多的会计调整；其次，也为中国注册会计师走向世界提供了平台和机会，从而提高了中国注册会计师在世界的影响力和话语权；最后，国际先进的会计理念，最前沿、最权威的国际会计资讯也会更及时地进入中国，对中国经济发展产生积极影响。

随着中国参与国际经济活动的日益频繁，中国注册会计师持有多国注册会计师资格变得越来越平常。作为已经具备了与国际接轨的眼光，并且有国际经验的中国注册会计师来说，应当为国际财务报告准则在中国的运用做更多的工作，为中国企业会计准则与国际更完美地接轨做出积极的贡献。

二、成功启示录：挺住就是一切

2008年席卷全球的《功夫熊猫》，让所有人都见识到中国功夫与好莱坞电影艺术合奏的奇妙效果。

与其他优秀的电影一样，《功夫熊猫》的上映引领了一种新的时尚潮流、诠释了一些令人深思的人生哲理，同时也捧红了一个新的偶像——一只具有好莱坞思想的中国熊猫。从这个角度看，《功夫熊猫》不仅仅是一部娱乐片，同时也是一部最好的职场新丁的思想启示影片：胸怀理想的草根们如何一步步突破自身发展障碍，历尽艰苦磨难，最终步向事业的康庄大道。

在山清水秀的和平谷，熊猫阿宝是谷中少有的不会武功的居民。又肥又迟钝的阿宝在父亲经营的面馆里工作，父亲希望阿宝能继承面馆，而阿宝却一心想学武功，成为谷中第一的功夫大师。但是这对向来好吃懒做的阿宝来说，也只是个遥不可及的梦而已。

大恶魔雪豹太郎即将要突破困住它多年的黑牢，并将会来和平谷复仇。乌龟大师以坚决的态度，顶住种种非议，相信阿宝的潜能，决定把它这种潜能发掘出来，在短时间之内让阿宝变成了会武功的高手……历经种种嘲笑与挫折之后，阿宝以自己对武功的悟性和师傅传授的武术，战胜了雪豹太郎，为和平谷带来了和平。

阿宝的成才故事虽然很传奇，但也与职场发展晋升的逻辑思想极为符合：人人都有某种潜力，重要的是如何发现、发掘、发扬这种潜力。在别人的嘲笑打击面前，仍然坚信自己；在貌似没有希望的黑夜中依靠着微弱的灯光步步向前，最终走出阻碍自己晋升的泥潭，步向成功的彼岸。

作为职场新丁，许多人在刚刚进入职场时，往往看不清前进的方向，甚至因为不熟悉职场的规则而屡屡受挫。更为严重的是，有时因为受到一丁点的挫折与打击，许多职场新丁就会产生怀疑自己能力的心理，轻易就动摇了前进的勇气。从这个角度看，熊猫阿宝的确是值得所有职场新丁学习的榜样。从阿宝身上，我们看到三种最宝贵的职场发展素质：

● 自嘲的人最乐观

又肥又懒的阿宝作为面馆师傅的儿子，除了有一个成为武功高手的"宏大梦想"之外，其他几乎一所无长。所以，当他在乌龟大师指导下，幸运进入武术训练营时，迎接他的几乎都是一次又一次的失败与无数冷眼。在这种情况下，阿宝不断用阿Q的精神来自嘲，在自嘲中使自己能有效地宣泄巨大的压力，以达到心理的平衡。

胸怀理想的职场新丁们，在步入职场时，许多时候其生存境况与阿宝是一样的：迎接他们的不会是鲜花与掌声，而是冷眼与嘲笑，是无情的拒绝与严厉的指责。在这种情况下，新丁们要学会适当地自嘲，在承认自身不足的基础上，坦然去面对各种挫折，以乐观的心态去经历这种职场人生的第一场磨砺。

● 自信的人最坚韧

一次又一次的沉重失败几乎使阿宝对自己产生怀疑——在忍无可忍即将放弃的那一刻，乌龟大师的一番哲语使它醍醐灌顶，再次清楚地认识到自己的潜力，重新树立起坚持走下去的信念。

挫折对于职场新丁来说也是家常便饭：上司的指责、同事的不配合、客户的投诉等，几乎每一个人的职场成长日记中都离不开这些让人心灰意冷的挫折。但是，纵使面临更大的压力，自信心的培养对职场新丁来说，其重要性一点不亚于技能的熟练——技能不成熟可能导致升职缓慢，但是自信心不足，却可能毁了自己整个职场仕途的前进可能性。

在荆棘遍布的职场路途中，没有自信，必行之不远。

● 自强的人最坚强

从面馆师傅之子到功夫高手，这中间跨度之大让阿宝都不敢想象——但在一步步成长的过程中，阿宝历经千辛万苦，激励自己绝不放弃，终于从无字的武功秘籍中悟出了武功的最高境界——以无招胜有招。

对于一个职场新丁来说，自信心与激励力同样重要：前者可以令自己坚定信念，朝着目标不断前进；后者可以让自己面对挑战与阻碍时毫不动摇，视压力为动力，最终达致辉煌的事业彼岸。

回顾业界，任何一位职场成功者都是自我激励的高手，他们视攀登事业险途为乐趣，视克服艰难险阻为成就，在追求的过程中，人生的价值不断地彰显，最终引领他们走上理想的顶峰。

法国思想家里尔克曾经说过：挺住就是一切。职场仕途是一场漫长的征程，理想没有终结，脚步永远在出发。就如阿宝一样，相信自己，挺住就是一切，这就是最好的职场成长指南。

参考书目：

［1］中华人民共和国财政部. 企业会计准则——应用指南［M］. 北京：中国法制出版社，2006.

［2］中华人民共和国财政部. 企业会计准则［M］. 北京：中国财政经济出版社，2006.

［3］关振宇，张红琴，段凤霞，等. 基础会计与实务［M］. 北京：中国财政经济出版社，2016.

［4］李玉芹，李晋. 基础会计［M］. 北京：经济科学出版社，2016.

［5］陈少华. 会计学原理［M］. 2版. 厦门：厦门大学出版社，2016.

［6］平原，吕桂苹，张娟，等. 基础会计［M］. 北京：机械工业出版社，2016.

［7］张捷. 基础会计［M］. 4版. 北京：中国人民大学出版社，2015.

［8］刘永泽. 会计学［M］. 5版. 大连：东北财经大学出版社，2016.

［9］陈国辉，迟旭升. 基础会计［M］. 5版. 大连：东北财经大学出版社，2016.

［10］吕玉芹，王乐锦. 基础会计习题与案例［M］. 2版. 北京：经济科学出版社，2014.

［11］孙坤. 会计英语［M］. 3版. 大连：东北财经大学出版社，2015.

［12］叶建芳，孙红星，叶建平. 会计英语［M］. 3版. 大连：东北财经大学出版社，2017.

［13］周灿鸿. 会计是一种国际商业语言［J］. 中国经济周刊，2009（20）.

［14］罗伯特，莱斯利. 会计核心概念［M］. 8版. 北京：中国人民大学出版社，2004.

［15］中国注册会计师协会. 会计［M］. 北京：中国财政经济出版社，2017.

［16］会计从业资格考试教材编委会. 会计基础［M］. 北京：中国财政经济出版社，2016.

［17］会计从业资格考试教材编委会. 财经法规与会计职业道德［M］. 北京：中国财政经济出版社，2016.

［18］赵志群. 职业教育工学结合一体化课程开发指南［M］. 北京：清华大学出版社，2009.

参考网站：

［1］中国注册会计师协会网站，http：//www.cicpa.org.cn.

［2］中国会计视野网，http：//www.esnai.com.

［3］会计人网，http：//www.kuaijiren.com.

［4］中华会计网校，http：//www.chinaacc.com.

［5］中国会计师，http：//www.ccpan.com.

［6］无忧会计网，http：//www.51kj.com.cn.

［7］恒田企业网站，http：//www.handa.com.cn.

［8］深圳职业技术学院精品课程：实用会计基础（课程负责人：张艳萍），http：//jpkc.szpt.edu.cn/2007/skjx/.